ヨーロッパの人間像

ヨーロッパの人間像

「神の像」と「人間の尊厳」の思想史的研究

金子晴勇著

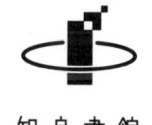

知泉書館

目次

目　次

ヨーロッパの人間像

——「神の像」と「人間の尊厳」の思想史的研究——

序章　ヨーロッパの人間学の基本テーマ

――「神の像」と「人間の尊厳」――

中世から近代に入る頃になると、人間観に大きな変化の兆しが見えてくる。近代を中世から分ける時代区分は厳密に立てられる性格のものではなく、一応の目安に過ぎないとしても、一六世紀をもって近代の始まりとする考えがこれまで一般に支持されてきた。ここではその考えにしたがって一五〇〇年という区切りとなる節目に目を向けてみよう。

一　デューラーの自画像

人文主義の王者といわれるロッテルダムのエラスムスは彼の初期の代表作『エンキリディオン』を一五〇一年に書き上げ、一五〇三年に出版している。この書はニュールンベルクの武器鋳造人ヨハン・ポッペンロイターのために書かれたものであるが、画家のデューラーは当時この人の家に宿泊し、「そこで私は素晴らしいものを見いだした」と述べており、間接的ではあるがエラスムスとの出会いを告げている(1)。この画家には「一五〇〇年の自画像」という現在はミュンヘンのアルテ・ピナコテークに所蔵されている有名な作品がある。数多くある彼の自画像の中でもこのミュンヘンの自画像は新しい時代に生きる人間の姿を鮮明に私たちに告知しているように思われる。彼の

デューラー「1500年の自画像」

銅版画に「騎士と死と悪魔」という作品があって、この騎士の姿の中に宗教改革時代における信仰の精神が実によく活写されているように、この自画像の中にはこの時代における人間の生き生きとした理想像が描かれているように感じられる。

ルネサンスの画家たちの中には好んで自画像を描き始め、過去の偉人に自己を移し入れることによってルネサンス的な再生の表現を試みた者も多い。たとえば、ラファエロの「アテナイの学堂」をとってみても、それは歴然としており、ラファエロ自身は画家のイル・ソドマに、ミケランジェロをアリストテレスに、レオナルドをプラトンに、ブラマンテをユークリッドに移し入れている。最近の研究によるとこの大作の下方の中心にいるヘラクレイトスはミケランジェロの自画像であるとも言われている。このような時代の傾向を考慮すると先のデューラーの自画像は何を私たちに告げているのであろうか。

この作品は比較的若かった壮年時代のものであるにもかかわらず、早くから才能を見いだされ、その名声はドイツのみならずイタリアにまで知れわたっていたという自信に満ちた姿を告げている。この作品はヴェネツィアの画家アントネッロの描いた『世界の救い主』(一四六五年)と多くの点でよく似ていると言われる。先のラファエロの自画像にしてもやや横向きの斜めに描かれているのに、この自画像は彼の他のそれとは違っており、キリスト像の制作と同じ手法を用いて真っ正面から描かれている。

フランツ・ヴィンツィンガーの『デューラー』によると、原作は実測してみて分かるように、正三角形の形が浮き上がり、その頂点は画面の上縁を二分するのみならず、三角形の底辺が画面の高さをちょうど黄金分割している。そこには横に伸びるものと上に伸びるもの、つまり地上的なるものと超感性的なるものが均衡のうちに結合される正三角形の祝祭的形体をとっていて、崇高さと偉大さを具えた圧倒的な面貌表現が可能となっている。ここから作品全体は、手に摑み取れるほどの迫真性を具えているとともに、神聖な厳格さをも獲得している。さらに決定的なことには、幾何学的基本形体から基尺が導かれ、頭部全体が一つの円および一つの正方形のいずれとも調和的関係にある。ここにはニコラウス・クザーヌスの数学的哲学的思弁に明確に表現されているような、中世的な精神性やピュタゴラス的な数の神秘主義が含まれているばかりでなく、古い神聖な礼拝像を用いて神的なるものの栄光と完成とを反映する人間の顔の、高貴な不滅の威厳を語っている。それゆえこの図式は、中世芸術たとえばジョットやヤン・ファン・エイクにおいて、キリスト像に用いられたものである。デューラーは自身の理論的著作において、「かれら（古代人）が、人間の最も美しい形を自らの神アポロンのために測定せねばならなかったごとく、我々もその同じ尺度を、全世界の最も美しい方なるキリストのために用いたく思う(2)」と語って、キリストの形像を完全なる人間の形像と関連づけている。こうして明らかになることは神聖なキリスト像にふさわしい形式を自分自身の面貌に用いたことであって、ここにこそデューラーの創作行為の特異な点があるといえよう。

「キリストの形像において、最高に完全で美しい人間の姿が、神的なるものの超自然的美と不可分に結合された。それゆえ、キリストの形像の内に、瑕瑾《かし》のない美のあらゆる特徴が完全に含まれていなければならなかった。目に見える現象を透して、自らの内に安らう絶対的なものが立ち現われてくる。その結果画像は、神聖なる完成の表現である均斉と明晰さを獲得するのである(3)」。

デューラーがこのように象徴手法を自画像に応用したことは何か瀆神の表われなのであろうか。否、それはむしろ彼の深奥の思想構造を示唆しており、中世的造形図式を取り上げながら、近代のとば口に立って新しい普遍的な人間の理想像を創出していると思われる。事実、彼がキリストに似せて自分を描いたのは人間が「神の像」であるというキリスト教の人間観に基づいており、信仰によってキリストと一つになり、その精神を体現するという神秘思想は当時オランダから発し、ドイツやフランスにまで広がっていた「新しい敬虔」(devotio moderna) に求めることができる。この運動の精神を示している代表作はトマス・ア・ケンピスの『キリストに倣いて』であって、デューラーの精神はこの書の冒頭にある次の言葉に示されている。

「私に従うものは暗い中を歩まない、と主はいわれる。このキリストのことばは、もし本当に私たちが光にてらされ、あらゆる心の盲目さを免れたいと願うならば、彼の生涯と振舞とに倣えと、訓えるものである。それゆえキリストの生涯にふかく想いをいたすよう私たちは心をつくして努むべきである。神を愛し、それだけに仕えること、それ以外は、空の空、すべて空である。この世を軽んずることによって天国に向かうこと、これが最高の知恵である(4)」。

終わりに説かれている「この世を軽んずる」という現世蔑視の精神こそ中世神秘主義の伝統を継承するものであるが、現世を蔑視して修道院に入ることよりも日常生活のなかで実践的な敬虔、とくに世俗と自我とに挑戦し、キリストとの交わりによって謙虚の徳を体得し、自分の空しさを自覚して貧しく無一物となり、キリストの生に一体となって生きることが説かれている。ここに世俗内敬虔という新しい内面的で宗教的な生活が形成され、近代的人間の萌芽が示されている。それゆえこの自画像にはこうした新しい生き方の信仰告白を見いだすことができよう。

このデューラーの自画像の中に私たちはキリスト教の人間観において鍵となる言葉である「神の像」がもっている真実な意味を把握することができる。旧約聖書の創世記にある神の像として造られた人間は神に対向する存在であるが、それはキリストを介してのみ実現する。そこにはキリストにおいて人間が自己を確立するだけではなく、キリストにしたがって献身的に神の愛を実践するという基本姿勢が明瞭となっている。一六世紀の宗教改革は神の愛であるアガペーをめざし、実践した運動であった。そこには「神律」(Theonomie) という神の愛に生きる基本姿勢が打ち出され、新しい社会を創造していくことができた。したがって、一般に考えられているように、「神の像」というのは人間そのものに何らかの価値があることを意味してはいない。むしろそれによって神の愛の対象となっているからこそ、人間に価値があるといえよう。ルネサンスの思想家たちの「人間の尊厳」という統一的な主題といえども、人間に与えられた最高の可能性に向けて決断することに価値を認めているのであって、人間そのものを全面的に肯定しているのではない。そのような人間性の無条件的な肯定はルネサンスに萌芽を見いだすことができるとしても、それは近代の啓蒙主義の人間観において初めて出てくるのであって、いわゆる主体性の哲学が説いた理性的な自律から生まれてきている。わたしたちは確かにデューラーの自画像が自信に満ちた姿に描かれているのをルネサンス精神の現れである「人間の尊厳」に求めることができよう。その場合、彼がその自信のゆえに瀆神の疑念をもたれたことも事実であった。というのは、「我々の像と似姿にしたがって人間を造ろう」という聖書の言葉が自信に満ちたルネサンス人により神に代わって発せられることは充分考えられることだからである。こうして神の役割と信じられてきた創造は人間自身の手に帰され、人間が自己の創造者となり、さらに進んで「神は人間の創造である」といった逆転した極端な思想を生み出すことも可能である。事実、近代のヨーロッパ思想は徹底的に自我に集中して行った結果、自我は肥大化し、神の位置に座を占め、神のみならず自己が対向すべき他者をも喪失するようになった。そしてこの自我にこそ人間の尊厳が求められ、それに基づいて人権やデモクラシーも生まれたのだと誤って信じられるようになった。そこで次にこの人権とデモクラシーについて考えてみよう。

二　人権とデモクラシー

近代の初めの時期について考えてみたが、次に近代ヨーロッパの歴史的な発展過程に目を向け、その文化の中で最も優れた成果と考えられるものを問題にしてみよう。それは近代ヨーロッパに成立したデモクラシーとその根底に厳存している人権の思想ではないかと思われる。人権思想とデモクラシーは今日全世界的な広がりをもつようになり、その発祥の地である近代ヨーロッパ文化に人々は注目するようになった。こうした人権とデモクラシーの思想はどのようにヨーロッパにおいて形成されたのであろうか。また、それはいかなる人間の理解から生まれてきたのであろうか。このことをここでは考えてみたい。

近代の人権思想がその淵源を宗教改革に求められるようになってきた。というのはアメリカの独立宣言とかフランス革命の人権宣言には人権が創造主によって生まれながら付与されていると記されているからである。このような思想はどのように説かれたのかということも歴史的資料によって明らかにされている。個人のもっている生来の神聖な諸権利を法律によって定めようとする試みは、その淵源からして宗教的なものであって、アメリカではピューリタン時代の人権論者ロジャー・ウィリアムズの深い宗教的熱情によって行われた事実も明らかになった(5)。

また、このような人権思想の背景にある「人間の尊厳」と宗教的な人間観との関連は多くの人によって指摘されている。たとえばイギリスの優れた哲学者コリングウッドは『フィロソフィー』誌に掲載された「ファシズムとナチズム」と題された論文の中で次のように主張している。

「〈リベラルな〉または〈デモクラティックな〉自由への献身の真の根拠は、各々の人間存在に絶対的な価値をおいた神への周到な愛にあった。政治的および科学的問題に関する自由な言論と自由な探求、経済活動より生じた問題における自由な同意、人が自分の労働で得た産物を自由に享受すること、――すなわち、あらゆる独裁、弾圧、搾取、略奪と相反する事柄であるが――これらは、個々の人間の無限の尊厳と価値に基づく理想（の具体化）であった。そしてこのことは、神が個人としての人間を愛し、キリストがその個人のために死んだという事実に基づいていた。リベラルなあるいはデモクラティックな実践が根拠としている人間の本性についての教義は、人類学的ないし心理学的データの研究から経験的に導きだされたものではない。それらは信仰に属する事柄なのである。そして、それらが導きだされた源泉は、キリスト教の教義であった(6)」。

彼のこの命題を支持する証拠はきわめて豊富にあり、歴史的にも実証できると思われる。だが、わたしたちはコリングウッドが人間の尊厳という思想を「人類学的、心理学的」研究、つまり近代科学的な研究から解明することはできず、キリスト教的な「個人の尊厳と価値」において、とくにキリスト教の教義からのみ明らかにできると説いている点に注目したい。この問題は言い換えれば、人権とデモクラシーとが思想的にどこから誕生してきたのかということになる。しかも、その発祥は近代科学の精神からか、それともキリスト教からか、という問題となろう。

ここではリンゼイの「キリスト教的個人主義と科学的個人主義」という論文を参照してこの問題を考えてみよう(7)。リンゼイはデモクラシーの中心的な教義が宗教的な個人の尊厳と価値から生まれたとみなす理論と並んで、集団のみを考慮し、個人はまったく考慮に入れない「集団デモクラシー理論」もある点を指摘する。それはすでにフランス革命を生き抜いたドゥ・トクヴィルの著作『アメリカにおけるデモクラシー』において指摘されており、多数という数にのみ頼っているこの集団的デモクラシーについて疑念が述べられていたし、オルテガ・イ・ガセットは『大衆の反逆』の中で、「マス化された人間」としての大衆の破壊的な影響について注意を促がしていた。

ところでキリスト教の理論が、個人の尊厳と価値に立脚しているがゆえに、デモクラシーとリベラリズムとを同一視するか、少なくとも両者を密接に結びつけているのに対し、集団デモクラシーの方は個人よりも集団に立脚しているがゆえに、まったくリベラルではない。イギリスにおいてはベンタムの功利主義が「最大多数の最大幸福」のスローガンのもとデモクラシーを広めるのに貢献したが、これはまったく非宗教的な教義であって、それはリベラリズムに刺激を与えはしたものの、それ自身はリベラルな教義ではなかった。この集団デモクラシーは結局全体主義に向かい、個人の自由に対し非寛容となり、デモクラシーの破壊をもたらしている。

さらにリンゼイによるとデモクラシーにおける宗教的な傾向はピューリタニズムの影響から生まれ、反宗教的な傾向は自然科学の影響から生まれており、両者ともに中世文化を崩壊させる上で影響を及ぼし、個人主義の発展に貢献した。しかし、それぞれから生じた個人主義はまったく性質を異にすると主張されている。なかでも急進的ピューリタンがデモクラシー理論の形成に大きな貢献をしており、宗教的個人主義がイングランドとアメリカにおいて多大な影響を及ぼしている点が指摘されている。つまりピューリタンたちは「自由となるべく」呼び出され、キリスト教徒の交わりからなる霊的な世界を、自由と恩恵の世界として捉えており、そこでは個人的な相違を超えた、宗教的な価値を共有し、国家によって管理されている強制的な世界とは明確に区別されるべきであると説いた。ここからロジャー・ウィリアムズのトレレーションの教説、および教会と国家の分離の教説が起こってきた。そこにはリベラリズムの基本的な原則が存在する。したがって彼らは驚くべき平等を共有し、個人の多様な相違（賜物の多様性）を否定することなく、しかもその差異は平等に比べるとものの数ではないとみなしていた。このようなプロテスタンティズムの「万人祭司」の主張は、人間の人格に無限の価値があるとするキリスト教の中心的な教義を表現している。

このような宗教的な個人主義と比べると、科学的個人主義はまったく異質である。自然科学は目的因を否定し、科学から価値を排除し、倫理に対して無関心となって、人間をモノのように処理している。科学者デカルトの明証理論は真理は明晰にして判明なものに限っており、物質は「延長あるもの」と規定され、物質を空間的な広がりによって捉えることによって個物の質的差異を否定している。ここから近代科学はあらゆる物質的実体を質的に区別されない単なる量的な関係に還元し、原子論を復興させ、個人をあたかも原子であるかのように扱うことになった。したがってホッブズやベンタムは物理学的方法を政治学へと応用し、平等を力の平等とみなした。また新しい物理学が、原子は完全に独立しており相互間には偶有関係のみが存在する、と考えたように、ホッブズは個人というものは自分自身の安全のみを求める、完全に利己的、独立的、かつ孤立した存在であると考えたので、個人の自然権には、欲求の平等が認められているにすぎず、個人間には質的差異はないと考える。この普遍的利己主義という仮説はすべての科学的個人主義に共通する特徴であって、ベンタムも彼の哲学体系をこの基盤の上に構築したので、政府と普遍的利己主義とが矛盾しない理由を説明しなければならなくなった。

人権とデモクラシーの理論においてピューリタンの信仰的な個人主義とホッブズおよびベンタムの科学的な集団主義とは鋭く対立している。前者には個人の真の質的差異が認められているが、後者にはそれがなく、全体主義となっている。これがリンゼイの結論であるが、個人の自由を認める信仰というものは、本書の主題である「神の像」と「人間の尊厳」という宗教と倫理の土台の上に築かれてきている。そこで視点を変えてこれらの観念がどのようにヨーロッパの人間像に定着してきたかという問題を取り上げてみたい。

三　「神の像」と「人間の尊厳」の主題について

プラトンの『饗宴』には終わりの方にアルキビアデスの演説があり、その中でソクラテスの心中に「神の像」が安置されていることが印象深く次のように語られている。

「諸君、僕はソークラテースを、こういうやり方で讃美しようと思う。つまり、比喩によってです。だが、そうすると、おそらくこの人は、比喩の目的が、彼をいっそう滑稽化するためだと思うでしょうが、しかし、比喩の目的は、真実を伝えんとするためであって、滑稽さではない。さて、僕の主張では、彼は、あの彫像屋の店頭に鎮座しているシレーノスの像――その像というのは、彫刻家が、角笛横笛を持たせてつくっており、また、真ん中を二つに開かれると、なかに神々の像を持っているのが見られるわけだが――そういうシレーノスの像に、きわめて似ている。さらに僕は、彼がサテュロスのマルシアースに似ているとも言おう(8)」。

ここにあるシレノス（あるいはセイレノス）というのは山野に生息する精の一種で知慮に富むと同時に皮肉や嘲笑に巧みであると言われている。これはソクラテスの奇怪な容姿になぞらえたものといえよう。こうして外見からは計り知れない知慮と分別の徳が内面に輝いていることが逆説的に伝えられている。だからこうも語られている。

「その姿は、この人が外側にまとっている姿に過ぎないのだ。――シレーノスの彫像と同じようにね。しかし、この席の諸君、ひとたびそれが開かれた場合、その内部は、どれほどの見事な思慮に満ちていると思います？諸君知るがよい――この人にとっては、誰それが美しいというようなことは、およそ問題ではないんです。むしろ軽蔑すらしている、それも、誰一人想像もおよばぬほどの軽蔑なのだ。……しかしながら、反対に、その彼が真剣になり、そのシレーノスの内部が開かれた場合、内部の宝を——誰か目にした人があるかどうかはいざ知らず、——とにかくこの僕は、かつてそれを見たことがあった。そして僕には、ああこれはなんと神々しい金無垢だ、げにも卓絶した美品だ、と思われた。その驚きといったら、まったく、このソークラテースが為せとすすめることなら、ただもう文句なしにやらなければなるまいと、そうも思われたほどだった[9]」。

このように人間の内にある「神の像」についてプラトンは考えていた。そこには、後に触れるザグレウスの神話からの影響が認められる。ゼウスは神の子ザグレウスを殺して食べてしまったティタンを滅ぼし、その灰から人間を造ったので、ティタンの灰のなかに残存していた神の子のゆえに、人間には神的性質が具えられていると信じられていた。この神の子と神的性質がここでは「神の像」と関連している。

同様のことは旧約聖書の創世記一・二六―二七にある人間観にも示されている。こう言われている。

「神は言われた。〈我々にかたどり、我々に似せて、人を造ろう。そして海の魚、空の鳥、家畜、地の獣、地を這うものすべてを支配させよう〉。神は御自分にかたどって人を創造された。神にかたどって創造された。男と女に創造された[10]」。

この箇所はこれまでは人間が「神の像と似姿に」(ad imaginem et similitudinem Dei)と訳されていた。口語訳聖書は「かたちに」と「かたどって」と訳し、新共同訳は「かたどって」に統一して訳している。「象る」というのは「ものの形を写し取る」とか「似る」という意味で「類同性」とか「類似性」を示しており、類似物の間の親密性や認識可能性を示している。この両者間の類似性も先のギリシア的な人間観においては、両者の間に共通な神的要素の存在を指摘しているが、ヘブライ的な人間観では両者間の動的なプロセスとそれによる人間形成が語られており、ボーマンが力説したように、「存在」が同時に「生成」と「活動」を含意するものと理解されている[11]。したがってこの神の像は神による創造と神への根源的な対向性を意味している。しかし、このような人間の被造性と神への対向性は近代にはいると理性による自律性の確立によって消えていく運命にあった。ここにヨーロッパの人間像にとっての最大の変化と宿命とが認められるといえよう。

次に「人間の尊厳」という概念について考えてみよう。一般的にいって「尊厳」という言葉は日本語では名詞としてのみ用いられる。それに対し「尊重」という言葉は動詞としても用いられ、存在のみならず行為をも表現している。したがって「尊厳」は、人間そのものに内在する著しい価値を表わしている。それは諸々の価値の中でも人格価値を表わす概念である。この意味で「人間の尊厳」という概念を「人格価値」と置き換えてみると、内容的には古代ギリシアにおいてすでに使われていたものである。その例証としてソクラテスの福音とも言われる「魂の配慮」についての演説を引用してみよう。

「世にも優れた人よ、君はアテナイという、知力においても、武力においても、最も評判の高い、偉大な国都の人でありながら、ただ金銭だけを、できるだけ多く自分のものにしたいということにだけ気をつかっていて、恥ずかしくないのか。評判や地位のことは気にしても、思慮や真実は気にかけず、精神をできるだけ優れたものにするということにも、気もつかわず、心配もしていないというのは(12)」。

ここには「人間の尊厳」という言葉は使われていないが、その思想は「精神をできるだけ優れたものにする」という「徳の形成」として内容的には述べられている。すなわち「徳」とは優れた「卓越性」を意味し、卓越性はキケロにおいて「尊厳」と同義的に考えられている。このような思想が古代ギリシアの思想家においては宗教と関係なく芽生えてきているところに特徴がある。それはローマ時代にはいると、後述するように、キケロによって古典的なヒューマニズムの精神として表明される。他方、旧約聖書ではその「神の像」概念にも表われているように、人間が神との人格関係で固有の価値があることが強調されている。[13] キリスト教においては「人格」に関連して「人間の尊厳」が語られ、トマス・アクィナスは「人格は尊厳を含有する」、また「人格は尊厳の名称であると思われる」[14] と語っており、それを人間の自発的な自由な存在に求めている。「人間の尊厳、すなわち人間が自発的に自由であって自己のために存在するもの」[15] と述べ、別のところでは、尊厳を次のように端的に説明する。「尊厳(dignitas) はあるものの自己のための価値 (bonitas) であるが、利益 (utilitas) はあるものの目的のための価値を意味する」[16]。このような考えはきわめて近代的であり、カントの人格思想の先駆であるといえよう。

一五世紀のルネサンスの時代にはピコ・デッラ・ミランドラの『人間の尊厳について』に尊厳についての代表的な思想が表明されている。近代になるとカントの人格主義の思想がこの「人間の尊厳」(Würde des Menschen) によって説かれている。しかし、カントの人格主義は人間を普遍的に把握しているため、各自がもっている個性を無視している点が批判の対象となっている。この個性的な質的個人主義はシュライアーマッハーやキルケゴールにおいて捉えられているように宗教的な意識が伴われていなければならない。

このように「人間の尊厳」という概念には哲学的で宗教的な意味があるが、今日では法律上の重要概念ともなっている。たとえば、西ドイツの現行法であるボン基本法の第一条一項では、「人間の尊厳は不可侵である」と宣言されている。続いて「これ (=人間の尊厳) を尊重し (=侵してはいけない)、かつ (積極的に) 保護することは、すべての国家権力の義務である」とされている。つまり、人間が国家のためにあるのではなく、国家が人間のために存在するという価値観の下に、人間の尊厳を尊重し保護することは、国家の義務であると規定している。さらに、その第二条一項では、「各人は他人の権利を侵害しない限り、かつ、憲法的秩序または道徳律に反しない限り、その人格 (Persönlichkeit) の自由な発展を目的とする権利を有する」と規定され、「人格」の重要性が明確にされて

いる。(17)

本書は「神の像」(imago Dei) と「人間の尊厳」(dignitas hominis) という二概念の歴史的考察によってヨーロッパ人間学の特質を解明しようとする試みである。古代のギリシア・ローマ思想から「人間の尊厳」が、古代ヘブライ思想からは「神の像」が、それぞれ人間学の基本概念として取り出され、まず両概念の共通点と相違点を指摘してから、歴史においてそれらが相互に影響し合ってどのように豊かな内容がキリスト教古代と中世またルネサンスと宗教改革さらに近現代において展開しているかを解明してみたい。なかでも問題となるのは次の諸点である。

(1)「神の像」に関して聖書や教父思想と中世思想では相違した理解が示され、アウグスティヌスの『三位一体論』以来、それが高貴な理性の認識作用に求められたり、神と人間との形而上学的な接合点として探求され、「人間の尊厳」を含んでいるように理解されている。このような理解はどのような歴史的経過を辿ったのか、またそこにはどのようなヨーロッパ的な人間像が認められるのか。(一－五章)

(2)「人間の尊厳」の思想がルネサンスの統一的な主題となって成立するさいに、それがキリスト教の「神の像」を排斥する仕方で説かれているのか、それともキリスト教によって完成するものと考えられているのか。(六章)

(3) 宗教改革はルネサンスのヒューマニズムに対決して「原義」においては神の像を肯定しても、現実の人間においてはそれを否定している。しかし、ヒューマニズムの影響によって救済による神の像の再生を説き、「キリストの模倣」のもとに神律的人間学を打ち出している。(七章)

(4) 啓蒙時代には理性の立場から「人間の尊厳」が再度力説され、カントにおいては近代的人間の根底に据えられたが、そこでは神の像が排除されている。しかし、永遠者を心に反映させる「神の像」の作用は本質的

には人間の霊性に属していると考えられる（八章）

（5）　次にこの問題が現代の神学と哲学においてどのように解釈されているかを論じる。現代人は被造性についての自己認識を失い、フォイエルバッハのように「神学の秘密は人間である」と語って、「人間にかたどって神を造った」と主張している。そうすると「わたしたちにかたどって人間を造ろう」という創世記の言葉は主語と述語の位置を逆転されていることになる。これに対し現代の神学はどのように答えているのか。（九章）

（6）このような神と人との位置は「宇宙における人間の地位」の問題として新たに現代の人間学を生みだしているが、そこにはどのような人間像がひそんでいるのであろうか。（一〇章）

本書においてわたしたちはこうした問題を逐一検討しながら、ヨーロッパの人間像の特質を解明していきたい。

第一章　古代における人間学の二大類型

一　ソフォクレスの「人間賛歌」

紀元前五世紀頃のギリシアはペルシア戦争に勝利し、国家的にも隆盛期をむかえ繁栄した。アテナイのようなポリスは民主政体をとるようになり、ソフィストたちの啓蒙運動もゆきわたって、人々の関心は自然から人間自身へ向けられるようになった。この時代の国家的行事として大ディオニュシア祭が行われ、ディオニュソス神への捧げものとして悲劇が上演され、三大悲劇詩人もこの舞台で活躍した。ここではその一人ソフォクレスの作品『アンティゴネー』について考えてみよう。

ソフォクレスはこの悲劇の作品の初めのところで、人間のもろもろの能力と危険について彼自身の手になる詩歌を書いている。そこにはギリシアに伝わる人間学的伝統が見られ、さまざまな影響や伝承を受容していると思われるが、ここでは彼自身の思想がどのように語られているかを考えてみよう。

「不思議なものは数あるうちに、人間以上の不思議はない、波白ぐ海原をさえ、吹き荒れる南風《はえ》を凌いで　渡ってゆくもの、四辺《あたり》に轟ろく高いうねりも乗り越えて。　神々のうち　わけても畏《とうと》い、朽ちせず撓《たゆ》みを知らぬ大地まで　攻め悩まして、来る年ごとに、鋤き返しては、馬のやからで　耕しつける。

……

あるいは言語、あるいはまた風より早い考えごと、国を治める分別をも、自ら覚る、または野天に眠り、大空の厳しい霜や、烈しい雨の矢の攻撃の避けおおせようも心得てから、万事を巧みにこなし、何事がさし迫ろうと、必ず術策をもって迎える。　ただひとつ、求め得ないのは、死を遁れる道、難病を癒やす手段は工夫し出したが。

その方策の巧みさは、まったく思いも寄らないほど、時には悪へ、時には善へと人を導く。国の掟をあがめ尊び、神々に誓った正義を遵ってゆくのは、栄える国民。また向う見ずにも、よからぬ企みに　与するときは、国を亡ぼす。かようなことを働く者がけして私の仲間にないよう、その考えにも牽かされないよう[1]」。

この賛歌は　人間の優れたる能力を説いてはいても、単純に「人間の偉大さ」を讃美しているのではない。「人間は不思議な存在である」と初めに語られている。海、大地、動物は不思議なものと考えられてはいても、人間ははるかに恐るべきものである。ホメロスにおいて神々は人間の姿をとっているが、そのような人間に対しても畏怖が述べられている。しかし人間の偉大さが示されるところに、いつも人間の危険な様が同時に示されている。人間の偉大さとともにソフォクレスは人間の問題性を見、自らの限界を守って真っすぐな道を歩むように警告している。この自らの分を守ることこそ悲劇作家の宗教的人間学のモチーフであり、「汝自身を知れ」というデルフォイの碑銘の意味でもある。ソフォクレスでは次に述べるようにこの宗教的人間学と文化的人間学が総合されている。

古代人にとって海や大地は始原の原勢力であり、新しい神々が対抗して秩序ある世界を造り出した相手であった。この原勢力に対し人間は航海術と農耕術によって征服し、文化の世界を形成している。省略した第二節では他の動物に対して人間はさまざまな術策をもって支配権を確立しているが、その背後には、外的に支配しても内的には人間が高ぶりに陥り、自己の分限を超えている姿が描かれている。

続く詩節には言語、思想、政治、共同生活、医学において人間の卓越した存在が語られてはいても、この万能の存在にも一つの大きな限界が、すなわち死が横たわっていることが指摘されている。ここまでは人間を称賛しているが、終わりの節は方向転換をしている。あらゆる人間の術知と法をもってしても、個人がこの高みにとどまり得るとはきまっていない。個人はつねに悪と善との間にあって、その決断により正しいものを破壊する危険に晒されている。このゆえに得るところ少なく価値も下がってくる。つねに決断に迫られる人間はひとたび獲得した文化にも信頼すべきではなく、最初の不確実さの中に立たざるを得ない。かくてソフィストのように人間を楽観視することができず、人間の実質はまったく文化的な存在ではないことになる。なぜなら人間は決断により悪に堕落しうるからである。このようにして人間の栄光は消散する。確かに決断自体が人間の本質であるというように説いたのは後の時代であり、ソフォクレスはそこまで語ってはいないが、人間の不思議さの最奥の層が明らかになっている。人間が自己の最高の可能性を悪意をもって裏切るならば、人間は自己に対して怖るべきものとなる。このことを知るなら自らを誇る理由は何もない。したがって自己の存在への信頼こそ悪の根源であり、この自己信頼を破壊してこそ、人間は自己の真実な有り様を知りうる。

二　旧約聖書の「神の像」

旧約聖書の巻頭を飾る創世記第一章の創造物語はバビロン捕囚以降の祭司資料であって、そこにはバビロン神話に対決する思想が顕著である。バビロンの創造叙事詩およびヘシオドスの神統記などの神話に述べられている世界創成説では、共通な特質が認められる。すなわち、ほとんど表現できない世界の始源に続いて、原始の暗い、あるいは冷たい原勢力である水、地、氷が語られている。これに続くのが古い神々と若い神々との闘争、若い新しい神々の勝利、打ち倒した敵のからだから天と地が造られ、かつ人間が造られる。古い神々が世界のエレメントと同質なる神、つまり海なる神、神なる海であったのに対し、若い神々はかかる自然世界から区別されており、若い新しき神々による世界秩序の創成は、世界秩序の方が世界の物質よりも新しいという考えを示している。物質の混沌から秩序ある世界（コスモス）が誕生しているのである。この世界秩序は宇宙を支配する永遠の秩序として、世界と人間とを支配している。そして人間はこの秩序に適合するように命じられていた。なぜなら、この秩序からのみ人間は自己の生命と存在とをもっているからである。この永遠の秩序こそ人間にとりノモス（法）であって、ピンダロスによれば、このノモスが「すべての死すべき者と不死なるものとの王者、いと高き手をもって彼は力強き正義を行使する」といわれる。このノモスの外に生じるものはカオス（混沌）であった。旧約聖書の創造物語もこのカオスについて語っている。それは次のように語りだされる。

「初めに、神は天と地を創造された。地は混沌であって、闇が深淵（原始の積水）の上にあり、神の霊が水面を動いていた。神は言われた。〈光あれ。〉こうして光があった。神が光を見て、良しとされた。神は光と闇とを分け、光を昼と呼び、闇を夜と呼ばれた。夕べがあり、朝があった。第一日である」（創世記一・一―五）。

このように物語られている創世記には世界と同一である神話的神々に対する論駁が意図されているし、「地は混沌であって」とあるように大地が荒涼としてむなしく始源の混沌状態にあることを聖書は知っているが、ギリシア神話のように混沌が神を生みだしたのではなく、「初めに神は天と地を創造された」のである。なによりも初めに神がいましたもうがゆえに、神がどこから来ったかを問うことはできない。また太陽は「昼の光」であって夜光る星辰も神に造られたものである。ここに主神マルドゥクを太陽神として祀っているバビロンの星辰宗教は拒絶されている。ところで、人間の創造物語は創造の最終日の第六日である。

「神は言われた。〈我々にかたどり、我々に似せて、人を造ろう。そして海の魚、空の鳥、家畜、地の獣、地を這うものすべてを支配させよう。〉神は御自分にかたどって人を創造された。神にかたどって創造された。男と女に創造された。神は彼らを祝福して言われた。〈産めよ、増えよ、地に満ちて地を従わせよ。海の魚、空の鳥、地の上を這う生き物をすべて支配せよ〉」（創世記一・二六―八）。

神は世界と人間とを、プラトンのデミウルゴスのように工匠として或る素材から作るのではない。神の言葉「成れ」によって創造するのである。世界と人間は等しく被造物であるが、人間はほかのすべての被造物に優っている。人間は神に「かたどり」神に「似せて」造られているからである。

この「かたどり」「似せて」とはいかなる意味で語られているのであろうか。言語的には「かたどり」は、b^e(= in)+tselem であり、「似せて」は、k^e(= as)+demut(= likeness)である。ツェレム（tselem）の一般的意味は「像、神像、鏡像」、また「模型」であり、原物をそのまま映し模したものを意味する。デムート（demut）は「型」を意味し、たとえば「祭壇の見取り図」（列王記下一六・一〇）を指し、また「似姿」を意味し、例えば「人間のように見える姿」（エゼキエル一・二六）をいう。[2] このツェレムは一七回の使用例の内の五回は「神の像」としての人間に用いられているが、[3] 人間に使われていない一〇例は刻んだり彫刻された像、偶像のような複製と写しの意味で用いられている。これが土台となっている意味である。次のデムートは、物理的な複製を指し示しているツェレムを修正し解釈したものであって、類似したものや相似物を意味している。それゆえ後代の解釈のように「像」をあまりに精神化したり、知性的にとらえる根拠はない。実際、この二つの語の間にある意味の異同は歴史上多様な解釈を生み出しているが、交換可能な概念であって、大差がないと考えられる。

このような像の物理的に制作された使用には宗教史的な意味がある点を看過してはならない。旧約聖書学者フォン・ラートが力説しているように「もしわれわれがツェレムを彫像の意味で理解すれば、神の似姿性の概念が支配権行使の委任の概念と密接に結びついていることがまったく自明のこととなる。すなわち、ちょうど地上の王たちが、自分の王国の自分自身では出入りしない属州に、支配権の象徴として自分の彫像を立てさせるように、神の似姿としての人間は、神の主権の象徴として地上に立てられている(4)」。このように人間は地上に対する神の支配を実現するために呼ばれている、神の代理人にすぎない。実際、古代オリエント、とくにエジプトでは、王の像は神的権威を体現する王自身を表わすものとして、王の支配の及ぶところにおかれ、崇拝されたといわれる。しかし聖書は「神の像」を人間の被造性において見ているのであるから、このような人間観はオリエント的な神王イデオロギーに対する批判と見ることもできよう。

次に注目すべきは創造物語における「神の像」が語られる文脈の様式である。それは神が語ることによって人間が創造されている状況であって、人間は神の創造行為によって根拠づけられているだけではなく、神人関係が告げられていることである。この状況は「かたどって」(b^e〔= in〕+ tselem）に組み込まれている前置詞の意味するところである。これをギリシア語訳の『七十人訳』は kata「……にしたがって」と訳している。そうすると「神の像」は人間が創造されるさいの神的基準を意味していることになるが、同時にその基準に向かう運動とも理解される。この点を考慮してラテン語訳の『ヴルガタ』は「神はご自分の像に向けて人間を造られた」(Deus creavit hominem ad imaginem suam.) と訳している。ここでは前置詞 ad が対格とともに方向や目標を意味し、「神の像」に含まれている前置詞 b^e, kata, ad によって人間の根源的な「神への対向性」が示されている。したがって人間は一定の方向性をもった存在なのであって、静態的に「人間＝神の像」ではなく、動態的に「神の像」へ向けて形成されるべきものなのである。

それゆえ人間存在はそれ自身で自己形成をなし得るものではなく、むしろ他者に依存的で対向的な性格を明瞭に示している。したがって「像」というのは像自身を超えた何かをほのめかし、暗示している。このことは人間の神に対する特別に親しい関係と地位に目を向けることによって明らかになる。それは神と人との特別な関係である「契約」によって示されている。たとえばシナイ契約やシケム契約のように神は歴史上人格的な「汝」としてイスラエルの民に経験されている。創世記第一章はあたかもこの契約の舞台が造られた仕方を語っており、そこには神は自ら選んだ民と特別な関係に入ろうと決意していることが示されている。この関係というのは「我と汝」の関係である。両者は向かい合って対峙している。このようになりうるのは人間が神に似たものとして造られているからである。ここに初めて対話的な関係が成立しており、この関係の中で人間に人格性が付与されている。

この神の語りかけに人が応えることから親密な人格関係は始まる。これが旧約聖書の神の特筆すべき性格である。神はわたしに対し「あなた」と語る。まさにこのゆえに、わたしは神に対し「あなた」と語ることができる。人格的な神とは、人間を人格にまで育成する神なのである。それゆえ「わたしはあなたの名を呼んだ、あなたはわたしのものである」（イザヤ書四三・一）とも言われている。イスラエルの宗教は神に対する人間の関係のすべてを、この語ることと聴くことに定めている。それゆえ信仰とは聴従なのである。人間は神に向かう存在であって、決して人間に似せて神の像を造ってはならない。これは偶像であるがゆえに、神像の制作は厳に禁止されている。さらに創世記第二章七節に神から人に「命の息（霊）」が吹き込まれると、人は生きるものとなったとあるのも、これと関係がある。なぜなら、人も絶えず生命の源である神に向き合い、その意志にしたがって自己を形成すべき使命をもっているからである。

このような「我と汝」の言葉を通しての人格関係は宇宙における人間の位置を決定している。つまり人格関係により応答的責任のある存在となった人間は神により世界を統治すべく命ぜられている。世界に対する統治の責任は神に対して果たすべき責任でもある。ここに人間は神と世界との間に立つ存在であることが表明されている。

だから人間に具わっている優れた特性、つまり理性や自由また道徳感覚といった優れた特質も、それ自体に意味があるのではなくて、創造における神の賜物である神との関係に基づいて意味を獲てくる。だから自意識をもち、自己決定できるのも神の呼びかけに応答するためなのである。この能力のゆえに世界に対する支配をも神の像の機能として理解することができる。この世界を支配すべく主権を委託されていることは創造に対する神の配慮を世界に対し真に反映させる責任として授けられている。

ここから罪の本性も理解される。この点に関してジェイコブは次のように主張している。「神の像というのは人間にとって自分が代理となっている者との関係および依存である。神のようになることを願望することは蛇の示唆する誘惑であるが、それは像の役割を放棄することを願うことであり、旧約聖書はこうした行動によって大抵の場合人が品位をおとし、動物のレヴェルにまで転落していることを示している。……像に留まるためには神との関係を続けなければならない。彼は自分が遣わされた使者にすぎず、その被造物に対する支配はこの関係がいっそう現実味を増すことに比例して効果的になるであろうことを覚えておかねばならない」(5)。神との親しい関係から離れて神に反逆するとき、人は罪を犯し、代理の役割にとどまることを拒否している。この堕罪に関してフォン・ラートは次のように述べている。「人間は今や従属関係から解き放たれた。彼は服従を撤回し、今やみずからの意志によって独立するに至った。もはや服従ではなく、人間自身の自律的知識と意志が、彼の生の原理となったのであり、それによって彼は事実上、自分自身を被造物として理解することをやめたのである」(6)。しかしこのような罪の結果、像を喪失したとは述べられていない(7)。

さて、旧約聖書詩編第八編四、五節もソフォクレスと同様、人間についてその不思議さを唱っているが、そこには本質的な相違も示されている。

「あなたの指の業なる天、
あなたの創り給うた月と星を見ると
あなたが弱き人を顧み　人を心にかけ給うことが
不思議に想われる」(関根正雄訳)

人間は全自然の中でとるにたりない無なる存在であっても、神の顧みのゆえに偉大な存在である。人間自身は無であるのに、無から有を創造する神への信仰のゆえに偉大であると語られている。だから不思議なのは人間ではなく神なのである。それゆえ、ソフォクレスの人間賛歌と詩編第八編の二つの詩歌は外見上よく似ているが、そこには大きな相違が認められる。ソフォクレスは人間の偉大さから出発し、その偉大さのゆえに悲劇を招来する人間の恐るべき宿命を告げる。これに反し詩編は人間の卑小さから出発して神から授けられた栄光にいたっている。

三　「人間の尊厳」と「神の像」の問題

デルポイの神殿の碑銘「汝自身を知れ」はお前は人間であって神のごとき存在ではないことを警告していたのであるが、ソクラテスはこれを「無知の自覚」の意味でとらえ、自分の無知を知って知識を探求する哲学の出発点となした。この哲学の営みは理性によって遂行され、プラトンは理性により感覚的世界を超えて知性的世界を観照することを説き、身体的感覚と知性的魂とを区別し、身体を魂の牢獄とみなす思想をいだくにいたった。人間を魂と身体とに分け、理性を神的部分とみなし、身体を獣的部分として高低の差をつけるプラトン主義とキリスト教信仰は対立している。キリスト教信仰にとって身体は神により創造されたものであるから、理性と同じく被造物であり、それより低次のものとして蔑視することは許されない。プラトン主義に反しキリスト教信仰では人間を古いアダムと新しいキリスト教的人間との対立でとらえ、古い人から新しい人への回心と新生を説くため、人間存在を高低の部分に分ける人間観ではなく、人間の全体が時の満ちる「カイロス」に応じて罪から救済され新生すること、つまり旧新の時間のプロセスから人間を把握している。

このようなヘレニズムとヘブライズムの人間観の相違は、たとえ同じ概念を用いていても意味内容において大きな隔たりを生じさせている。新約聖書のギリシア語はヘレニズム時代のギリシア語であるコイネーであり、ギリシア語で表現した初代キリスト教徒はこれにヘブライ精神をもり込むことになった。一例としてロゴス概念をとりあげてみよう。アリストテレスは「人間は理性をもつ唯一の動物であり」、理性つまりロゴスこそ人間の独自な形相であるという。だからロゴスに従って自己形成をすることが生きる意味である。このロゴスは「話す」に由来し、その語幹レグは「集める、順序立てて集める、秩序づける」の意味であるため、ロゴスから「話す、計算する、考える」という三つの意味が派生し、「言葉」から「理性」にまで発展したのである。それに対しヘブライ語の「言葉」(ダーバール)は「後ろにあって前に追いやる」、「背後にあるものを前へ駆りたてる」の意味である。ダーバールは動態的で「言葉」と同時に「行為」をも意味している。だから、ゲーテが『ファウスト』の中で「初めにロゴスありき」(ヨハネ福音書一・一)を「初めに行為ありき」と訳したのもヘブライ語への語源的考察から妥当する。ギリシア語の「言葉＝理性」の静態的性格が真理を観照する態度を生みだしているのに対し、ヘブライ語の「言葉＝行為」の動態的性格が真理を歴史の中に啓示する出来事として捉える態度を生んでいる。真理は二つの言語においてともに隠された神秘であるが、前者では理性によって観照され、理論的考察の対象となっているのに、後者では歴史において啓示され、信仰の決断を迫るものと理解されている。(8)

このような人間観の相違は神観において明瞭になっている。理性により証明される神の存在をギリシア人は説いている。たとえばプラトンは世界が秩序をもち、合目的性により美を表現している事実から出発し、この事実は自然の作用によっては説明できないので知性的な世界創造者（デミウルゴス）という神の存在を前提しなければならないと説いた。これが目的論的あるいは自然神学的証明と呼ばれる神の存在証明である。他方、アリストテレスはいっそう内在的に証明を行っている。すなわち、万物には原因があり、この原因によって存在は生じている。この事実により原因系列を無限に遡れば、第一原因に達しうる。そこにはあらゆる作用原因が潜在的に運動の力としてあらかじめ存在していなければならない。これこそ第一原因としての神の存在であり、神はみずから動くことなくすべてを活動させる力であると説かれている。

ギリシア人にとって神はこの世界を超えた力ではなく、この世界が神であり、自然そのものが神的であった。彼らは世界と人間の中により優れた力が作用していると感じると、神の現在を信じた。「世界は神々にみちている」（タレス）のであった。これに対しイスラエルの伝統に育れたキリスト教は、世界を超越した神を信仰し、この神が世界を創造し、時間をとおして自己の意志を実現していると説いている。

終わりに「神の像」と「人間の尊厳」との関連を問題にしてみよう。創造説は神と人との関係を創造者と被造物との質的な隔たりにおいて捉えており、神が人間を造ったのであって、人間が神を造ったのではないと説いている。

したがって神が人間の姿で捉えられているのではなく、反対に人間のほうが神の姿で捉えられている。フォン・ラートが力説しているように言葉による創造は神と被造物との鋭い距離を表明し、同時に人間に与えられた特別の地位を際立たせている。植物は大地を通して神と間接的に関係し、動物は土と結び付いている。しかるに世界は人間のために造られており、神と人間との間には何ものも介在していない。それにもかかわらず聖書は神と人間との間に無限の質的な差異を置いている。それゆえ、旧約聖書は「像」概念を用いて人間の尊厳と価値を説いていると考えてはならない。(9) 創造の行為は神から人間への一方的な関与であり、神の創造にすべてのイニシアティーヴが求められ、人間は単なる派生的な存在としての特徴を示しているにすぎない。したがって神が原形で人はその模造と像にすぎない。このような「像」や「写し」としての人間は真の自己存在の実現を創造された秩序の外に、それを超越した創造主なる神のうちにもっている。だから人間は自己の本性である人間性の実現を自己の外部に求めるべきであって、自然においても自己自身の本性においても求めることはできない。こうして「神の像」と「人間の尊厳」とは本質において異質な概念であることが判明する。

さらに人間には創造された世界の支配が委ねられている。このことは「神の像」と関連している。というのは創造の他の部分の支配は神との類似性に委ねられているからである。人間は人間以外の世界における神の主権を委任され、その権限を代行すべく招かれている。

四　ギリシア人の人間観とキケロの「人間の尊厳」の思想

ギリシアにおいては統一的な人間観が見られない。それは多数の民族がポリスを形成し、政治的に同盟することはあっても、単一な国家形態をとるにいたらなかったからである。実際、ヘブライ人が成し遂げた民族の統一性に比べると、ギリシア人たちはいつも小規模で競争的な多数の種族集合体に別れており、それぞれの集合体は自分たちこそ最も古いもので、その土地を所有する権利をもっていると主張した。そこで彼らはそれぞれ異なった始祖の英雄を立てて集合体の統合を企て、かかる人物こそ彼らの「土から生まれた」（アウトクトネス）とみなした。この言葉は「土着の」という意味であるが、それ以上に自分たちのポリスは単に祖国であるのみならず、同時に「母にして乳母」であることを暗に示しており、一般的には人間は大地から自然に発生したと考えられていた。しかし、それとは別に、神々が泥や粘土から人間を形造ったとも語られている。(10)

人間が生まれながら高貴な性質をもっているとオルフィックの密儀宗教は説いており、ザグレウスの神話がそれと関連している。すなわち、ゼウスはその子ザグレウス［ディオニュソス］に世界の支配権を授けておいたのに、ティタンがこれを殺して食べてしまったので、ゼウスは怒ってティタンを滅ぼし、その灰から人間を造った。だから人間はティタンの灰のゆえに神への反抗心を、灰のなかの神の子のゆえに神的性質を具えていることになる。

また、ギリシア人のあいだにプロメテウス像が定着してくるに及んで、知性による進歩の観念が芽生えてくる。この神話化された人物のもっている意味は「前から知恵を働かす者」つまり「あらかじめ考える者」であり、そこから「先立つ思考」が人間にとり大切である点が示されている。だから彼のもたらした恵みとは人間の理性活動の成果であり、千慮の神に助けられて人は知性の働きによって進歩することができる。そこから技術文明も開花するし、新しい神ゼウスに対する「プロメテウス的反抗」としての自由も生まれる。

さらに、このような理性や知性の働きにこそ人間の価値と尊厳があると説かれはじめ、ギリシアの七賢人に見られるような知性的な伝統が形成されていった。このギリシア的な伝統に立って人間の尊厳を初めて明瞭に説いたのは古代のヒューマニストの典型であるキケロであった。

「人間の尊厳」という観念が最も高く評価され、それにふさわしい特徴的な意味を付与されたのは、ルネサンスのイタリアにおいてである。ただし、観念としては通常曖昧な定義しかなされておらず、当時の著述家たちは、自分の欲する古典的ないしキリスト教的な意味合いを勝手にその中に含ませる傾向があった。「尊厳」(dignitas)という語は、ラテン修辞学と政治学の用語であり、社会的ないし政治的な高い地位、ないしはその地位にふさわしい高い道徳的品性を指している。この語を頻繁に用いたのはキケロであったが、彼は後にルネサンス期にこの語が担うことになる、普遍的価値をもつ意味合いの幾つかを最初に与えた人である。dignitasはdecus(礼儀正しさ)やdecorum(優美、上品)と同じ語源(サンスクリットのdac-as「名声」)に由来する。[11] キケロは『義務について』の中で尊厳を人間が身につけるべき徳である〈優美〉(to prepon)という概念から導き出し、この優美さに付随する男性的美質として論じた。[12] この議論の過程で、キケロは「尊厳」という語を人類と動物を区別する特質として明らかにしている。つまり「人間の本性が家畜その他の動物の本性に比べていかに優れているか」という点で義務の性質が明らかにされる。動物の思考は、肉体的満足を得ることに限られる。したがって「官能的快楽は人間の尊厳に全くふさわしくないことが分かる」。[13] 次にキケロは「尊厳」(dignitas)を語源を等しくする「優美」(decorum)から説明している。

「われわれは、道徳的な気高さ(honestas)の残る部分について論じなくてはならない。自制と控え目(temperantia et modestia)という生活のうるわしさが見出されるのはここにおいてであって、精神の衝動の完全な抑止、万事における中庸もまたそこに見出される。ラテン語でデコールム decorum(優美・上品)というるものが含まれるのもこの場所であって、ギリシア語ではそれをプレポン πρέπον という。それは本質的に道徳的な気高さから離すことができない。というのは、優美なものは気高くあり、気高いものは上品だからだ。道徳的な気高さと上品との差異の如何は説くより覚る方がやさしい。すべてものが上品としてあらわれるのは、気高さが先行するときである[14]」。

キケロは人間の本質をこのような優美さと洗練された上品さに求めている。これが動物にはない人間の卓越性であるという。この特性は「寛大な風貌とともにあらわれる節度と自制を保ちながら自然と調和する態度」とも言われる。彼はこの人間としての卓越性を「人間の優越さ」(hominis praestantia) とも自然界における「優越と尊厳」(exellentia et dignitas) ともいい、人間の高貴な性格は類としての動物との種差である「理性」に由来すると説いている。「われわれは自然によって、いわば二つの性格を賦与されていることを知らなくてはならない。一つは万人に普遍的な性格であって、それはわれわれのすべてが理性を共有し、動物に対する優越さを共有するところに由来する。これによって人間のあらゆる道徳的高貴さと上品さが生まれ、ここから義務を確立する合理的な手段が見出される[15]」。

キケロがここで説いている人間の卓越性の分析は、現在知られている古典文学の中で、最も完成された人間の尊厳の讃美であり、ギリシア的合理主義と楽天主義の頂点をなすものである。このような見解は人間として体得すべき「教養」と同じ内容となっている。そこにはローマの英雄たちを模範にして栄誉や名声を追求し、優れた政治的、軍事的業績を達成する人々のことが考えられており、ペトラルカが絶えず称賛した「卓越した人々」(viri illustres) と同じ内容である。このようなキケロの思想の背景には次のような人間観が認められる。まず、理性は人間に共通であり、「正しい理性」という「おきて」によって人間は神と結びつき、国家を共有しているという考えである。また人間は自然本性的に他者を愛するようにできており、法の共有によって一つに結ばれている。これはきわめて自然主義的であり、理想主義的人間観である。それはまた汎神論的性格をも帯びている。たとえば、「人間は神とは同一の徳を共有しているが、徳というのは、完成され、最高度に高められた自然に他ならず、したがって、人間と神とのあいだには類似があるということになる」[16]と語られている。ここに示されている「類似」は自然本性における卓越性であって、先に述べた創世記の聖書的意味とは異なっている。

彼の見解はルネサンスの人文主義者たちの人間の尊厳についての思想に強烈な影響を及ぼした。しかしこのような考え方はこの思想史的事件が生ずる遥か以前の古代に、キリスト教的な伝統の内部で人間の本性と宇宙におけるその役割に関する聖書の教義にすでに組み入れられている。それゆえ、後述するように、ルネサンスの人間の尊厳という理念は、古典文化とキリスト教という二つの伝統の結合から発展したのである。

第二章　新約聖書の時代における「神の像」

次にわたしたちは「神の像」が新約聖書においてはどのように理解されていたかを検討してみたい。新約聖書ではパウロの手紙がその重要な解釈を含んでいるが、パウロと同時代人のフィロンの思想と解釈が彼に大きな影響を与えていることが考えられるので、両者の比較によってそれぞれの思想的な特色が鮮明になると思われる。そこでまずフィロンについて考えてみたい。

一　フィロンの『世界の創造』

ユダヤ人哲学者アレクサンドリアのフィロン（前二五－後四五／五〇）はアレクサンドリアの裕福な一門に生まれた。同地のユダヤ人の政治的指導者の一人でもあり、四〇年ガイウス帝によるユダヤ人虐殺に抗議する使節団の代表としてローマに赴き、この間の事情を語る『フラックス駁論』、皇帝の神性を認めることを拒否する『ガイウスへの使節』を書いている。その反面、学究と著作に強く引かれ、実践的生活と観想的生活との葛藤の内に生きる。その著作の多くはモーセ五書に関するもので『世界の創造』『アブラハム』のような「律法の注解」群と『律法の寓意的解釈』『ケルビム』のような「律法の寓意」群とに分かれる。その解釈は律法への忠誠心をもちつつも、ギリシア文化の諸観念に強く影響され、プラトン主義やピュタゴラス派の教説を多く採り入れている。彼においては「ユダヤ人とギリシア人の思想の伝統が完全に融合している」とも評される。彼はストア主義・プラトン主義・ペリパトス学派の三者を折衷した当時の古典思想の諸潮流を旧約聖書と結び付けた人であったが、彼の思想は後の異教的新プラトン主義の重要な要素と、人間と創造についてのヘルメス神話の幾つかの要素を先取りしていたようである。さらに彼の思想は、古典思想中の受容可能な要素を聖書の教義と統合しようと努力した、二世紀と三世紀のアレクサンドリアのキリスト教思想家たちに強い影響を与えたが、この方がわれわれの主題にとっては重要である。神は単一の非複合的な本性であり、「第一の善、完全なる一である」とするギリシアの哲学的な神概念を受け入れるが、「慈しみ深い保護者、援助者」であるユダヤ人の神観を保守している。このことはフィロンの哲学において重要なロゴスの概念についても言える。(1)

フィロンは創世記一・二七と二・七に見られる人間についての表象をアレゴリカルにとらえる。創世記一・二七によると最初の人は天上の像にしたがって刻まれた理想的人間の代表であるが、創世記二・七の第二の人は土の塵から造られた歴史上のアダムである。したがってフィロンにとり第一の人間はより高い本性をもち、第二の人間はより低い存在である。「主なる神は、土(アダマ)の塵で人(アダム)を形づくり、その鼻に命の息を吹き入れられた」(創世記二・七)というテキストは第二の人間を指している。人間の種類は二つあって、天上の人間と地上の人間に分けられている。「天上の人間は神の像に生まれついているので、朽ちるべき、もしくは地上的な本質を何も分有していない」。(2)それに反し地上的な人間は塵で出来ているがゆえに、朽ちるものから造られている。したがって天上的な人間は造られたのではなく、生まれたのであり、「神の像にしたがって形づくられた」のである。これに対し地上的な人間は創造者によって造られたものであって、生まれた者ではない。また、塵で形づくられた人間は、身体に注ぎ込まれた精神であるが、神が真正な霊を注ぎ込まなければ地上的で朽ちるべきものである。この霊を受けて初めて精神は存在するのであって、そのとき霊魂も活動的になり、真に英知的に生きるものとなる。モーセの言うように「こうして人は生きるものとなった」（創世記二・七）からである。

パウロはこのヘレニズムの影響を受けたフィロンの考えを改造して、創世記二・七によりながら、最初の人間は低い被造物であったが、第二の人間はより高い霊的な人となったと主張する。「最初にあったのは、霊のものではなく肉のものであって、その後に霊のものがくるのである」（Iコリント一五・四六）。つまり最初の人アダムは「肉のもの」であるが、第二の人キリストは「霊のもの」であり、前者は「生きたもの」として造られたのに対し、後者は「命を与える霊」なのである（同一五・四五）。

フィロンは「創世記」の創造物語についての注釈書である『世界の創造』（De opificio mundi）の中で、人間における神の像は魂であると強調している。世界霊魂の範型にかたどられた人間の魂は、人間における神のようなものである。モーセが人間は「神の像と似姿」に造られたと言っているのは、「地上で生まれるもので人間以上に神に似ているものはない」としても、この類似性は身体的な特質から来ているのではなく、それは「魂の最も重要な部分である精神」に関して言われている。[3] というのは各人における精神は宇宙にあって原型として存在している唯一の精神の似姿に基づいて造られているからである。偉大なる支配者が宇宙を占有しているように、人間の精神が人間を占有している。精神はすべてを見ているけれども、それ自身は目に見えないし、あらゆる技術と知識でもって自分のために多様な方向に通じる道を造りだしている。しかしながら、多くのものは似ていないがゆえに、すべての像が原型に似ているわけではない。それゆえモーセは「像にしたがって」に付け加えて「似姿に」といった。それは形相における明瞭で明証的な類似性をもつ正確な印象を示すためであった。[4]

フィロンの「創世記」一・二六の解釈において、「神の像」とは人間がそれにかたどって造られた「原型」を意味し、人間はそれを模写するものに造られているがゆえに、人間は本性的な必然性をもって「神の像」を実現すべく追求しなくてはならない。この「原型」がプラトン的なイデアの「範型」に置き換えられると、「神に似ること」とは、人間の「範型」として内在化された「神のロゴス」を人間が自己自身の自由な主体的決意に基づいて実現することに他ならない。この意味において「神のロゴス」は、人倫の原理として人間を善へ導く「舵者、あるいは案内者」、あるいはそのために人間を保護したり、訓戒を与えたり、教育したりする「保護者」や「救助者」また「仲保者」などとして規定されている。(5) このようにして、人間は神の栄光をあらわす最も有効な存在として神に属するものとなる。したがって「神のロゴス」は、人間をして自己の存在根拠をその究極的目的として追求し、自己の内に実現させせようとする神の力を意味する。

このようにフィロンは神によるイデア的世界の創造を単純に「創世記」第一章の創造物語の中に見いだしている。それはプラトンのイデアの世界と同じ仕方で考えられている。すなわち、はじめに神が創造したものは「非物体的な天、不可視的な地、および気と空虚のイデア……次いで水や霊、とりわけ七番目の光の非物体的存在であった」。ここに「非物体的」、「不可視的」などの修飾語によって示されているものは、それぞれ天、地、気（やみ）、空虚（淵）、水、霊、および光などの非物体的、不可視的イデアを指している。とくに、七番目の光のイデアについては、明確に「太陽および……すべて光の非物体的、英知的範型」、あるいは「神のロゴスの像」と規定し、さらに「太陽に先在せるもの」と考えている。「昼と夜」は「すべてイデア、規矩、原型、または刻印であり、他の物体的なるものを造り出すための非物体的なるもの」とみなしている。これらのことは、この感覚的世界の創造に先立って、神がいかにしてその範型たるイデアの世界を創造したかということを示すものである。(6) それは「ある種のイデア、類、印章であり、可知的で非物体的であり、男でも女でもなく、本性的に不滅だからである」と語られている。(7) こうして非物体的世界が神のロゴスの中に完成されたが、他方感覚的世界はそれを範型として造られたと説かれている。したがって神のロゴスは創造世界を形成するイデアを内包していることになる。

一般にフィロンの用語法によれば、「像」といわれる場合、それは「神の像」として、神との関係において使用されるのが普通である。それに対して、「イデア」は、感覚的事物の原型、あるいは範型として感覚的世界に対応して使用されている。この意味においてこれら両者は明確に区別されていたと考えられる。しかし、他面またフィロンにはこれら両者を時として同義的に使用する場合も見いだされる。神はこの感覚的世界を完成するために、それに対応し、かつその原型、あるいは範型となるべき「イデア」よりなる「英知的世界」を造ったのであるが、それがひとたび神の外部に神ならざるものとして表出された以上、もはや神の純粋思惟の対象となりえないのである。しかし、この「英知的世界」は、いわゆる「思惟的世界」(kosmos noetos) であるかぎり、それを対象としてもつ思惟的主体の存在が必然的に要請される。ゆえに、神はそれに対応し、それを自己の思惟内容としてもつ非物体的な「理性」をも、同時に自己の外部に表出したとみるべきであろう。このように「英知的世界」をその思惟内容としてもつ「理性」こそが、「神の像」によって象徴的に指示されたところのものであると考えられる。したがって、「像」と「イデア」との関係は、思惟とその対象として本質的に区別されるべき理由が必然的に存したというべきであろう。しかしながら、他方、このような「神の像」としての「理性」(神のロゴス) は、それが神の被造物であるかぎり、たとえ神の純粋思惟に比較してより低次の段階に属するとはいえ、認識は等しいものの間で生ずるがゆえに、それ自身は物体的でも感覚的でもなく、その思惟の対象と同じ思惟的な性質でなければならない。したがって、思惟の主体たる「神の像」とその対象たる「イデア」とは内実的に同一なるものとみるべきであろう。こう

いうわけで、「神の像」が感覚的事物の「原型」として規定された理由があったといえよう。(8)

彼はまた創造の順序にも注目し、神は世界を創造した後に、人間を造った。それは「人間が世界に現れたときに、最も神聖な宴席とご馳走を同時に見いだすことを望まれた」からである。(9)つまり、人間は創造された世界を享受し、その創造者をそのわざを通して観想するという二つの目的のために、神によって造られた。この考え方もギリシア教父たちに継承されている。

一般にフィロンは『聖書』の二つの人間の創造に関する記事にしたがって「二段階創造説」を採っている。すなわち「神のかたちに、神にかたどって造られた人間」(「創世記」一・二六)と「土のちりで造られた人間」(「創世記」二・七)とを区別し、それにしたがって第一にイデア的人間の創造をまず捉え、そして第二に感覚的人間の創造を説いている。このことは感覚的人間の創造に先立って、イデア的人間が造られたことを明白に示すものである。それゆえ最初神の像にしたがって造られた人間と土の塵から造られた人間とでは「極めて大きな相違」が存在するということが力説されている。まず第一のイデア的人間については次のように言われる。

「というのも、今造られた人間は、可感的であり、すでに性質をもっており、身体と魂とから成り、男か女かであり、本性的に死すべきものであるが、これに対し、神の似像になぞらえて造られた人間の方は、ある種のイデア、類、印章であり、可知的で非物体的であり、男でも女でもなく、本性的に不滅だからである」。(10)

次に第二の可感的な人間の組成については次のように語られている。

「それは土の本性(質料)と神の息とから成り立っており……まず身体の方は、工匠としての神が土塊を取り、それから人間の形を造り上げたのに対し、魂の方は、まったく生成物から造られたのではなく、万物の父にして支配者たる神に由来する。というのも、神が吹き入れたものはまさしく神の息にほかならず、これはかの至福の存在からわれわれ人間の種族のために（本来の場所から離れて）この地上に降下したのであり、そのため、人間は、たとえ可視的な部分については死すべきものであっても、不可視の部分は不死となっているのである。それゆえ、人間は死すべきものと不死なるものとの境界であると言われるのももっともであり、人間は不可避的に双方に関与し、死すべきものであると同時に不死なるものとして、身体の点では死すべきものであるが、精神においては不死なるものとして生まれついているのである[11]」。

したがって人類の始祖である最初の人間は、「魂も身体もともに優れたものとして生まれ、これら両方の卓越性の点で後に続くものたちに優っているように私には思われる。つまりこの人間は、まさしく、真に〈善美なる人〉だったのである[12]」と語られている。ここで言われる「善美なる人」（kalos kai agathos）とは「完全」を意味するプラトンやアリストテレスに見られる最高の人間像をあらわしている。ここに「人間の理想像」があって「人間の尊貴な姿」としての「人間の尊厳」が示唆されている。フィロンは人間のそのような価値に関して身体と魂の両面で論じている。

まず、身体についてはその「姿形の良さ」にあって、生成するものの素材は純粋で清浄無垢であり、可塑性に富み、扱いやすいものであって、それによって造られた「人間」にはふさわしかった。「というのも、人間は、理性的魂の家あるいは聖なる神殿として造られたのであり、この魂を神像のうちでももっとも神に似たものとして担い行く定めにあったからである」。また、魂も最上のものであった。それは、既述のように、神のロゴスを範型として造られており、神が人間の顔に息を吹きかけるとロゴスの模写・似像として生きるものとなったからである。彼は言う、「美しい範型の似像は非の打ちどころなく美しいのは当然である」と。けだし神のロゴスは「美の最も美しい飾り」であるから[13]。

しかし彼は続けて「写しは原像よりも劣っている」という。しかも両者の間に距離の隔たりが大きくなるほどに劣化していく。実際、人間の身体と魂もその力と性質において衰えていった。「生成のうちにあるものは何一つとして確固たりえず、死すべきものにとって転変は不可避であり、それゆえ最初の人間がある悪行にふけったのも避けがたいことであった。この場合、彼の罪深き生の発端は女であった。というのも、彼は一人でいる限り、孤独であるという点において一なる宇宙と一なる神とに類似しており、両者の本性に由来する諸々の性格を魂に刻印されていたからである。ただし、それはすべてというわけではなく、死すべきものの成り立ちが許容しうる限りのものであった。しかし、女が形作られると、彼（最初の人間アダム）は自分と似た形をした同胞の姿を見、その姿形に見惚れ、彼女の方に歩み寄って挨拶した[14]」。両者の間に「愛が芽生え、あたかも一つの生き物の切り離された二つの切片のような二人を結び付けて元の一つへと和合させた。愛は、自分たちと似たものを生むために、互いとの結合への欲望を二人に植え付けたのである。そして、この欲望は肉体の快楽をもたらした。しかし、この快楽こそが不正と不法の根源なのであり、この欲望ゆえに、人々は不死で幸福な生のかわりに死すべき不幸な生を送るのである[15]」。この快楽が原因で人間は罪に陥り、楽園を喪失したのである。とくに魂は「知恵が言葉と思索を通じて観想を愛する人々に差し出す天上の食物を摂らず」、飽食に耽り、欲望を噴出させることによって堕落した[16]。

　このような人間論はその後の歴史に大きな影響を及ぼしている。現実の人間はその魂が神の息から造られており、その身体は土から創られたのであるから、「人間は死すべきものと不死のものの境界に位置する」ことになる。こうした思想は同時代の新約聖書においてはどのように理解されているのであろうか。フィロンはイエスやパウロのことをはっきりと述べていないが、わたしたちは彼をとおして神のロゴスとしての創造的な力についてヘレニズム時代の人たちがどのような思想をもっていたかを理解することができる。彼の思想は後代のキリスト教古代の教父たちとルネサンス時代の新プラトン主義者たちが、ともに繰り返すことになる重要なる観念の源泉となっている。

二　新約聖書の「神の像」

ギリシア語で書かれている新約聖書の前提になっているのは『七十人訳《セプチュアギンタ》』であって、そこでの「神の像」(eikon theou) の概念は、前に(一章三節で)触れたように、人間が神の原型にしたがって造られているという意味であった。この点はヤコブ書に直接「わたしたちは舌で父である主を賛美し、また、舌で、神にかたどって (homoiosis theou) 造られた人間を呪います」(ヤコブ三・九)と継承されている。同様な神の像の使用は「男は神の姿と栄光 (eikon kai doxa theou) を映す者であるから、頭に物をかぶるべきではありません」(Ⅰコリント一一・七)と述べられている。こうした使用法は原則として旧約の用法と変わらない。

しかし、新約聖書においては神の像がキリストに結び付いて用いられている。それはキリストの神の子としての姿とキリストにおける人間の人格的な完成の希望として終末論的な色彩を帯びて用いられている。コリント第二の手紙三・一八から四・六までを読むと「主と同じ姿 (eikon) に造り変えられる」(三・一八)とあって、「像」概念はキリストとキリスト者とにともに使われている。だが、その内容とも言うべき「栄光」となると「神の似姿であるキリストの栄光 (doxa)」(四・四)とあるようにキリストにのみ用いられている。同じように「イエス・キリストの御顔に輝く神の栄光 (doxa) を悟る光」(四・六)とある場合、「神の像」(eikon tou Theou) やその同義語「似姿」は啓示する者と救い主の意味で使われている。なぜならキリストにおいて神が最も完全に啓示されているという独自な意味においてキリストは神の像なのであるから。これはキリストが「神の身分であって、神と等しい者」（フィリピ二・六）であり、「御子は、見えない神の姿（eikon tou Theou）であり、すべてのものが造られる前に生まれた」（コロサイ一・一五）からである。彼は造られたのではなく生まれたがゆえに、神の子であり、神との本質的な同一性によって神の像なのである。したがってこの像の働きは神の啓示である。この啓示の働きによって人々はキリストの許に連れてこられ、その贖罪のわざによって神の像に改造される。こうしてキリストが原型である像の実際の写しが人間の内にでき上がるのである。この改造は単なる写しにすぎない「像の像」ではなく、「像の改造」であって、キリストに用いられている「像」は神の叙述であるから、その似姿に改造されることによって創世記第一章で理解された「神の像」の実現を意味している。それゆえパウロがここで語っている「神の像」は復活して高く挙げられたキリストであり、信徒における像の改造は終末論的な希望として捉えられている。

したがって新約聖書が「神の像」としてキリストに言及するときは、そこにおいて実現している救いとの関連を示しており、像や似姿によって神的な存在を叙述している。たとえば「神は前もって知っておられた者たちを、御子の姿に似た者にしよう（summorphous tes eikonos tou viou autou）とあらかじめ定められました。それは、御子が多くの兄弟の中で長子（prototokon）となられるためです」（ロマ八・二九）とあって、キリストは「長子」として多くの兄弟との関連が似た者同士として語られている。また、人間における新・旧の変化は「わたしたちは、土からできたその人〔アダム〕の似姿（eikon）となっているように、天に属するその人〔キリスト〕の似姿（eikon）にもなるのです」（Iコリント一五・四九）と語られている。

さらに注目すべきことは先に引用したコロサイ一・一五には神の姿であるキリストが「すべてのものが造られる前に生まれた方です」とあって、キリストの先在が語られている点である（ヘブル一・三、六・一三参照）。また、コロサイ書においては「万物は御子において造られた」（一・一六）また「神は御心のままに、満ちあふれるものを余すところなく御子の内に宿らせ」（同一九）とあるように、「像」や「似姿」としてのキリストが創造の力や神の力となっている点である。ここに創造におけるロゴスとしてのキリストの思想が認められ、当時の用語ではロゴスが「神の力」を意味していたことは、ヨハネ福音書冒頭のロゴス概念からも明らかである。

このように考えてみると、先に考察したフィロンとの関連が問題になってくる。フィロンには伝統的なユダヤ教の考えとプラトン主義の思想とが出会っており、「神の像」で表明されている「神の子」の観念がロゴスに転釈されている。しかるに新約聖書はキリストを「神の言」（ロゴス）と言い表わしていても、それはプラトン主義の意味で用いているのではない。ここに「像」（エイコン）をめぐる相違点が現われてくる。これに関してケーゼマンは次のように述べている。「神は前もって知っておられた者たちを、御子の姿に似た者にしようとあらかじめ定められました。それは、御子が多くの兄弟の中で長子となられるためです」（ローマ八・二九）というパウロの考えは、「終末論的神の像」の顕現であって、キリストは神の「像」そのもの（第二コリント四・四、ヘブル一・三参照）であり、「創造の仲介者」（コロサイ一・一五）またフィロンが「新しい種族の創始者」と呼んでいる、あらゆる被造物の原像である。それゆえ、わたしたちはキリストの死と復活に与ることによって彼と同じ形になるのであるが、このことはすでに地上の生において起こっている。それゆえ「像」（eikon）という言葉は「長子」によって取って代わられる。この「長子」という概念は「元来イスラエルに適用されていた称号であったが、その後これは律法・知恵・アダム・ヤコブに、そしてフィロンにおいてはロゴスに転釈された。こうしてこの概念はメシア称号となることができた。そのさい、神の民という共同体の中での長子権が問題となっている」[17]。

このようにして新約聖書における「神の像」は原像であるキリストに結び付くこと、つまり洗礼を通して神の国に参加することによって新しい存在になる出来事を言い表わしているといえよう。したがって、それはキリストによる人間存在の回復にいたるプロセスを語っており、復活の出来事を表明している。これがローマ書八・二八―三〇では「長子」による救済史的考察となり、第一コリント一五・四四―四九では古い人から新しい人への変化として叙述されている。それゆえキリスト者が抱いている「像」は復活し、天に挙げられたキリストの像なのである。洗礼においてキリストとともに死して甦る新しい創造が生じているように、終末の復活においてキリストの出来事は信徒の生の中で再生されるようになる。これがキリストの「原像」としての意味である。

このような新約聖書の「神の像」の観念は古代キリスト教教父の人間論に受け継がれていく。なかでも最後に指摘した「像の再生」のテーマはエイレナイオスに受け継がれていく。

第三章　ギリシア・ラテン教父における「神の像」

キリスト教古代における最大の歴史的な出来事はローマ帝国によるキリスト教の迫害である。キリスト教は元来国家に対し反抗的ではなかった。パウロが『ローマ人への手紙』第一三章一節で述べているように世俗の権威への服従が説かれていたし、イエスの福音は「神の国」を宣教の中心としていても、イスラエル民族の政治問題に直結してはいなかった。したがって最初から「カイザルのものはカイザルに、神のものは神に返しなさい」（マルコ一二・一七）という政教分離は徹底していたといえよう。それにもかかわらず、ローマの大火の原因をキリスト教徒に帰した気紛れなネロの迫害や、皇帝の近親者や高官に至るまでキリスト教信仰のゆえに処罰したドミティアヌス帝の迫害、さらに治安維持のためユリアヌスを殉教せしめたマルクス・アウレリウス賢帝の迫害などが多発し、キリスト教徒を死に追いやるため皇帝崇拝の儀式が強制される場合も多かった。このようなローマ皇帝の権力に対決する闘争の中で「神の像」は重大な意味をもって歴史に登場してくる。というのは皇帝の肖像を礼拝するか、それとも真の神を礼拝するかはキリスト教徒迫害の先鋭的な部分を構成していたからである。迫害の脅迫に晒されてもキリスト教徒は勇敢に「皇帝の像」を礼拝することを拒否し、すべての人間の内に「神の像」が存在することを大胆に主張したのである。キリスト教徒の中には、当時の社会に支配的であった政治的および宗教的価値、たとえば皇帝の像を刻んだ「通貨」などに対しても批判的となり、神殿内の皇帝の像や金箔を塗った像が中身のない仮面、悪霊的で権力を狙う人間的な欲望の仮面にすぎないことを暴露した者もいた。そこでわたしたちはこのような歴史上の「神の像」の問題をまず考察しなければならない。

しかし、わたしたちにとって重要なのは「神の像」それ自身がいかに考えられ、ヨーロッパ的な人間像を形成していく土台が造られたかということである。この時代に活躍した古代の教父たちは新約聖書の使徒的な伝統に忠実に従い、アダムにおいて堕落し、キリストにおいて回復された新しいアダムとして人間を二重に考えていた。パウロも人間を神の像として捉えていたが、この像は神の像そのものであるキリストの贖罪によって再生され、神の霊を授けられ、終わりの時に完成すると説いていた。同様に古代教会もヘレニズム文化の環境から新たに出発している。この時代の思想家たちはキリスト教「教父」(Church Fathers) と呼ばれているが、彼らはヘレニズム文化の基礎にあったギリシア哲学と関わるように運命づけられていたし、旧約聖書をそのギリシア語版の七十人訳で扱わねばならなかった。この訳ではすでに指摘したように、「創世記」一・二七にある「神の像にしたがって」(kata eikona) と「その似姿にしたがって」(kata homoiosin) に基づいて人間の創造を考えざるをえなかった。その結果、この両者の間には最初に授けられた人間像と時間の経過において実現され得る後の人間像との区別が含まれているように思われた。これに人間の堕落と罪性の観念を加えると、人間存在の「存在論的な」像の性格と「道徳的な」類似性との間で人間をダイナミックに理解するように導かれたのである。それゆえ次にはこれらの優れた思想内容の展開をこの時代の思想家に即して考察していきたい。

一　キリスト教迫害時代における「神の像」

キリスト教に対する迫害を直接受けて殉教したユスティノスが残した記録から「神の像」がどのように考えられていたかを考えたい。ユスティノス（一〇〇年頃－一六五年頃）はパレスチナに生まれ、ギリシア哲学とくにプラトンの影響を受け、イデアの神秘的直観にいたろうとしたが、啓示による方法のあることを知ってキリスト教に入信し、後にローマでキリスト教を講じた。しかし、マルクス・アウレリウス皇帝の治下、迫害を受けて殉教した。彼は皇帝に対し犠牲を捧げる礼拝の強制に断固反対することによって信仰を堅く表明し続けた。彼はその著作によってキリスト教信仰をローマ文化の根底を支えているギリシア哲学にまで遡って弁護した。たとえば、悪霊の惑しから解放されたソクラテスが、「人々を悪霊から救いだそうと試みた」ように、キリスト教徒も異教礼拝を拒否することによって自己の信仰の自由とその真実なことを明らかにした。彼はそのさい皇帝が死ぬと人々がその像を神殿に奉献し、それを神々と呼んでいる点を指摘しながら、キリスト教徒の方は人間の手によって造られた神の像を神殿に祀ったり、それに犠牲をささげたりしないと言明している。彼は信仰を弁明した『第一弁明』の中で次のように毅然として論じている。

「ところでまた私共は、人間が造った形像、神殿の中に据えて神々と名付けたものを、仰々しい犠牲や花輪によって尊ぶことをしません。なぜなら私共は知っているのですが、これは魂の無い、死んだものであり、神の像を持たず、ある者共によれば、神像は神を称えるためにその像を模したものだ、と言いますが、そんな模像を神が持っているとは考えられないことです。世に顕現したあの悪霊共の名と外形を持っているに過ぎません。

すなわち、工匠らが材料にかんなをかけ、切り、形を取り、打って作り上げたものでしかないことをご存知のあなたがたに、何を申し上げる必要があるでしょうか。工匠らはしばしば卑しい物体を素材にし、技術によって外見だけを変え、形像をもたせて神々と名付けているのです。私共には、こうしたことが馬鹿げているのみならず、神を侮辱するものと思われます。なぜなら、言葉で言い表わすことのできない栄光と像をお持ちである神の名を、いつかは朽ちる、手入れを要する物体に向かって呼んでいるからです(1)」。

同様な裁判の記録は『殉教者行伝』にも示されており、ユスティノスの裁判と「神の像」とが歴史上極めて密接に関係していることを明らかにしている。この記録はローマの官憲に当たる「警視総監」である「支配者」とユスティノスとの間に交わされた、神々に犠牲を捧げることに関するもので、参考になる(2)。

わたしたちが扱ってきている「神の像」の問題は、ここでは皇帝に犠牲を捧げる強制に対する信仰の態度表明として扱われている。その有り様はキリシタン時代の「踏み絵」と同じである。ここに「神の像」が実に世界史的な出来事となっている。つまり歴史上有名なキリスト教の迫害と殉教まで引き起こした世界史的な事件となっている。

二　古代教父における「神の像」理解の特質

この時代に登場したキリスト教教父の特徴的な思想はプラトン主義の影響を受けながらもキリスト教の独自な観点から人間学を創造していったところに求めることができる。そしてその人間学は主として「神の像」を通して展開しているとみなすこともできる。ここではその詳細を述べることができないので(3)、重要と思われるいくつかの点を列挙し、しかもそれを論じている代表的な思想家の学説だけを検討してみたい。

「像」の原型（archetypum）と範型（exemplar, exemplum）

この時代には新約聖書における「神の像」の理解が伝統となっており、そこではキリストこそ「神の像」であって、現実の人間はこの像にしたがってのみ存在するように考えられている。それゆえ人間は「神の像」であるキリストの像、したがって「像の像」として考えられている。ではキリストにおける「神の像」と人間における「像の像」の区別はどのように立てられているのか。まず、キリストだけが「神の像」と言われるとき、彼は世界を創造するさいの御言葉（＝ロゴス）という意味と人間性をとって受肉したキリストという意味とが含意されている。前者のロゴスは神が人間をその像にかたどって創造したときに用いた「原型」（archetypum）であり、そこには人間の「創造論的」な意味が問われており、後者のキリストは人間としてあるべき範型（exemplum）であって、現実の人間はそれに倣って自己形成をなすべき「道徳的」な類似性の模範となっている。しかし、キリストはこの二重性（原型と範型）において偉大なる神的な人格である。それゆえに人間は原型をキリストにおいてもちながらも、キリストを範型にし、それに倣って人格的な完成に至るべき存在として捉えられている(4)。

このような古代キリスト教教父たちの「神の像」を理解するために、わたしたちは彼らの人間学を考慮しなければならない。というのは彼らはほとんど例外なくプラトン哲学の影響を受けており、人間の存在が心身の二元論から把握されているからである。この種のプラトン的な二元論は聖書の人間観と一致しないがゆえに、根本的な問題を生み出しているけれども、同時に教父たちは優れた可能性をそこから引き出している。たとえばオリゲネス（一八五／六―二五四／五）が説いたような二元論は問題的であって、彼は「創世記」一章の記事と二章のそれとを区別して、二重創造説を考案した。すなわち最初の創造は知性的被造物の創造であったが、それが遂に堕落したとき、これを救済するために神によって第二の創造がなされ、人間に身体が与えられ、こうして転落した魂が集められたのである、と彼は説いた。(5) この説では身体と魂とが分離され、二元論となっており、両者が総合されているとは考えられていない。したがって神の創造を根本的に善とみなした聖書の見解と明らかに矛盾するがゆえに、異端として退けられたが、後代への影響は大きかった。

その影響はたとえばニュッサのグレゴリオス(三三〇頃—九四)に現われており、彼は二重創造説によって身体をもった変わりやすい人間が、どのようにして永遠的で霊的な不動の神の映像になり得るのか、という難問を解決しようと試みている。彼はフィロンが前に提案したことのある二重創造説を採用している。つまり第一の創造は人間という類の創造、あるいは普遍的な人間の本性の創造である。この第一の創造から生じるのは、始源的人間、天上の人間、あるいは類としての人間である。そこには性別がなく、魂と身体をもっていても、身体は復活のあとで人々が所有するような霊体である。次に、第二の創造は原罪を明らかにし、将来の繁殖を保証するためのものである。それは性別をもった個別的な人間(アダム)の創造である。神は、その後、アダムから最初の女性(エバ)を生み出す。グレゴリオスは通常は象徴的な解釈を行っているのに、ここでは自説を基礎づけるために聖書の本文の字義的な解釈を行っている。(6)

心身の二元論的な分離からダイナミックな統一へ　しかし教父の中にはプラトン主義の影響をあまり受けずに、聖書に近い人間観から思想を形成した人たちも見られる。たとえば、二世紀に活躍したエイレナイオス(一三〇頃—二〇〇頃)は異端の論駁によって正統的神学の形成に大きな役割を果たした人で、心身の二重性をダイナミックな統一において考えている。彼によるとアダムは最初には成熟しておらず、その能力を完成に向けて発展させるという神的な課題を授けられている。この発展は堕罪によって中断されたが、人間はキリストによってその罪から救われ、回復されると、そこで得た自由によって人間の本来的な像を完成させることができる。このような人間観は人類の歴史がキリストにおいて発生し反復するという学説を形成している。

彼の基本的な思想はグノーシス主義との対決から主張され、現実の世界は超越界からの堕落によって成立した悪しき存在ではなく、創造神の意志による「無から創造」された被造物であるということである。彼はユスティノスがプラトン主義に基づいて既存の質料からの世界創造を説いたのに反対し、ヘブライ的キリスト教的な創造信仰を説いた。その説の特質は第一に神が創造者であり、人はその被造物であるということである。人間の地位は創造者のそれではない。神が人の実体である土の塵をも創造し、形を授けかつ保つことによって、人間は完全なものに超越していくことができる。「創造することは神の恵みに固有のことであり、造られていることは人間の本性に固有のことである(7)」が、人は信仰によっていっそう善いものに前進し、神の御霊を受け、豊かな実りをもたらすようになる。こうして人は「神の像と似姿にしたがって造られた人間の原初的な本性に達する(8)」。創造から救済を経て完成に向かう救済史観がこのように展開している。その背景には次のような人間学的な基本姿勢と神学的な三位一体論とがある。「今や神はその手の業によって誉め讃えられるであろう。神はご自身の御子に一致してかつ御子の像にならって適切にその業をなしたもう。というのは御父の手によって、つまり御子と御霊によって人は神の似姿にしたがって造られた。だが、人間の一部がそのように造られたのではない(9)」。

エイレナイオスによると人間は魂と身体とから構成されているが、グノーシスが間違って考えているように、そのどちらかの一部分が人間なのではない。「完全な人間は魂と〔身体と〕の混合と結合において構成されているから(10)」。しかも、魂も身体もそれぞれ御父の霊と御子の像とに結びつけて三位一体的に捉えられている。こうして「創世記」の人間創造の記事にあった「我々にかたどり、我々に似せて、人を造ろう」（創世記一・二六）にある「我々」が三位一体の神であるとの解釈に導かれている。ここにキリスト教思想史における彼の独創的な解釈が提示されている。

このように人間は神の像や似姿にしたがって造られていても、未だそれを実現していない。ただキリストだけが神の像であり、人間は神の像と似姿にしたがって造られていても、未だ神の像でも似姿でもない。人間は御子に向けて造られており、御子において自己の完成に達する。それゆえ受肉した神の像であるキリストが人間をご自身の内に加えるとき、人間における神の像は実現される。人間が創造されたときには受肉の恵みはまだ実現していなかった。そのとき人は単なる子どもであったが、御子の受肉によって人は成熟して初めてその目標に到達する。

同様にカッパドキヤの神学者であるナティアンスのグレゴリオスやニュッサのグレゴリオスも身体と魂とを混合されたものと考え、この混合のゆえに同時に霊と肉であって、地上における支配が委ねられていると説いた。人間が魂と身体の二者から構成されていることは特別な権利とみなされ、人間自身は両者の中間におかれているがゆえに、両者の闘争を内に含み、弱い存在であるが尊大ともなりうる。このようにして教父たちは心身のプラトン主義的な分離を説く人間観を退け、聖書的な総合を説く人間観に立って独自の人間学を形成し、それによって人間が「神の像にしたがって」造られていることを主張した。

宇宙における人間の地位　心身の二元論が人間のダイナミックな構造を導き出していたのと同じように、教父の人間学は人間を宇宙に対して小宇宙とみなす点からも意味をもっている。ここから世界と人間とを「大宇宙」と「小宇宙」との関連で考える宇宙論的な理解が「神の像」の理解にとっても重要な意味をもち、宇宙における人間の地位を明確にしている。こうした宇宙論的な理解はその淵源をギリシアにもっている。とくにストア哲学においては神が両宇宙に内在していると説かれており、そこから「神が世界に対する関係は、魂が人間に対する関係である」と説かれた。教父たちはこれに新しい要素を加え、世界を大宇宙、人間を小宇宙と考えただけでなく、人間の小宇宙的な性格を神との関係に、つまり人間が神の像であることに求めた。これにはフィロンの影響が認められる。彼は人間が神の像にしたがって造られたことと土の塵で形成されたこととの間に厳密な区別を設けている。ここから人間と世界との類比は二重の視点をもち、ロゴスと人間の精神（ヌース）との間の類比と物質界と人間の身体との間の類比となっている。この二重性を用いて人間の状態と課題とは積極的に評価されている。[11]

ここではとくにニュッサのグレゴリオスの『人間創造論』をとりあげてみよう。それによると人間は叡知的世界と感覚的世界とを媒介するように造られており、先に述べた人間の未成熟性と合成的性格が両世界を媒介して、より高い目的の実現に向かわせている。ここに彼は人間の創造という出来事を、宇宙的な枠組の中に入れて考える。つまり、世界は、王を待ち望む王国、主人の帰宅を待つ邸宅、あるいは、すばらしい準備がととのって、主人が出てくるのを待っている宴会場のようなものである。そこで、人間は、「創世記」の創造物語にあるように、神の最も完成された被造物として出現してくる。人間は、地上界の万物のあとで創造された被造物であり、万物の直接の目的である。したがって人間は創造の王者であり、すべての被造物にまさり、あらゆる完全性を併せもつものである。自然は存在しているものの集まりから成るが、それらの存在者は、完全性の度合に従って配列されている。まったく質料的な存在者から、植物、動物へと上昇し、最後は人間に至る。人間は、生命の最高段階としての理性的生命を有する。つまり、自然は、低次の存在者から完全な存在者に至るまで、存在の層をなしてみごとな配置を示している。そのために、モーセは無生物を最低段階に置き、その上に植物と動物を置き、最後に人間を置いた。こうして自然は人間に知性が与えられることによって完成された。

「造物主はそれらをもすべて豊かに、いわば王の宝物庫にしまうかのように大地の懐に秘めた後、人間をこの世に現した。これは人間が、世界のさまざまな驚異について、観察者また支配者となるようにとの考えからである。つまりそういった富の享受により、与え主について理解するとともに、目に見えるものの美しさと偉大さとによって、表現しがたく言語を超越した造物主の力の跡を辿ることができるようにするためなのである」[12]。神はこのように人間を造り、創造の美を観想して享受するように饗宴に招き入れている。これはフィロンが前に述べていた観点である。グレゴリオスによると神は「饗宴の優れた主催者」にふさわしく、招待の準備をなすように、「われわれの本性の富裕にして惜しみなき接待主は、まずあらゆる種類の美で住まいに装飾を施し、この壮大で多彩な饗宴を準備した。それから人間を招き入れ、いまだ存在していないものの獲得をではなく、現に存在するものの享受を、役割として人間に課したのである。そしてそのために神は、土の要素と神的なものとを混合させ、人間に存立の基盤として二重の起源を据えたのであった。これはこの二性を通じて二つの恵みを享受することに、人間が同質的かつ本来的にあずかるためである。つまり人間が、より神的な本性によって神を、土と同質の感覚によって大地に属する善きものを享受するためである」[13]。ここに彼の人間学が基礎づけられている。

こうして人間は、物質と精神を結ぶ橋であり、質料的存在者と霊的存在者を結ぶ輪のようなものである。したがって感覚界と不可視界（英知界）の合流点のようなものである。人間は、質料的世界のあらゆる完全性を、自己のなかに含む小宇宙であり、栄養的、感覚的、知性的な三つの王国の総合である。これは、パウロが「霊・魂・体」と述べた三区分法をもって言い表わそうとしたことである。けれども、グレゴリオスにとっては、人間を感覚界の縮図と考えるよりも、むしろ、神の像と考えるほうが、喜ばしいことである。したがって彼は人間を小宇宙と呼ぶよりも、むしろ、「小さな神」と呼びたかったであろう[14]。それゆえ、人間は被造物の中で王者として世界を支配しなければならない。また、先にフィロンが説いていたように、人間は観客もしくは招待客として被造物の善と美を享受すべきである。しかし、同時に人間は常に全被造物と自己とが共に神に向かうようにしなければならない。人間に力と支配を与えたのは神だからである。

さらにエメサのネメシウスは、後述するように、人間が創造世界を受動的に反映するだけではなく、小宇宙としての機能を遂行するように造られており、世界の対立する要素を結びつけることは小宇宙の作用なのであると説いている。

三 「像」と「似姿」の区別

旧約聖書の「創世記」では同義語であった「像」と「似姿」との区別は古代のキリスト教教父にとって重要である。ギリシア語の旧約聖書においては eikon と homoiosis との区別が次第に明らかとなり、オリゲネスが二つの創造に関する記事にこれを結びつけた。つまり「創世記」一・二六には像と似姿の双方が記されているのに、一・二七には像だけが挙げられている。このことが彼には、最初の創造では人間が像の尊厳をもっていたのに、似姿の完成は、神の教育的な意図によってか、あるいは人間の積極的な神の模倣によってか、歴史の終わりに取っておかれたことを、意味するものとして示されたのであった。したがって似姿は神の模倣によって獲得されると考えられていた。(15)

アレクサンドリアのクレメンス(一五〇頃―二一一)とオリゲネスは、フィロンの直接的な影響下にあり、バシレイオスとニュッサのグレゴリオスはその間接的な影響を受けている。彼らの間には重要な相違点も見られるが、プラトン主義の強い影響を受けている点では、四人とも同じであった。彼らが最も強調するのは、神と人間の「類似」であり、七十人訳ギリシア語聖書の用語 homoiosis(類似)は、神に似たものになろうとするプロセス、すなわちプラトン主義の神との「同化」を暗示している。神の「像」にしたがう人間の創造とは、人間の原初の完全な状態を指し、人間は堕罪の後に受肉の恩恵によって、天上的状態の「像」を回復しようとする聖化の過程に入り、ついには神の像と似姿にしたがう人間の創造を完成するに至る。

クレメンスにとって「似姿」は自然的な所与を超えたものを意味した。彼によると像自身の中にダイナミズムが含まれており、「像」は単に始源の状態のみならず、発展する可能態をも示し、キリストによって人間が罪から解放されるとそれが似姿にまで成熟すると考えられた。だから人間が「神の像」へと造られたのは神に似るためなのである。ここではその主著『ストロマテイス』(Stromateis) 八巻(二〇〇―二年頃)の叙述に基づいて述べてみよう。クレメンス神学の中心思想は、一言でもって要約すれば、被造物に対する神の全能と無限の愛、および神はその「ロゴス」を通して人間を自己自身に導くということである。人間にとって、神は万物の創造者、教師、聖なるものであり、したがって人間の最高目的は自らの「像」(eikon) にかたどって人間を造った神に「似ること」(homoiosis) である。この目的の実現を可能ならしめるものが、人間に与えられた意志の自由である。しかも、人間における「神の似姿」が実現されるに応じて、人間はますますその完全性に近づくのである。

「プラトンが〈土製の幕屋〉と呼んでいる肉体を、モーセはふさわしくも土で創られていると述べ、理性の具わった霊魂を、上天から神によって顔に息を吹きかけられたものと言っている(創二・七)。というのも支配的な座というものはここに据えられているとされるからである。彼らは、最初に創られた人間にあっては、霊魂の注入は感覚器官を通じて行われたと解する。かくして〈人間は(神の)像また似姿となった〉(創一・二六)とも言われる。なぜなら、神の像とは神的にして王的な御言葉、情念をこうむらない人間〔キリスト〕であり、人間の精神は〈像の像〉だからである。ここでもし〈似姿〉という語を別の言葉に置き換えることを望むのであれば、モーセにあって、この語が〈神につき従う〉ことを表す語彙として用いられているのが見出されるであろう。すなわちモーセは〈あなたがたは、あなたがたの主、神につき従い、その掟を守らなければならない〉（申一三・五）と言っているのである。思うにすべて有徳の人は、神につき従い神に仕える人であろう。哲学の目的を、ストア学派の人々は本性に従って生きることだと語り、プラトンは神の似姿となることだと言ったのは、ここにその論拠を有している[16]」。

ここに人間の本来的目的たる「神の似姿」が倫理実践の第一の課題となっており、人間をこの「神の似姿」に近づけるものが善であり、それに反するものが悪であると規定される。このように人間の魂を神への愛に導き、その魂の中に高貴な理想への努力を目ざめさせるように彼は努めている。これがクレメンスのキリスト教完全説の基調であるが、その基礎は「神の似姿」の概念である。しかし「神の似姿」とは「神の像」と密接に関係している。クレメンスもエイレナイオスと同様に、「神の像」と「神の似姿」との二つの概念を区別する。人間が「神の像」にしたがって造られたことは聖書の教える真理であるが、クレメンスはフィロンにしたがって「神の像」を「神の子」、すなわち「ロゴス」と捉え、そこから人間は「ロゴス」にしたがって造られたと考える。この「ロゴス」はすべての人間に本性的に付与されたものであって、いかなる場合にあっても決して喪失することはない。人間の理性活動も道徳活動もすべてこの「ロゴス」の働きに基づくのである。それゆえすべての人間は本性的に徳への能力をもっと考えることができる、と説かれている[17]。

人間の理性活動は哲学の仕事であり、真理の探究からなっている。精神の活動によって感覚的な事物から清められて、高貴な本性である卓越性を獲得できる。「なぜなら人々が高貴で善良になるのは、医者や水先案内人となるのと同じく、本性によるのではなく、学習によるのである[18]」。したがって精神の倫理的な働きが神の像を形成する場合にも重要な意味をもってくる。

それゆえに、クレメンスにおける「神の像」とはまず可能態の意味に理解されねばならない。たとえ人間が「神の像」にしたがって造られたとしても、必ずしもそれが現実態として実現されているわけではない。それはいわば萌芽として、あるいは可能的な傾向性として与えられているにすぎない。これに対して「神の似姿」とは、可能態としての「神の像」がまさに実現されるべき現実態を指している。したがって、それはすべての人間の向かうべき究極的な最高目的を意味することになる。この「神の似姿」はキリストにおいては完全に実現されているが、一般的には神との交わりを通して漸次実現されて行くものと考えられる。ここにすべての人間が「神の似姿」に向かって進まなければならない必然的理由がある。「神の似姿」は人間の到達すべき自己の本来性である。

クレメンスによれば、御子のキリストだけが完全な神の像であるがゆえに、人間は「正しい理性にしたがって出来る限り（神に）似ること、御子によって完全に（神の）子たることを回復することが目的である」[19]。つまり「われわれは覚知者にふさわしい人間になるように、そして肉に宿っている間にできる限り完全になるように急がなければならない。すなわち、この地上で完全な和合をもって神の意志に一致することを務めとし、完全に高貴な生まれであること、および血縁関係にあることを回復し、キリストを完うすべきである」[20]。ここに言われている「子たること」、「高貴な生まれ」、あるいは「血縁関係」などの言葉はいずれも人間が「神の像」にしたがって造られていることを意味するものである。この「神の像」が回復され、最高の完全性に到達するところに「神の似姿」が実現される。それゆえに、「神の似姿」は人間によって志向されるべき最高の目的であると言わなければならない。

このようにクレメンスの「神の似姿」の概念は人間の倫理的な完成を追求することによって到達可能であるがゆえに、そこには人間の道徳的な主体としての自由意志が当然前提されている。したがって人間は存在論的に「神の像」にしたがって造られた存在であるとともに、主体的に自らそれを自覚し、それに向かって決断する自由な存在である。ここにおいて、人間は神に対する応答的存在となり、「神の似姿」へ向けての自己形成は人間の責任となり、最高の課題である最高善となっている。[21] このように存在論的な「神の像」と倫理的な課題としての「神の似姿」という両者の関連がクレメンスの神学の根底に据えられており、現世における人間の主たる営みは本質的に実践的な倫理的性格をもっているが、それも人間の応答性に由来している。

この聖化の過程が神ないしキリストの「模倣」(mimeisis) である。ニュッサのグレゴリオスは、霊魂を「鏡」に喩えて、人間は自分自身のうちに神を「見」、神を「知り」、神との同化によって神に似たものになると説いている。つまり、徳の「実行」(praxis) や浄化による神との「類似」(homoiosis) から、無限の神秘的プロセスの中で神の「観照」(theoria) や神の「知」(gnosis) に達する。これによって「神に似たものと化すこと」(theopoiesis ないし theosis) が説かれている。

四　地上における神の代理人としての役割

「創世記」一・二六と一・二八の記事は地上の支配に人間が招かれていることを物語っている。その支配は「神の代理人」として規定されている。この支配と「神の像」とはどのように関係しているのか。まず、創造世界とその秩序を変えたりすることなど考えられないことであって、神の命令と意図とを現実化することだけが問題なのである。バシレイオス (三一九頃―三七九) は人間が理性をもっているお陰で支配を行使すると言う。理性の卓絶性のゆえに命令する力をもっているため動物を支配し、万物を支配下に置くことができる。しかし自己の地位と力を乱用して自己中心的な欲望を満たそうとすることも起こる。こうしてアダムは最初もっていた地位を堕罪のゆえに喪失している。それゆえ人間はキリストの恩恵によって正しい地位を回復し、初めて世界を支配することができる。だから正しい支配の実現は贖罪の結果得られると考えられる。したがって支配は理性的な本性によって与えられていても、その実現は神との関係に依存していることになる。[22]実際、自分の情念を支配することなしには少なくとも正しい支配は不可能であるから、霊的に再生することが必要となる。したがって支配は霊性の充分な成熟をまって初めて実現する。これを説いたのはフィロンであった。こうして自分の情念を支配することができるものは神の像としての性格を充分に示している。

この点に関してニュッサのグレゴリオスとバシレイオスの学説がとくに優れていると思われるので、それを問題にしてみよう。

グレゴリオスによると神は人間の創造に当たって世界支配の適性をもつ道具として造られた。つまりこの世を支配する王として創造された。彼の『人間創造論』にはこうある。

「至高の造物主は、われわれの本性をいわば王としての働きをなすのに適した器として創造した。つまり霊魂の卓越性と肉体の形そのものとによって、王に適したものとなるように、この器を準備したのである。というのもまず霊魂は、王的であり卑俗な低劣さとは無縁なものであるという性質を示す。それは霊魂が支配されずに自律性を有し、もっぱら自分の意志により統御されるという点から明らかである。いま述べた性格は、王以外の何者に該当するであろうか。これに加えて、万物を支配する神の像とされるということは、人間の本性がまさに王のごとくに造られるということにほかならない[23]」。

このような支配のため人間の像は神の尊厳を備えている。この点は社会の習慣と同じである。[24]なお王にふさわしい威厳は「徳」・「不死性」・「正義」であって、「人間の本性は、あらゆる点において王の尊厳の内にあるということが示され、範型たる美に正確に類似したものとされた」[25]。

また、バシレイオスはここから実践的な人間の姿を捉えている。ここでは『聖霊論』に基づいて「神の像」について考察する。彼はプラトンの『饗宴』に語られているのと同じように、人生の目標は神に似ることであると規定している。「ところで、私たちにとって問題なのは、人間の本性にとって可能なかぎり、神に似ることです。神に似ることは、知ることなしにはありえず、知ることは教えにもとづいています。そして、教えのはじめは言葉であり、語と句とは言葉の部分です。したがって、語の詮索は、私たちの目標と無縁でありません」[26]。彼は「像」(eikon) を旧約聖書で用いられている意味にしたがって「肖像」として捉えている。しかもこれが三位一体論の立場から積極的に説かれている。

「王の肖像も王と呼ばれるが、王が二人にならないのは、それによって王としての権力が分裂しもしないし、栄光が半分になりもしないからである。同じく、私たちを支配する主権は〔父と子で〕一つ、権能も一つである。だからまた、私たちが讃える栄唱も一つであって、多ではない。似姿の尊崇は原型にまで届くからである。それは、肖像の場合には模倣の関係としてある似姿が、御子の場合には本性の関係としてあるからである。似姿と原型とは、〔彫刻や絵画の〕技術では形が相似 (homoiosis) をなすように、神の非複合的な本性では、神性が共同による一致 (enosis) をなす」[27]。

したがって神と神の像の関係は、本性上の関係として「神―似姿―神の子」の系列と現実的な関係として「原像―似姿―肖像」の系列とが認められている。また人間の魂と神の霊との差から「もともとの本性の美に立ち戻り、その清さによって、いわば王的な似姿に元の姿をとり戻す」と語られている[28]。このようにして神との親近性は「王的な似姿」を実現させ、神の御霊に照らされた支配者である神の代理人を生み出している。

五　「神の像」と「人間の尊厳」との関係

最後にわたしたちは古代キリスト教教父の「神の像」と「人間の尊厳」との関係についてこれまで示唆されてきてはいたが、四世紀後半に活躍したエメサの司教ネメシオス（三九〇頃没）の著作『人間の本性について』によってそれをいっそう明確に示してみたい。この書は一一世紀に翻訳され西欧世界に強い影響を及ぼした。だが、この著作はニュッサのグレゴリオスの著書と混同されている。

人間・世界・神の関係　ネメシオスによれば、人間は自分自身のうちに死すべきものと不死のもの、理性的なものと非理性的なものを結合している。人間は動物とは生命を共有し、理性を授かった被造物とは知性を共有している。それゆえ人間は英知界と現象界との境界線上に位置しており、小宇宙を形成している。「終わりに理性的であることによって人間は非物体的な理性的な知性と共に理性・理解・判断を自分が欲するものに適用する特権をもっている。こうして彼は徳を追求し、神聖さにしたがう。この神聖さにおいて多くの徳の探求は最後の目標を見いだす[29]」。

それゆえ、もし人が身体的なものを求め、肉的な欲望に満足するならば「土的な人間」となり、動物に似たものとなるが、理性にしたがって肉の欲を軽蔑し、神的な生活を追求するならば、「天上的な人間」と呼ばれるに値する。また人間の行為には、意志的行為と非意志的行為がある。意志的行為は行為者の内部から生じ、そこには熟考・判断・選択という三つの契機がある。意志は目的にかかわり、選択は手段にかかわる。熟考の対象は、必然的で確実な事象ではなく、不確実で偶然的な事象である。熟考する主体は理性であるから、理性は自由の原理である。

人間の研究は自然学の中心に位置している。それは樹の幹のようなもので、そこから多くの枝が出てくる。また人間は小宇宙である。神は人間のために世界を創造したのであるから、人間は世界の中心なのである。世界に見られる存在者は存在の階層をなしており、無機物の鉱物から始まり、生命体の植物から動物に進んで、人間にまで至っている。人間は神の被造物のなかで最も卓越したものであって、質料的な身体と霊的な魂とが複合されたものであり、しかも質料的なものと霊的なものの中間に架かる橋、もしくは結び目のようなものである。このような世界の驚歎すべき秩序はそれを創造した神の存在を明らかに証明している。

人間の尊厳と神の像　このように人間は「小宇宙」として創造物全体を反映している。「人間は自分自身の本性の内に全被造物を反映させ、それゆえに適切にも〈小宇宙〉と呼ばれる」。また神の摂理によって、すべての創造物は人間のために存在する。さらに人類のために神は人となられたのであるから、人間は神の像と似姿に造られており、キリストと共に神の子どもとして住まい、不死性を獲得し、滅亡を逃れているばかりか、あらゆる権威の上に君臨し、世界を治めることができる。だから「わたしたちがこれらの事実を考えてみるなら、被造物における人間の地位の尊厳をどうして強調し過ぎることがあろうか」と、また「誰がこの独自な被造物の卓越性を完全に表現できるであろうか」とも述べている。

「人間は神の像と似姿に造られており、……巨大な深淵を渉り、天界の全域を瞑想し、星辰の運行と位置と大きさを観察し、海と陸の幸を収穫し、あらゆる種類の知識を学び、技能に熟達し、科学研究に邁進する。…人間は万物に命令する。悪魔は彼に従属する。彼はあらゆる種類の存在の本性を探求し、神を知ることに励む。

人間は神の住む家であり、神殿である」[30]。

ネメシオスは、世界の中心に置かれている人間の位置を、道徳的な意味に解釈する。人間は物質的な善に傾くときは堕落するが、霊的な善を好むならば、神や天使たちに似るようになる。したがって、人間の本性、とくに霊魂について、正確な概念をもつことが大切である。彼は、そのために、哲学者の諸説を比較対照しながら、最終的にはプラトンの考えを受け入れることに決めている。というのはプラトンは、霊魂を非物体的なものであり、肉体とは異なるものであり、不滅の実体として規定しているからである。ネメシウスは霊魂の起源に関して創造説・転移説・発生説を退け、プラトン流の先在説を受け入れる。けれども、他方では、プラトンが受容した輪廻を認めず、輪廻については、古代人が霊魂不滅を信じていた証拠であるとだけ述べている。彼は、グレゴリオスよりも広範に古典の書物を引用し、とりわけ中期プラトン主義者のポセイドニオスに流入しているストア哲学の伝統や、医学の権威ガレノス、さらにペリパトス学派などに立脚して人間のこの世での役割やその能力、またその終末論的な目的などを強調している[31]。

この著作は古典文化とキリスト教が説いた人間の本性について豊かな考察を含んでいるがゆえに、後代の人たちによって多いに利用され、さまざまな思想の豊かな源泉となった。先に指摘したように翻訳が出たので、一二、三世紀の神学者たちはこの著作を利用することができたし、また実際に利用している。とくにアルベルトゥス・マグヌスとトマス・アクィナスがよく利用している[32]。ネメシオスは人間の聖なる目的ばかりでなく、同時に世俗的な目的をも説いて、両方の目的を調和させているがゆえに、調和の精神を求めていたルネサンスにおける人間の尊厳の理念を明らかに先取りしているといえよう。

第四章　アウグスティヌスにおける「神の像」

古代の教父の中でも四世紀から五世紀にかけて活躍したアウグスティヌス（三五四－四三〇）はその後代への影響から見ても最大の思想家で、中世思想に決定的な影響を及ぼしている。わたしたちが論じている「神の像」という主題に関しても同じことが言える。彼は全生涯を通じてこの問題を追求している。また後にルネサンスの思想上の統一的な理念となった「人間の尊厳」の形成にも彼が決定的な役割を果たしている。実際、ギリシア教父たちの思想はプラトン主義の強い影響下にあったので、創造を理念と現実とに分けて二重創造説を説いたり、初期のアウグスティヌス自身にも絶大な影響を与えたプロティノスの流出説によって解釈する傾向があった。彼らは神の子をロゴスと同一視し、神の人間への関わりをロゴスの受肉によって考えていた。この受肉したロゴスこそ神の像そのものであって、人間がもっている神の像は、ある意味で神の本性の劣化したものとみなされており、堕罪後に受肉の恩恵を通じて人間が神的な根源へと向かう回心は、原初の完全性への復帰として捉えられていた。それに反してラテン教父たちの思想は、原始の質料をも神による「無からの創造」（creatio ex nihilo）で説こうとしていた。これによると形をもたない未形態の質料（materia informis）も神の秩序の中で価値をもっており、贖罪による人間の義認は「より善きものへの改造」（reformatio in meliore）を意味した。したがって「神の像」としての人間は、父なる神の完全なる像である神の子によって、その像を改造しなければならない。ここにこそ歴史の歩みの現実的な意味があって、ギリシアにおける周期的な「再生」理論に代わって、終末論的で歴史的でさえある歴史観が芽生えてきている。

東方の神学者がプラトン主義の哲学に影響され、現世を物質界と見て、混沌よりの解放を質料からの超越によって実現しようとする神秘主義的傾向をもっていたのに対して、西欧の神学者たちの多くは、実践的な傾向をもっており、ストア主義の強い影響によって人間的正義や国家的な秩序に強い関心をもっていた。両者の間には神秘的な「観想」と理想の実現としての「行動」とに対する関心方向の相違が歴然としていた。しかしアウグスティヌス自身は最初プラトン主義の影響によってギリシア的な人間観から出発したが、やがてその問題点に気づくようになる。

アウグスティヌスによる「神の像」理解の変化は、それをキリストに求めるだけではなく、人間存在の中にも探求している点である。ここにこれまでの教父との決定的な違いがある。彼は自己の内的な経験に基づいて自己の思想を確立しようとしている。そこには神の受肉という客観的な形而上学的な出来事にしたがって思索するのではなく、自己の主体的な経験から探求する態度が顕著に示されている。このゆえに彼は「最初の近代人」とも言われている。ここにわたしたちは初めてヨーロッパ的な思考と出会うことができる。

したがって、「神の像」は神と人間との本質的な関連を示しており、神の存在を映す鏡であるのに対し、「似姿」は「像」が現実に完成に達した度合を示す形態的な性質概念となっている。それゆえ存在論的な「神の像」概念は、実践的な活動を通してその似姿を完成させ、それを通して神性が人間の内に宿ることから、「人間の尊厳」をも意味することになる。ここから一般的にいってヨーロッパ中世の神学思想は、「神の像」と「人間の尊厳」という源泉を異にする二つの概念を同義的に捉えるようになる。

この伝統を確立する上で中心的な役割を演じたのは、アウグスティヌスの『創世記逐語解』(De Genesi ad litteram）と『三位一体論』（De trinitate）という二つの著作である。これに立ち入って考察する前に彼に対するギリシア思想の影響から述べていきたい。

一　ギリシア的な人間学の影響

ギリシア思想の特質はプラトンに顕著に示されているように、魂と身体との二元論的人間学に求めることができる。この人間学では人格としての魂に強調点を置き、魂の不滅性に真の人間として到達すべき目標を立てている。アウグスティヌスはこのプラトン主義に新プラトン主義の代表的な哲学者プロティノスを通して触れている。

プロティノスの著作との出会い　ミラノでのアンブロシウスやシンプリキアヌスまたテオドルスとの出会いはアウグスティヌスをしてキリスト教的な新プラトン主義に近づかせ、プロティノスの著作『エネアデス』を媒介にしてキリスト教への道を開き、ヨハネ福音書の序言やパウロの手紙へと導かれていった点で重要である。彼は言う、「だが、あなた〔テオドルス〕がきわめて熱心に研究したと聴いていますプロティノスの二三の書物を読んで、わたしの力の可能な限り、それらの書物と、さらに神の秘儀を伝承した人々の権威とを比較したときに、わたしの心は火のように燃えて、幾人かの人の意見がわたしを引き留めなかったならば、わたしはあのすべての錨を引きちぎろうと望んだほどでした(1)」と。このように聖書に向かう前に『エネアデス』から哲学的な霊感を彼が受けていることは、彼の思想形成にとってきわめて重要であった。というのはプロティノス的な人間像を彼がキリスト教の世界へと移植することによって、アウグスティヌスにおいて人間が二つの世界の間を流浪する特質を備えることになるからである。こうしてプロティノス的な「神的な像」の残滓が見られるようになる。

プロティノスはプラトンの『饗宴』と同じ仕方で美について論じながら、魂の美の問題に入っていく。彼にとって魂の美は、醜い情念から解放されることによって成り立っている。徳は心を清める作用であるから、もろもろの徳は魂が身体的関心から高められる方法として説明される。かくて魂が善にして美となるに応じて神に似たものになる。そのさい最大の問題は、どうしたら「はかり知れない美しさ」といわれる、接近しがたい美の直観に達しうるかということである。美は聖域の奥深く鎮座していて外に姿をあらわさないため、神秘に包まれている。そこで肉眼に映る美の影像にすぎないものを捨て、自己の内面に立ち返って真の美の姿をとらえるべく、愛する祖国へと逃れなければならないと勧められている。[2]

しかし、美の直観に至るためには、認識されるものと認識するものとの存在の類似性がなければならない。この類似性こそ「等しいものは等しいものによって知られる」という命題に示されているギリシア的認識論の前提である。彼は言う、「人が何かを見ようとする時には、その前に、見るもの（眼）を見られるものと同族のもの、類似するものとする必要がある。つまり眼は太陽のようにならなければ、太陽を見ることはできないのであるし〔同様に〕魂も美しくならなければ、美を見ることはできないのである」。[3]

このようなプロティノスが提示する方法にしたがってアウグスティヌスは神の認識に達しようと試みるも、彼が経験したのは、『告白』第七巻で語られているように、精神の力による内面的な超越にとどまることができず、日常の世界へと転落するという経験であった。そこに彼は神と魂との存在における質的断絶を認めざるを得なかった。

プロティノスにおける「像」概念　『エネアデス』の「像」概念は宇宙創成説や心理学さらにプロティノスの特徴的な哲学体系である神秘主義と分かち難く結び付いている。世界は「一者」と呼ばれる源泉から流出しているが、そこには二つの側面があって流れ出す「流出」(prodos) と再び帰ってくる「帰還」(epistrophe) とがある。

前者は一者からの現実的な流出と分離であり、後者はその源泉に向かう帰還と反転である。[4] したがってこの遠心性と求心性との動態によって万物は構成され、五段階の存在からなる宇宙に位置づけられている。たとえばヌース（神的知性）は一者から直に流出し、一者の像（イメージ）をもっている。それは一者の写しであり面影であるが、それに劣っている。このヌースは自分を生んだ一者に再び戻って、それを観照し、それとの完全な類似もしくは似姿に至ろうとする。このようにしてヌースが一者の似姿となると、一者に倣ってプシュケー（宇宙霊魂）を流出する。[5] このようなプロセスを繰り返して、さらにソーマ（身体）とヒュレー（質料）に至る。最後に流出するヒュレーは生み出す根源の像ではあるにしても、極端に色あせ無力である。この段階では帰還の運動が欠けており、あっても極めて微弱である。したがって質料はその近い存在段階である個々人のプシュケーに帰るだけである。[6] そこには至高者である神的一者の「痕跡」だけがあって、類似はみられない。[7] このような思想がアウグスティヌスに影響を与えている。

プロティノスにおいて「像」概念はより高次の存在からの流出と誕生に依存し、それに伴って生じているに過ぎない。像は高次の存在に似ていても、性質において劣っているがゆえに、それは常に質の劣った写しとなっている。それゆえに類似しているものは、その存在の似姿とともに存在に帰還する傾向を自己の内に刻印されていると説かれている。[8]

二　初期アウグスティヌスの「像」「人間」「尊厳」の概念

先にも語ったようにアウグスティヌスはプロティノスの二、三の書物を読んでおり、初期においてはその影響の跡を色濃く残している。その要点をわたしたちの問題との関連で指摘しておきたい。

「像」の概念　初期の著作では神の像についてあまり多く語られていないが、代表的な箇所として『ソリロクイア』の次の一節をあげることができる。「神よ、すべての善はあなたから出て私たちのもとまで流れ出て、すべての悪はあなたによって私たちから遠ざけられる。……神よ、あなたはあなたにかたどり、あなたに似せて（ad imaginem et similitudinem tuam）人間を造りたもうた、このことはご自身を知りたもうあなたの認めたもうことである」[9]。先にプロティノスの流出と帰還との二重の運動はその像である存在（Esse）への運動として動態的に述べられている[10]。

人間に内在する神的な精神＝人間の尊厳　アウグスティヌスは「神の像」に先んじて「人間の尊厳」という主題を最初の著作『アカデミア派批判』で追求している。ここではギリシアに淵源する「人間の尊厳」を表わす思想は「あなたが常に善美なものを追求してこられたもの」とか「あなたの中における神的なもの」（quod in te divinum）として表明されている[11]。たとえばこう言われている。

このような人間の神的にして尊厳に値するものは精神であり、それはこの書物第一巻の冒頭から「可死的なものに付着している神的な精神」（divinus animus mortalibus inhaerens）として規定され、「知恵の港」を通って祖国に導かれると理解されている[12]。人間の魂は祖国に向かってオデュッセウスのように遍歴を続けているものとみなされている。アウグスティヌスが神的精神といっている場合、それは神と等しいという意味ではなく、最高の規範である神にしたがう理性の尊厳を意味している。しかし、このことがプラトン主義の表象にしたがって神的起源をもつものとして語られているにすぎないのである[13]。この点は先に指摘した「あなたの中にある神的なるもの」によって実際に考えられているものを見ればただちに明らかになるであろう。すなわち彼は次のように言う。「あなたの中なる神的なもの、つまりこれによってあなたは常に優美で気高いもの（decora et honesta）を欲求するようになっている」と。[14]これは理性が神的規範にしたがって倫理的判断を行っていることを述べており、神的なものとはかかる最高規範にしたがう理性のあり方を意味しているといえよう。また「優美で公正なもの」というのはキケロにおいて人間の尊厳をあらわす概念であった。[15]

このように精神を神的なものとして高く評価することは同時に身体を低く見ることに繋がっており、彼はプラトンにしたがって身体を牢獄ともみなしている。[16]これらの古代的な人間学に特徴的な理解は彼がキリスト教を受容しながら成熟していくことによって次第に克服されていく。

三　成熟期の「像」と「似姿」の概念

『告白』においてアウグスティヌスは新プラトン主義の人間観を決定的に克服している。彼はそれを自分の人生物語を通して叙述している。人間の運命は個人が万有の存在に没入することにあるのではなく、神の恩恵によって意志を改造し真の自己を回復することにある。それは神に対する語りかけである「告白」を通して表明され、新プラトン主義的な知的な回心によっては意志の葛藤は癒されないことが強調されている。この「告白」は個人的な出来事でありながらも普遍的な意味をもっており、キリスト教的な人間性の理解を告げている。とくに原罪の理解のうちに成熟した人間の理解が表われており、禁欲的に神へと向上しようとする志向には価値が置かれないようになった。つまり原罪を担っている人間に対する恩恵の活動的な働きが前面に現われるのに比例して、神に向かう主体的な自然本性の欲求が次第に後退するようになった。こうして神の像に関してもいっそう深い理解が生まれている。

『創世記逐語解』において彼は、「我々にかたどって人を造ろう……」という記述を取り上げ、エイレナイオスと同様に、「我々」という複数の表現は、父と子と聖霊の三位が人間の創造に関わっていることを示すと解釈した。また創造に続く堕罪は、この像に対し重大で深刻な損傷を与えたが、それでもそれはまったく消滅したのではなく、神の恩恵によって像の損傷は回復され、その「似姿」に至ると説いた。

彼の『三位一体論』(De Trinitate) も重要である。この著書の目的は、聖なる三位一体の本性を明らかにするだけでなく、被造物に内在する神の「痕跡」(vestigia) に見いだされる、被造物における三位一体性（三一性）のすべてを検証することにあった。これらの中でもとりわけ重要なのは、人間の認識能力における三一性である。アウグスティヌスは、父・子・聖霊がそれぞれ神の精神ないし記憶・神の知性・神の意志ないし愛と対応していると考えた。したがって、人間が神の像を所有していることは、最も特殊な意味で人間の魂も三一的であることを意味する。なぜなら、人間もこの三つの機能を同時的かつ不可分に所有しているからである。人間は三一的な魂の働きをもっているがゆえに、神や天使たちと同様に霊的な存在である。だが、そればかりではなく、記憶・知性・意志はすべてキケロの伝統によれば「人間の尊厳」の土台を形成すべき高貴な能力である。この能力が今や人間における「神の像」の内実として採用された。とはいえ、さらに重要なことは、アウグスティヌスが意志に属する感情や情熱にも、記憶や知性とまったく同等の価値を付与したことである。というのは知性も意志も、それを用いる方向に応じて善にも悪にも染まるからである。つまり、世界創造の源である神の方に向かえば善となり、それから外れれば不完全で悪しきものになる。ここから「神の像」の壊敗と更新という新しい問題が生じてくる。

そこで次にアウグスティヌスの「神の像」理解の特徴点を指摘しておきたい。

「像」と「似姿」との関連

この関連は「創世記」一・二七にある「人間をわたしたちの像 (imago) と似姿

(similitudo) にしたがって造ろう」の解釈に表われている。[17] 像があるところには、そのこと自体に基づいて似姿もあり、すべて像に応じて似姿もある。したがってこの二つの言葉でもって同一のことが意味されている。[18]

古代の教父では前章で考察したように像と似姿とが区別され、「神の像」はキリストであって、人間は「キリストの像」に過ぎないが、それも似姿が恩恵によって完成されることによって達成されると一般に考えられていた。またエイレナイオスにしたがって像を自然の賜物とし、似姿を超自然的賜物とみなす考えがあって、中世でも似姿は恩恵の賜物と考えられていた。アウグスティヌスは完全な神の像をロゴスにおいて認めただけでなく、人間の人格がそれ自体において神の像となりうると説いている。そのさい人間が神の像と似姿に造られている点を彼は捉えながら、神の像が人間において神の似姿となることによって神に近づいていくことを説いている。『三位一体論』では次のように語られている。

「かつて「創世記」で〈わたしたちの像と似姿にしたがって人間を造ろう〉（一・二六）とあるようにまったく隠れた仕方で言われている。複数で、〈わたしたちは造ろう〉〈わたしたちの〉と語られている。それは〔三位一体の〕関係からのみ理解すべきである。なぜなら、神々が神々の像と似姿によって造るためではなく、父と子と聖霊が、父と子と聖霊の像によって造るためである。こうして人間は神の像としてとどまるようになった。ところで、神は三位一体である。しかし、この神の像は御子のように神から生まれたのではなく、神によって創造されたものとして、神にまったく等しくあるように造られたのではない。この事態を表示するために、像は似姿に向けて存在する。つまり、同等性によって〔神に〕等しくされるのではなく、似姿によって（non aequatur parilitate, sed quadam similitudinenon）神に近づくのである。この似姿は場所の間隔によってではなく、類似によって神に近づけられ、不類似によって神から遠ざけられる[19]」。

二種類の像、「痕跡」と「同等性」の相違　鏡に映った像には同等性が欠けているがゆえに、「痕跡」しか認められない。この点に関しては次のように言われている。「像があるところ、鏡に映った人の姿のように、必ずしも同等性があるわけではない。それが表現されている事物において存在しているこの像に多くのものが欠けているから。……また同等性が存在しているような像もありうる[20]」。それゆえ鏡に映った物の姿のような像は物体的な映像であって「痕跡」(vestigium) にすぎないといわれる。それに対し完全な同等性は神から生まれた御言葉なる御子にのみ見いだされると説かれている。したがって人間における像は不完全であり、同等性を欠いていることになる。

「実際、像がその像であるもの〔原像〕の内容を完全に満たしているならば、像はそれと等しくされているのであって、後者〔原像の方〕が自己の像に等しくされているのではない。この像との関連において神の言葉は〔美しい〕すがたと名付けられている。美のゆえに、そこには大きな適合性と最高の同等性また最高の類似性がすでにある、とわたしは信じている。何ものにおいても相違がなく、決して不等性がなく、どの部分でも似ていないことがなく、その像であるものと正確に一致している[21]」。

アウグスティヌスはここで鏡に映った像に見られる単なる反映理論を克服しようとしている。像が鏡に映っただけでは実質が伴われていない。そこには同等性が欠けている。この同等性を完全に満たしているのは神から生まれた御子だけである。それゆえに同等性に向けて高まるプロセスを「似姿」をもって表現しようとしている。反映理論というのは認識論における模写説と同様であって、実在を写し取っている「鏡」に依存している。「真理は認識と対象との一致である」と一般に定義されているが、模写説では模写した認識の真偽は再び対象との一致に求められる。それゆえ模写説では原像を模像の説明のために用いるという「論点先取の誤謬」に陥っている。そのゆえに続いて考察するように、彼は人間の内なる「神の像」を精神の三一的な認識活動に求めて行くが、同時に「神の似姿」によって神との神秘的な一致をも追求せざるを得ないのである。

神の像としての精神の知性的認識　ギリシア教父と相違してアウグスティヌスは人間が男女に区分されていることを堕罪の結果とみなしていない。[22] しかしフィロンの寓意的な聖書解釈にしたがって彼は蛇が感覚的な能力、女が世界に向かう低次の理性、男が神に向かう高次の理性を表わしているとみなしている。[23] この高次の理性は神と直接関係する「内的な人間」であって、彼は理性と意志に人間の尊厳を求めている。しかし、彼の思想における最大の問題は人間の尊厳に属する意志が堕罪によって悲惨な状態に陥っている現実からどうして脱出できるかということである。つまり、人間が永遠の真理を思慕し探求しながらも時間的なものに巻き込まれ、低迷しているのに、人間はいかにしてこの状態を超越しうるかということである。彼はその解決を時間的な世界のうちにあって時間を超えることができるところに求めたのである。すなわち神の言葉の受肉に求めたのである。この神の言葉に一致するためには信仰により愛を清めなければならない。そうでないなら意志は理性を神の観照に向けることはできない。この清めは神の摂理の個人的および公的な配慮による諸段階を通して行われる。[24] 魂がこの清めの過程を経ることによって、罪により損傷された精神の「神の像」（imago Dei）は更新され、「神の似姿」（similitudo Dei）にまで至る。このとき神と自己との存在の「非類似性」（dissimilitudo）は「類似性」（similitudo）にまで回復され、喘ぎながら願い求めていた神の永続的観照と浄福の生に達するのである。

精神の認識作用と神の像　この像は精神の認識作用のうちに求められ、人間学における重要な思想がここから形成されている。精神の認識において捉えられた神の像は三位一体の類似像として認識の三一的構造において探求されている。神の像は三位一体の痕跡として広く被造世界に求められたり、存在・知・愛のような懐疑論を克服する場合に発見された類似像でも考えられたりしている、[25] が彼は精神という内的な人間のうちに神の像を求めており、神に向かう精神の内的な構造において捉えようとした。なぜなら精神こそ神と直接関係する人間の尊厳であるから。したがって『三位一体論』の後半で追求されている論点は神論というよりも神との関係にある人間存在論であるといえよう。この人間の神に対する関係は愛であり、人間における愛の現象分析から「神との関係存在」としての「神の像」を発見すべく彼は探求を始めている。

四 『三位一体論』後半の構成と「神の像」

『三位一体論』は全体として見ると信仰から理性へ向かう基本姿勢に立っており、前半は聖書の証言とカトリック教会の教義にしたがって信仰による三位一体の神について述べられ、後半はさらに内面的方法をとって理性の認識作用の構造分析から三位一体の神の認識を扱っている。そして前半と後半の橋渡しをしている第八巻は愛の現象分析を手がかりにして神の像が理性の認識作用のうちに探求されている。

愛の三肢構造　三位一体の神は実体が一であり、ペルソナが三として語られているが、この神の認識はいかにして可能であるかを神の本質を示す言表の認識において検討しながら、アウグスティヌスは人間の魂のうちに「内的真理」(veritas interiora) として宿る理念に向かう愛の働きに、神の認識にいたる端緒を見いだしている。(26)

そこで先ず愛の経験的現象を彼は分析し、愛の三肢構造 (tria) を記述している。一般に言葉が何かを述べながら同時に自己自身をも述べているように、愛も何ものかを愛しながら同時に愛そのものを愛している。こうして愛は愛の根源である神につながっている。(27) そこから「愛する者」(amans)「愛されるもの」(quod amatur)「愛」(amor) の三肢がとらえられる。(28) こうした愛の対象志向性は認識をして対象の存在や記憶内の表象に依存させることなく、対象を志向し関心をもつ心の注意作用（intentio animi）とか意志を中心に立てて営まれている。[29] かかる愛の根源的志向性は認識において精神が対象に向かう主体的関係を造りだし、他の諸々の行動をも基礎づける根源的作用である。

認識の三肢構造　だが、愛の三肢構造は、「愛する者」と「愛される対象」との二つの実体から成立しているゆえに、三一的な関係構造をもっていない。愛する者と愛される対象とが実体的に一である場合は自愛（amour sui）の現象である。しかし、自愛の現象では愛する者と愛との二肢構造であって三肢をもっていない。しかるに自愛という現象は自知（notitia sui）なしには存在し得ない。したがって愛が知を媒介にして自己を精神（mens）として定立するとき、精神の自己規定に現われる三一構造、つまり「精神・自知・自愛」がとらえられる。この精神の三一構造は三肢がそれぞれ独立でありながら相互に関わり合う三位一体の類似像である。[30] ところがこの像は、精神という一つの実体の内部においてのみ三肢が関係し合っているため、精神の基体である魂の可変性により永遠的なものではない。そこでアウグスティヌスは「自己のうちに見ること」（videre in se）と、魂のうちに宿っている「真理自体のうちに見ること」（videre in ipsa veritate）とは相違していることを指摘する。精神が不変の真理を認識するとき、精神自身よりもさらに内的である真理を認識しているのであって、そのような認識を行うものは知性（intellectus）である。この知性を記憶（memoria）内部の理念（rationes）に向けるのは意志（voluntas）の働きである。ここから知性的認識における三一構造として「記憶・知性・意志」という類似像が把握されている。[31]

二つの類似像の関係　こうして捉えられた二つの類似像、つまり精神・自知・自愛と記憶・知性・意志との関係についてトマス以来多くの解釈がなされている。しかし、アウグスティヌス自身この関係を重要視し、とくに考察を加えているわけではない。したがって両者は決して互いに矛盾しないで、思想の発展の中で記述されているものである。それは発展的で動的な仕方で立てられていて、単に人間が何であるかから、何であるべきかへと進展すると彼は語っている。[32]そこに私たちは彼の人間学的な自己理解の方向性を見ることができよう。つまり知性的理念による第二の類似像は、理念によって誤りのない認識を行うのみでなく、同時に精神を真理に向けて本来的存在へ導き、精神を秩序づけるのである。こうして精神は自己自身との関係に立っているばかりか、絶えず永遠者との関係に立つことによって自己自身との関係にも正しい秩序をもたらしている。したがって第一の類似像は自己内関係に立ち、第二のそれは自己超越関係に立っている。ところで精神がその認識の究極において神の観照にまで至るとき、神の像は神の似姿にまで達する。彼は「神の全き観照が実現するであろうそのとき、この像において神の似姿が完成するであろう[33]」と語っている。

観照と愛　精神の認識作用のうちに探求された神の像は別の形で表現すれば存在・認識・愛の三一構造として一般化できるであろう。その中でも最も顕著な点は認識に愛を不可欠の本質として加えたことである。愛なしには精神は知性的理念にも、その統括者である神へも向かうことはできない。いな、信仰によってこの愛が清められ秩序づけられていないならば、神の観照など思いもよらぬことである。信仰による心の清めがなければ、理性は神の観照に向かい得ない。「アウグスティヌスが愛を観照における本質的要素として加えたことによって、まさに彼の観照（contemplatio）の概念を、本質的に純粋な悟性認識にとどまっているギリシア的テオリアから区別している[34]」といえよう。本来、アウグスティヌスの哲学は知恵そのものである神に対する愛以外に目的をもっていない。[35]この愛が認識を媒介にして展開しているが、愛と意志がいつも認識に対し優位をもつと考えられている。

「神の像」に関するアウグスティヌスの考察は単に人間の認識能力を検討しているだけではなく、人間的精神の現実への反省をも疎かにしていない。第十四巻では罪によって損傷を受けている神の像がいかに救済され新しくされるかを主として論じ、信仰が力説されるに至る。罪による像の損傷は具体的には理性が暗くなり、意志が無力となっていることに示されるが、その場合でも、まず愛の方向転換としての一回的回心と漸進的治癒による健康の回復とが求められている。この回復が日々進むその終極において「顔と顔とを合わせて見る」神の至福直観に至ると説かれる。[36] したがって神を対象とする認識にも信仰の認識と理性による認識との二種類が区別されている。

知識と知恵、礼拝と神との合一　『三位一体論』第一二巻では知識と知恵とが区別されている。知識といっても単なる事物の外面的知識ではなくて、「真の祝福に導くもっとも健全な信仰が生まれ育てられ守られ強められるものだけが知識に属する」[37] と言われている。だから知識はそのうちに知恵をもつものとして真理を表現しており、とくに神の言葉の受肉は時間のうちへの真理の現われであり、歴史的啓示としての知識にほかならない。信仰の認識はイエスにおいて啓示された永遠の知恵を対象とするため、時間的なものであるかぎり知識であっても、永遠的な真理に確実に導くものである。こうして、人間であるイエスを通して神なるキリストへと私たちが導かれると彼は言う。[38] しかし、信仰の認識は時間上の過ぎ去る事物に関わっているかぎり、永続するものではなく、神の全き観照が成立するときまで続くにすぎない。[39] 永遠不変なのは知恵そのものであり、永続するのは神を観照する知恵の認識である。このように説きながらもアウグスティヌスは「最高の知恵は神であり、神の礼拝が人間の知恵である」と語っている。[40] 彼は精神の三一的な類似像全体を神に向け、神の本質である知恵に関与することを神の礼拝 (colere Deum) とみなしている。サピエンティアとはクルトゥス・デイ（神の礼拝）であると彼は繰り返し語っている。そうすると神の認識は観照という高次の直観でのみ成立するのではなく、礼拝という行為の中でも実現していることになる。それゆえ「記憶・知性・意志によって行われる礼拝は、一般に人間精神が神の像であるところの知恵の内実を制限している」[41] といえるであろう。ここにも認識する人間の現実の存在が反映していて、礼拝という形式で知恵の内実が制限されたのも、現世における神の観照の困難なことから生じているといえよう。現世では理性による神の観照はただ希望のもとにあり、信仰による神の礼拝こそ「人間の知恵」として強調されている。この礼拝において神と一つになることを彼は「一つの霊（unus Spiritus）となる」というパウロの言葉によって次のように語っている。

「精神が究極的に神に寄りすがるとき、〈しかし主に寄りすがる人は神と一つの霊となる〉と使徒が証言しているように、一つの霊となるであろう。このことは神の存在・真理・至福の分有にまで精神が到達することによるのであって、神がその存在・真理・至福において増大することによるのではない。したがって精神が幸いにも神に寄りすがるとき、神の存在のうちに精神は永遠不変に生き、精神が観るすべてを変わることなく見るであろう。こうして聖書が約束しているように精神の渇望は良いものをもって、すなわち精神がその像である三位一体の神そのものによって満たされるであろう[42]」。

これはたしかに終末の完成時のことを述べた文章ではあるが、神への帰依は礼拝の基本行為であるから現在においても信仰において可能であり、神と精神が一つの霊となるのも聖霊の愛のわざである。「聖霊によって神の愛が私たちの心のうちにそそがれ、神の愛によって全三位一体が私たちのうちに住まいたもうのである[43]」。神と人間との関係は神の愛によって神と一つになるためカリタスの神秘主義とも、また三位一体とその類似像との間に成立するため「三位一体的神秘主義」とも表現することができるであろう[44]。

五　「神の像」における思想的影響

終わりにアウグスティヌスの「神の像」が後代に及ぼした思想的な特質をあげてみたい。

内在と超越　こうした神の像の探求において、愛の現象が手がかりになっている点が重要である。愛の本性は、愛する対象に向かうと同時に、愛している自己に向かっており、さらに自己を超えて愛の根源である神に向かっている。アウグスティヌスの説く「聖い愛」（caritas）は「神への愛」（アガペー）と「自己への愛」（エロス）とを融合させた統一体をなしているため、それは元来矛盾や分裂を起こしていない。(45) ここから先の、二つの神の類似像の関連というきわめて困難にして重要な問題を説明することができる。すなわち、「精神・自知・自愛」の類似像は愛が求心的な動態にある場合で、自己内の関係に立っている。これに対し「記憶・知性・意志」の類似像のほうは愛の遠心的な動態を示し、自己超越の関係に立っている。この二重の動態は次の「アウグスティヌス的命法」の二重性に由来している。すなわち、彼は「外に向かうな、汝自身の内に帰れ」と言い、自己が有限であることを自覚するなら、自己の内に内在する真理に向かって「汝自身を超越せよ」と命じている。(46) こうして自己の内において自己を超越するという「内－上」の図式がそこに働いていることが明らかになる。この図式は、二つの神の像における自己内関係と自己超越関係の二重性として示された事態なのであって、後にキルケゴールが説いたような実存構造を明らかにしているといえよう。

認識と愛　神の像を人間の最も高貴な性質である知性と意志とに求めた点が後代に対する影響では最も大きいと言えよう。そのさい、認識作用の内に神の像を探求することによってアウグスティヌスが知性的な側面を強調したことは中世の思想家たちにこれを模範とする根本的な態度を生み出している。次に、この三一構造の中でも、愛を認識にとって不可欠な要素として加えたことが顕著なことである。愛なしには精神は真理にも神にも向かうことができない。また信仰によって愛が清められていないなら、知性を神の観照に向けることは不可能である。このように愛と信仰とを認識の本質的要素として加えたことは、純粋に理論的なギリシア精神から彼が離脱していることを示している。ここにもキリスト教的人間観の反映をみることができる。この観点は後に一二世紀ルネサンスの思想家たちに継承されている。さらに知性と意志こそ人間の尊厳としても考えられており、それらが神の像の内実に加えられることによって神の像と人間の尊厳とが思想の上で総合されている。これが一三世紀の思想家たちに大きく影響している。

プラトン主義の残滓　アウグスティヌスは新プラトン主義の影響を直接読んだポリフィリウスなどのプラトン主義者たちの書物から受けたばかりか、ミラノの新プラトン主義の同調者たち、とりわけアンブロシウスから受けている。この影響は生涯を通じて認められ、そこにプラトン主義の残滓が見られるが、キリスト教の創造説によって人間像を修正していった。その修正には身体や質料の正当性が認められ、神によって造られた被造物全体の中で位置づけられ、とくに新プラトン主義から受容した「種子的理念」(rationes seminales) によって創造が説明されたことが属している。(47) こうして二元論が克服され、マニ教のようなグノーシス派の二元論やペラギウス派の禁欲的道徳主義という両極端に陥る危険を避けることができた。また、神の像の理解でも、精神の神に向かう作用の中に三位一体の像が探求され、自己を超越して神に付く意志的な作用が重視されたことは意味が深い。こうした作用の中に人間の尊厳、人間の種差である知性が最も重要な役割を演じていることにも注意すべきであって、神の像の構成要素としてこれが組み込まれている。このような大きな修正のゆえにギリシア教父たちのキリスト教的プラトン主義とは異なった方向に思想が発展し、その影響によって中世思想も形成されている。このことはアウグスティヌスが純粋に思弁的な哲学者ではなく、本質的には修辞学者であって、ローマの修辞学の伝統に影響を与えていたストア学派の思想、とりわけキケロの思想に彼が親しんでいたことに由来するといえよう。

第五章　中世思想における「神の像」

古代末期から中世初期にかけては文化が瀕死の状態にあって、人々の関心は日々生き残ることだけに寄せられていた。そのさいに修道院が文化を保存し、将来の希望の源泉となったのも当然である。とくにベネディクト修道会がアウグスティヌスの思想を保って、中世に継承したのであった。しかし一般的に言って修道士は俗界から離れた修道院の外では人間の目標を完全には実現できないと考えがちであった。同様に彼らが継承したアウグスティヌスのプラトン主義も外界から引き離された内界の魂だけが尊いものであって、そこに神の像が探求され、人間の身体的な現実を正しく評価する妨げとなった。こうして修道院のエリート主義と古典的な心身の二元論が中世の伝統的なラテン的な霊性の形成に多くの問題を残すことになった。

しかし五世紀から一二世紀にかけて目立たないけれども、重要な変化の兆しが芽生えてきた。これを捉えるためにグレゴリウス大教皇に注目してみたい。グレゴリウス（在位五九〇―六〇四年）は崩れゆく古いローマ世界の伝統を守り、新しいキリスト教の前途に横たわる障害を取り除き、卓越せる行政的手腕を揮って、教皇の絶対権を獲得することに成功した。こうして彼は古代教会から中世教会への体制上の転換を図り、中世キリスト教社会の方向を定めた。彼はアウグスティヌスの伝統を受け継ぎながらも、罪による人間の悲惨と同時に神秘的な神の経験によって天上の生活にあこがれ、しかも実践的な生活によって得られる「内的な静けさ」を求めるように人々を導いた。(1)

このように活動的な生活が観想的な生活の先取りであると説かれているところにキリスト教的な霊性の特質がよく現われている。「神の像」も知性的な探求から、像自身であるキリストを模倣する実践へやがて変化していく。この変化は目立たないが、一二世紀のシトー会の思想家たちによって展開され、その有り様が「神の像」を通して明らかになっている。ここにヨーロッパ的な人間像の方向転換を見ることができる。

しかし、その前に中世初期の九世紀に活躍したエリウゲナはギリシア教父の思想をアウグスティヌスのラテン的な伝統に結びつけて、壮大な思想体系を残しているので、ここでは彼が神の像はどのように捉えているかを考察しよう。

一　エリウゲナにおける人間の地位

エリウゲナ（八〇〇年代初め―八七七頃）はギリシアの学問的伝統が残っていたアイルランドからカール大帝の後継者であるカール禿頭王の宮廷学校に招かれて、教育の指導にあたり、王の求めによりディオニュシウスの著作をラテン語に訳し、それにより新プラトン主義が中世に入るようになった。[2] またニュッサのグレゴリオスの『人間創造論』を翻訳し、ギリシア教父の思想をアウグスティヌスに代表される西方ラテン的な伝統に融合する道を開いた。彼の主著は『自然の区分』（De divisione naturae）であり、新プラトン主義の流出説にしたがって神から出て神に帰る壮大な宇宙論を展開している。自然は(1)創造して創造されない自然＝万物の超越的原因としての神、(2)創造されて創造する自然＝万物の原型たるイデア、(3)創造されて創造しない自然＝個物、(4)創造することも創造されることもない自然＝万物の終局目的としての神に区分されている。だが神を万物の本質・霊魂・生命などとみなす思想は汎神論の傾向があるとされて、教会から異端として批判された。また自然の序列をみても分かるように普遍概念は個物に先立っており、概念が実在すると説くプラトン主義的な実念論の立場をとっている。

この独創的なプラトン主義的キリスト教神学の中で、人間は霊的世界と質料世界を結びつけるものとして中心的地位を与えられている。彼の人間論では、この世の生にある人間よりも根源的なイデア的人間の考察が展開し、ギリシア教父の伝統にしたがって御言葉こそ神の像であるけれども、その像にしたがって造られた人間は主として知性的な観点から探求されている。それゆえ神の像は知性的な本性のうちに三位一体的な構造をもっていると考えられた。

イデアとしての人間　エリウゲナによると「人間とは神の精神において永遠に造られたある知性的観念（イデア）である」と定義される。[3] イデアというのは非質料的、非物体的な被造物であって、時空的に規定されて存在する万物の真の実体、範型、原因であり、総じて「原初的諸原因」(causae primordiales) と言われる。彼の創造論によれば人間も含めて万物は神の精神において無から創造され、そこにイデアとして永遠不変に実在する。それゆえ人間は神の精神のうちに神の像にしたがって創造されたイデアにおいて真の実体をもっている。「人間は原初的諸原因のなかで神の像に造られた」。[4] 彼は創世記一・二六の人間創造がイデア的人間において魂と体が同時に創造されたと解釈している。つまり神は自分の像にしたがって人間に永遠の霊的なからだを与えた。この最初の人間は魂と身体から成る一人の普遍的人間であって、男女の性別はなく、この世に過去・現在・未来にわたって存在する、すべての個別的人間が瞬時に神の精神において創造された。[5] それゆえ神の像について「原型がその存在の卓越性によってすべてのものを超えているのと同様に、神の像がその創造の尊厳と恩恵によってすべてのものを超えるようにと、神にかたどって、神に似せて、人間を造ろうと欲したのだと」と語られている。[6]

さて、このイデア的な人間は霊的なからだをもっていたが、高慢によって堕落し、わたしたちが現に生きている分化した物質の世界をもたらした。神は罪を犯した人間に対して罰として男女の性別を有する質料的な四元素からなる（創世記二・四：「土からできた」）死滅すべきからだを与えた。それによって霊的なからだは失われ、魂は物体的なからだの衣をまとうようになった。このようにして原初的な人間本性の本質は消失したがまったく失われたのではない。それゆえ原初の人間本性がもっていた知性能力や意志の自由などの諸特性は本性のうちに潜在的に保持されている。

神の像と似姿　彼によると神の像は神の独り子キリストだけであり、人間はその像にしたがって創造された限りで神の像と言われる。つまり人間は神の「像の像」である。このことが人間本性を神との類似性において考える根拠となっている。このようにして霊的人間は自由であって、いかなる法則や秩序や規定によっても制約されず、神のような無限の自由をもっており、神と神的真理の観想のうちに生きることができたであろう。この世の生においても神の特別な恩恵に与かった人は観想的な生活を享受したであろう。

このように人間は元来神の像として創造されているがゆえに、そこには神と人間との親近性があって、これが両者の類似性の根拠となっている。したがって創造の原初における人間本性は非物体的で、霊的で、永遠で、不滅であるだけでなく、神に属すると考えられる特徴がすべて神に似た仕方で人間本性に認められることになる。そのさい神と人間との関係は原型と似姿との関係にある。したがって神と人間の相似関係は原型（prototypus）ないし範型（principale exemplum）とその似姿（写し imago）との関係として捉えられる。

「原型である神は自分自身によって、自分自身から、自分自身において存在し、何ものによっても創造されず、形作られず、変化させられずに実在するのに対して、似姿である人間は神によって創造され、自分自身によって存在せず、自分自身から、自分自身において実在せず、神のおかげで神の似姿であり、本性に応じた存在をうけ、神の恩恵によって神であるが、神について述べられるその他すべてのことは神の似姿についても述べられうる。ただし、神については本質として述べられ、似姿については分有としてのべられる」[7]。しかし神と人間との差異を克服して両者を真に同化するのはキリストだけである。それゆえ真に神であるとともに人間でもある仲保者キリストのみが人間と神を媒介しうる。

人間の尊厳　これまで述べたことから神と人との類似性が理解されるのであるが、それは同時に「人間の尊厳」でもある。その要点をあげてみたい。

(1)　人間は全知で全能でもある。すなわち、原罪以前は人間本性には自分自身と自分の創造者の完全な知識が本性として植え込まれていたのである。「もし人間本性が罪を犯さず、自分を造った方に不変に結びついていたならば、きっと全能だったことであろう」。

(2)　人間が神の似姿に従って創造されたことから、人間が万物の知識も所有していることが導き出される。というのは、神は万物を自分の精神において原初的諸原因として創造したがゆえに、その神の似姿である人間本性は自分の魂のうちに万物の原初的諸原因を含んでいることになるから。それゆえ、原初の人間は自己認識を通して万物を認識することができたと考えられる。

(3)　神との類似性に基づいて人間本性が意志の絶対的自由を有していることも理解されよう。神の像としての人間は「あらゆる必然から自由であり」、「自分の欲するものを獲得することのできる意志を自分自身のうちにもっている」。

(4)　神との類似性は神の創造力と似た人間の創造力においても認められる。神がその精神によって万物を創造するように、人間の被造的知恵も、自己のうちに造られるすべてのものを予め認識するが、この認識すること自体が創造であり、そこに被造物の真の存在がある。ただし、神の創造的な知恵は被造物の第一原因であるが、人間のそれは被造物の第二次的な原因に過ぎない。

(5)　神の本質が否定的な表現によっていっそうよく把握されるように、人間も否定的表現においてのみ理解される。ここに否定神学が展開するが、本質的な理解における神の隠れは人間においても述べられている。「さらに驚くべきことは、また自己自身と自分の神を考察する人々にとってさらに栄誉あることは、人間精神が、自分の知においてよりは無知において、いっそう讃えられるべきことである[8]」。このような仕方で彼は人間の尊厳を神に類似していることから説いている。

二　一二世紀の神学思想における「神の像」解釈

一二世紀がヨーロッパにおけるルネサンスともいえる創造的な時代であったことは、イギリスの中世史家バラクラフの『転換期の歴史』やオランダの文化史家ホイジンガの『文化史の課題』によっても指摘されていた。それを「一二世紀ルネサンス」と命名したのはアメリカの中世史家チャールズ・ホーマー・ハスキンズであり、その著作『一二世紀ルネサンス』によって定着するに至った。そこではラテン詩の復興、ラテン語の純化、ローマ法の復活、歴史記述の復活などが詳細に論究されている。

こうした時代の潮流は神学思想にも反映し、わたしたちが探求している「神の像」に関しては、理論的な探究より実践的な活動を通して説かれるようになってくる。理論よりもまず生活と経験また行動から新たに思想が形成されていった。この時代には「祈り、働け」をスローガンとする修道院の活動も活発になり、シトー会が誕生し、托鉢修道会が設立され、それに続いてドミニコ会とフランシスコ会の活動が起こってきた。

しかし、初期のラテン中世ではエリウゲナと同様にプラトン主義とキリスト教を新たに統合しようとした数々の試みがなされている。彼らはギリシア教父たちの例に倣って、神の像としての人間の問題に戻り、創造・堕罪・救済・完成という救済史的な聖化の過程や、実践的な行動を問題にしている。そのさい一般に『ヘクサエメロン』(創造の六日物語)という題をもつ多くの著作が登場した。大抵はアウグスティヌスの『創世記逐語解』における解釈が基礎になって、多彩な中世ヘクサエメロン文学は生まれ、実に多種多様な中世の宇宙論や物理学や人間学が展開した。中でも一二世紀のプラトン主義者たちの中で人間を小宇宙として捉え、また神にも獣にもなりうると論じたのは、ベルナルドゥス・シルウェストリスの『宇宙について』(De universitate mundi)、アラン・ド・リール(リールのアラヌス)の『自然の悲しみについて』(De planctu naturae)、シャルトルのティエリの『六日間の御業について』(De sex dierum operibus)、コンシュのギヨームの『世界についての哲学』(Philosophia mundi)と『ティマイオス』註釈やボエティウス註釈などである。さらにわたしたちが探求している、神の像と似姿による人間の創造および堕罪からの神の像の回復を探求しているのは、サン・ティエリのギヨーム、クレルヴォーのベルナール、サン・ヴィクトルのフーゴーである。そこで神の像の理解で決定的な方向転換がどのように起こっているのかを考察してみたい。

サン・ティエリのギヨームにおける「神の像」

サン・ティエリのギヨーム(一〇八五―一一四八)はクレルヴォーのベルナールが最も信頼する友人の一人であり、サン＝ティエリの修道院長として活躍した。著作では『愛の本性と尊厳について』と『神の観想について』をここでは取りあげる。彼は主としてアウグスティヌスの思想にしたがって神の像について論じている。神が人間をその像にしたがって造ったとき、人間の中に三位一体の似姿を形づくり、そこに創造主である三位一体の像が反映している。こうして神と人とは似た者が似た者におのずから回帰するように、神に緊密に固着し、両者は引き離されることはなかったであろう。人間における三位一体的な像はアウグスティヌスにしたがって記憶・理性・意志の三一構造において説かれている。「神は新しい人間の顔に命の息を吹き入れたとき、霊的な力、すなわち息ないし呼吸を意味する知性的力と、生命力、すなわち命の名を意味する動物的力を吹き入れた。そして吹き入れることによって創造した。また創造主の力と善性を常に記憶するために、人間のいわば砦とも言うべきものの中に記憶の力を据えた。すると、いささかの間も置かず、ただちに記憶が自ら理性を生み、そして、記憶と理性が自ら意志を生み出したのである[9]」。

この理性は意志と並んで人間における高貴な働きであり、神の認識に高まることができ、被造物を通して理解される神の見えない事柄、神の永遠の力と神性をも洞察する（ローマ一・二〇参照）。これが「真の神学」なのである。このように知恵ある魂は、人間的なものを脱ぎ捨てて、神に向かい、光と知恵によって正しく判断し、義を行う。なぜなら知恵は、「永遠の光の反映、神の御稜威《みいつ》を映す曇りのない鏡、全能の神の輝きの純粋な流出、その御力の熱い息吹」（知七・二六、二五）だからである。したがって「知恵ある魂は永遠の光の反映と神の御稜威の鏡を自分の内に抱き、被造物の中に身を置くときも、神の善良さと義の像を外的に顕し、示すのである。また、神の力によって内的に熱せられて、神の輝きと愛の流出を外へ溢れさせる[10]」。これによって人間は「神の似姿」に変えられ、神を愛することによってその人間の高貴な姿に達する。そのとき重要なのは「霊の一致」であり、神においてただ神のみを愛し、自分のものは何も愛さず、神においてのみ自分自身を愛するまでに神によって神と一致させられることである。この一致によって神と同じ存在に高められるのであるが、そこには神の像の再生が愛によって起こっている。「あなたの像にしたがって造られ〔創一・二六〕、アダムによってその似像が古び、キリストによってその似像へと日々新たにされながら〔IIコリ四・一六〕、神を愛する私たちにとって神を愛し、畏れ、その戒めを守ることは、存在すること、神とともに一つの霊となることにほかならない[11]」。

クレルヴォーのベルナールにおける解釈の転換　次にクレルヴォーのベルナールによって神の像が知性や理性よりも意志に求められていく転換について述べてみたい。彼によると人間の「他に類例のない卓越性」は創造のときの「土の塵」にあるのではなく、「命の息」が吹き込まれた点に求められる。「土の塵は、すでに、つまり〈初めに神が天地を創造された〉ときに造られていた。しかし、命の息は〔他と〕共通に造られたのではなく、固有の地位をもっている。つまり、これは万物のなかの一部分として造られたのではなく、他に類例のない卓越したものとして吹き入れられたものである。ああ人よ、あなたの尊厳を認め、人間としての身分の栄光を認めるがよい」。この独自の価値は「他の被造物とはまったく比較することのできない高貴な存在なのである[12]」。さらにベルナールは『恩恵と自由意志について』においてこの「尊厳と高貴さ」を人間の自由に求めている。彼によると三種類の自由があって、第一の自由は自然本性に、第二の自由は恩恵に、第三の自由は生命ないし栄光に属する。「第一段階ではわれわれは神による高貴な被造物であり、自由な意志と随意的自由をもつ存在として形成されている。第二段階ではわれわれはキリストにおける新たな被造物であり、罪のない状態に再形成される。第三段階ではわれわれは聖霊における完全な被造物であり、栄光へと高められる[13]」。ベルナールによるとこのような「三つの自由の内に、創造主の像と似姿とが含まれる」のであって、「意志の自由に像が、残る二つの自由には二種類の似姿が示されると思われる。自由意志のみが欠如と減少をまったくこうむっていないのは、自由意志には特に永遠にして不変的な神性の実体的な像が現れているからであろう[14]」と主張されている。神の像はアウグスティヌス以来、記憶・知性・意志の中に探求されてきたが、エリウゲナのように知性の中にではなく、意志の内にそれを求め、そしてベルナールによってここにヨーロッパ的人間像の大きな転換が示されている。

彼は自由意志の観点から「神の像」と「神の似姿」の区別に関して次のように語っている。

「たとえ自由意志に始めがあったとしても、それは終わりを知らず、義や栄光によって増加したり、罪や悲惨によって減少したりしない。永遠性そのものを除いて、自由意志以上に永遠性に近いものはないのではないのか。他の二つの自由は部分的に減少するのみならず、全面的に失われることもあるので、これらの自由の内には神的知恵と力とに対するより偶有的な似姿がある。その似姿は神の像に対して増し加えられたものであると考えられる。このようにわれわれは罪によって二つの自由を失い、恩恵によって取り戻した(15)」。

神の像がこのように神的な性質をもっているのに、似姿のほうは堕罪によって失われ、人間を悲惨な状態に突き落としている。したがって、この神との類似には諸段階があり、最高位の天使たちは神との類似の最高段階にあり、人間はその最低段階にある。アダムは両者の中間段階にある。悪魔には神との類似はまったくない。このように似姿においては自由は状況、場所、時間によって変化する。つまりこれらの自由は地上ではわずかであるが、天国では完全であり、楽園ではその中間段階であり、地獄にはまったくない。しかるに「意志の自由は形成された状態からまったく変化せず、それ自体に関する限り天においても地においても、また地獄においても常に同等に所有される。そのため明らかに二つの自由は神の似姿であり、意志の自由は神の像であるとみなされる(16)」。

ベルナールの「神の像」についての理解の転換は知性や理性から意志と実践への転換であるが、そこでは「像」は理念的な人間を意味し、「似姿」は現象的な人間を指している。したがって「像」と「似姿」との関係は、人間が堕罪によって神との完全な一致を失ってはいるが、それでも根底的な関係がまったく失われたのではないことを表現している。また、『雅歌の説教』においては「神の像」は魂の「偉大さ」(magnitudo)や「正直《せいちょく》」(rectitudo)にあり、「似姿」は魂の永続的な単純性、不滅性、自由選択に求められている。[17]

このように一二世紀の人間学の共通な特徴は人間性が罪に堕ちたとしても「神を捉えることができる」(capax Dei)ことを確信している点に求めることができる。また、像の回復は個人的な努力によるのではなく、人間の目的を実現する教会的で、共同的な間主観的な側面によることが強調されている。実際ベルナールと他のシトー会の人々にとって修道院は「愛の学校」であり、そこでは修道院長は決断する父の役割と同じく養育する母の役割をも実行する。これによって神への帰還が生じる。このような霊的な進歩における間主観的な関係はとくにサン・ヴィクトール派のリカルドゥスの『三位一体論』において力説されている。[18]

リカルドゥスにおける「神の像」　リカルドゥスはアウグスティヌスの『三位一体論』の導きの下に愛の分析を通して、いかにして一なる神が三つのペルソナでありうるかを考察している。そのさいアウグスティヌスは愛が知識を媒介にして三にして一なる構造をもつかを分析の出発点にした。それに対して彼は「愛自身が知識である」(amor ipse notitia est)と説いているグレゴリウス一世にしたがって両者を一つのものとして捉えている。[19] また愛を注ぎ出す神は愛の対象を求める。この愛の相互性は経験に照らすと「ともに愛される者」(condilectus)を求める。[20] ここから神のペルソナを「神性の交換できない」(incommunicabilis)ものとして規定する。ここで言う「交換できない」というのは「個人的」という意味であり、共同的に関わりうる自己同一性を含意している。[21] このような神の三位一体的な考察は人間の本性と相関的に理解されているがゆえに、人間にもこれを適用することができる。すると人間の人格は本性的に交換不可能な、個人的な、理性的な存在であり、同時に愛を共有することによって真実に存在しうることになる。[22] したがって神の像と似姿に造られていることは三位一体の共同的な愛に与るように造られているという意味であり、三位一体と同様にその愛を他者に伝えるように造られていることを意味している。

この愛を他者に伝えていく姿は、先に論じた神の代理人としての「神の像」に当たるといえよう。このことは『力強い愛の四段階について』における第四段階の叙述によく現われている。精神は神秘的な四段階の発展をする。[23]ここにおいて精神は隣人のために自分から出ていくが、それは隣人に対する共感からである。そして人々にたえず乳を与えて、育み、たくましい成熟へと徐々に導くのであるが、そこには「霊的な甘さ」と「内的な甘美さ」がある。この発展は同時に「神の似姿」が形成されていく段階をなしている。

「第四の段階において魂は神のために低いものとされる。第三の段階において魂は神的な輝きに似たものとして形づくられるが、第四の段階において魂はキリスト的な謙遜に似たものとして形づくられる。そして、第三の段階において魂は、なんらかの仕方で、いわば〈神の形においてある〉にもかかわらず、第四の段階において魂は〈自己自身を無にし〉始め、〈仕える者の形をとりながら、外見上、人間のように見えた〉〔フィリ二・六―七〕。このようなわけで、第三の段階において魂は、なんらかの仕方で神の中へと死なされているが、第四の段階において魂は、いわばキリストの中へと蘇らされている。したがって、第四の段階においてある者は真実にこう言うことができる。〈もはや、この私が生きているのではない。私の内にキリストが生きているのです〉〔ガラ二・二〇〕[24]」。

ここにおいて「神の像」の真実な意味は現世において愛を実践する「キリストの像」となることを指している。このような神の像の理解は三位一体的なキリスト教から来ており、アウグスティヌスにおいては知的な側面が優位を占めていたのに対してリカルドゥスでは愛と知が二にして一なる関係で把握され、神秘的で知的な観想にとどまることなく、他者に向かう隣人愛の実践的な側面が強調される萌芽が生まれてきている。また神の神秘と人間の神秘とが厳密に相関して把握されているのみならず、「神の像」としての人格的な偉大さばかりか、その罪による悲惨さも同時に自覚されている。それがキリストとの一致へ人間を向けさせると同時に、この一致のゆえに他者に対する愛の実践を強調することになる。こうして実践的にキリストに似ることによって「キリストの像」を形成し、それによって「神の像」の完成に導くことが説かれたのである。ここにヨーロッパ的な人間学の大きな特質が浮かび上がってくる。

三　聖フランシスコとボナヴェントゥラ

シトー会に属する思想家を扱ってきたが、この会の修道院活動が頂点に達するころ、その組織は巨大化によって内部から崩壊する危機に見舞われた。同時に都市を中心にして新たな宗教心が目覚め、民衆による新しい宗教運動が起こってきた。そこには同時に個人の目覚めも生じており、これまでのように修道院に閉じこもって集団のなかに個人が埋没することを欲しないで、自己の欲求と意志にしたがって神との霊的な合一を求める気運が盛り上がってきた。こうして世俗の唯中にあって家もなく放浪するという托鉢修道会が出現した。その創始者がフランシスコである。

フランシスコ（一一八一／二―一二二六）はアッシジの富裕な商人の子として生まれ、幸福な青年時代を過ごすが、戦争で捕虜となり、病に罹り、精神的葛藤の後、祈禱と清貧に献身すべく決心する。一切の所有を捨てて乞食となり、愛と奉仕と救霊の生活に入った。「小さい兄弟たち」と呼ばれる同志とともにフランシスコ会を組織し、清貧・貞潔・服従の誓約を守り、教皇インノケンティウス三世によって修道会設立の認可を得た。一二二四年アルヴェルナ山で聖痕の秘跡を受領する。この出来事は「神の像」を体現することを意味した。「神の吟遊詩人」フランシスコは子供のような快活さ・自由・信心により「キリストの模倣」という理想をもっとも純粋に実現した人であった。

有名な「太陽の讃歌」の第二節は「神の似姿」をもって太陽を讃えている。

我が主よ、汝のすべての被造物の故に讃美せられよ。
わけても兄弟なる太陽の故に。
彼は「昼」を与え、光をもたらす。
彼は美しく、大いなる輝きをもて照り渡る。
いと高き汝の似姿をもつ。[25]

ここでは「キリストの模倣」によって「神の似姿」が完成に向かう点を考えてみたい。このフランシスコの理想と模倣は「貧しいキリスト」においてその実現が求められた。彼は貧困を通してキリストの姿を模倣し、キリストと一体化している。「こういうことすべてを、わたしたちが、がまん強く、よろこんで耐え抜くとしたら、ほむべき主キリストの御苦しみを思い、ご自身への愛のゆえに苦しみ、あなどり、恥、不便をよろこんで耐えねばならぬと思い続けるならば、おお、そこにこそ完全なよろこびがある[26]」。この経験と生活から彼は「キリストの人間性」、つまり「神の像」を見いだしている。

ボナヴェントゥラ（一二二一―七四）は自分が属していた修道会の創立者フランシスコの精神と生活から強い影響を受けて神秘神学を展開させ、フランシスコ会を代表する神学者となり、また修道会の総長としても活躍した。

彼は総長に就任したころ、フランシスコの精神に帰ろうと願って、聖痕の奇跡が起こったアルヴェルナ山に行き、黙想のうちに筆をとったのが『霊魂の神への道程』である。

彼はこの著作でフランシスコに現われた天使セラピムの三対の翼を霊魂が神へと昇り行く六つの段階の象徴と考え、その道程を述べている。第一段階は可視的世界に存在している三位一体の「神の痕跡」を通して神を考察する。第二段階は事物の諸表象と内部感覚における神の痕跡により神を考察する。第一、第二段階ではパウロの世界を通しての神の認識（ローマ一・二〇）が展開する。第三段階は人間が自己自身に復帰し、自己の精神的諸能力の検討により神を考察する。記憶・知性・意志の三一的構造は「神の像」として創造された人間精神に固有のもので、これにより三位一体の神が暗示される。第四段階は神の恩恵により回復された「似姿」により神を考察する。信仰によりキリストの恩恵を受けた人は精神の力を回復し、忘我的愛により神に触れ、神を抱擁することができる。第五段階は神を「在りて在る者」として、つまり存在自体として観照する。第六段階は三位一体の秘義において神を「美しいもの」の名において観照する。この六つの段階を上昇して霊魂は神殿の内奥に入って行き、「精神は神の像として造られた人を見る。もし像が明瞭な似姿であるならば、わたしたちの精神は、本性から見えない神の像である、神の子キリストの内に観照する……」と説かれている。(27)

このような神秘思想は彼のすべての著作に一貫して表明されている中心思想であり、聖フランシスコの実践的な「キリストの模倣」の精神によって貫かれている。その思想的な核心はキリスト神秘主義、あるいは十字架の苦難の神秘主義であるが、神の像の痕跡が世界や人間の中に把握できると説くアウグスティヌスの伝統をいっそう発展させている。

四　トマスにおける「神の像」

中世においてアリストテレス哲学はこれまでその一部分しか知られていなかったが、一二世紀から一三世紀にかけてそのほぼ全貌がアラビア経由で西欧に知られるようになり、従来のプラトン主義ないし新プラトン主義を基盤とした人間観が根本的に変化するようになった。こうした変化が完全に実現したのはトマス・アクィナス（一二二五－七四）においてであった。「一三世紀ルネサンス」もしくは「一三世紀革命」ともいわれる時代を生きたトマスの思想的課題は、教父以来の聖書的伝統に立ちつつ、アラブ世界との接触によってもたらされたアリストテレス哲学を、彼自らの哲学的視座において受容し発展させることにあった。わたしたちは「神の像」としての人間についての理解にどのような新しい観点があらわれているかをここでは考えてみたい。

魂と身体の関係　アウグスティヌスがプラトンにしたがって人間を魂と身体とに分離して考察する方法を採用したのに対し、トマスはアリストテレスの一元論を採用し、人間の活動のすべてが同じ主体である個人に属しており、人間が個別的実体（個体）であることから人間の本来的一性を主張する。つまり「人間という合成体には一つの実体形相（＝理性魂）しか存在しない」。したがって「人間」ということばは、魂だけにも身体だけにも適用されないで、むしろ魂と身体の全体である複合的で有限的な合成実体に適用される。それゆえ理性魂が与えられると人間が誕生し、離れると死ぬことになる。それゆえ魂と身体との結合は天上からの墜落といった罪の結果生じた罰ではない。むしろ、総じて質料が形相のために存在するように、身体は魂のためにあり、魂が自己の本性にしたがって働くために身体と結合したのである。

またトマスはアウグスティヌスの創造説にしたがって神の創造の理念を説いているが、オリゲネスやアウグスティヌスが魂は身体に先立って天使とともに創造されたとしたのに対して、トマスは魂と身体とが同時に無から創造されたとみなしている。それは、人間の魂は身体と一つになっているのでなければ、本性的な完全性をもたないのであって、魂が身体と一つになっているのは、魂が身体の形相として人間本性の一部分をなしているからである。

しかし、彼は人間という種（species）に固有の形相は知性であると主張する。魂は身体を養い、感覚させ、場所的に運動させ、また知性的に認識させているが、人間の魂に固有な働きは知性的に認識することである。この人間の知性は直接に可知的対象を認識するのではなく、まず感覚が可感的対象から可感的形象を捉えてそれを表象に統合し、その表象から知性は可知的形象を抽象するという仕方で認識する。この知性という形相は身体なしには自らを完全に展開することはできないのであって、両者が分離したままでは未完成な可能性に過ぎず、これら形相と質料が合一して初めて完成された人間となる。

しかるに人間が個別的な主体であることがトマスによって力説されている。この個別化にはその根源となる質料、つまり「個体的質料」（materia individualis）とか「特定的質料」（materia signata）が必要である。人間はこの質料によって個々の人間に個別化される。これが個体的主体としての人間であって、個体的主体には魂という形相を現実化し、形相にそれ固有の働きを行わせる存在（esse）が付与されている。こうして初めて人間の個人性が基礎づけられたといえよう。

「神の像」の理解　このような人間観に基づいてトマスは「神の像」をどのように捉えているであろうか。この問題に関して彼は『神学大全』第一部第九三問「人間の産出の目的ないしは終極について」において考察している。

彼はアウグスティヌスに依拠しながら神の像と似姿を次のように区別している。

「アウグスティヌスが『八三問題集』にいうごとく、『像のあるところ、そこにはまた同時に似姿がある。だが似姿のあるところ、そこには必ずしも同時に像があるとはかぎらない。』ここからして、似姿（similitudo）ということは像（imago）という意味のうちに含まれていること、そして、像は、似姿の概念の上に、更に何ものかを附加するものなること、つまり〈他者に基づいて表出されたものであるということ〉を附加するものなることが判明する。まことに、imago（「像」）ということばも、それが〈他者の模写（imitatio）としてつくりなされる（agi）〉ものであるということに由来しているのである[28]」。

たとえば似ている二つの卵の場合は一方がどれほど他方に似ていても、その像であるとは言われない。それに対し、鏡における映像の場合には両者の類似性が問題となる。もちろん「完全な像」の場合には像と似姿の同等性が語られうる。ここから像と似姿の関係について「事実、我々は、何ものかの像が原型を完全に或いは不完全に表現しているに従って、その原型に似ている（similis）とか似ていない（non similis）とかいうのである」と説明されている[29]。

この類似関係は（1）神を範型とし被造物を模型とする場合と、（2）神の子キリストと人間との間で把握されている。

（1）　この類似関係は神を範型とし被造物を模型とするかぎり、両者の間に認められている。被造物はすべて神の本質を範型として、神の本質の類似性を分有する限りにおいてそのものに固有の種をもつのであるから、被造物はすべて神を範型とし神を表出している。人間においても神を範型 exemplar とし、そこに由来するところの、何らかの意味での神の似姿が見いだされる。しかしこの範型は被造物を無限に超越しているがゆえに、被造物の似姿は不完全である。

しかし、この範型的な関係は実践的な模倣の基礎となる点で重要である。そのさいad（ad imaginem Dei）という前置詞は制作の終極を示すと説かれている。その意味は、「人間のうちに像の存在するにいたるよう、そうした仕方で我々は人間を造ろう」ということである。ここには「このad（＝へ、にまで、に向かって）という前置詞は一種の接近を表示するものであるが、接近ということは然し隔たったものについてこそふさわしい」とあるような実践的な模倣が含意されている[30]。

（2）次にキリストと人間の類似が問題となる。確かに人間は神の完全な似姿ではなく、不完全な似姿にすぎない。実際、完全な似姿は神の独り子キリストだけである。「〈すべての被造物の長子〉は神の完全な像なのであって、その原像であるところのものを完全な仕方で充たしている。だからこそそれは〈像〉（imago）と呼ばれる。……そして、神の完全な似姿は本性の同一なることにおいてしか存在しえないゆえ、神の像がその長子たる御子においてあるのは、あたかも王の像が、王と本性をともにするその子のうちに存するごとくなのであるし、これに対して、それが人間においてあるのは、本性を異にするものとしての人間においてであり、まさしく王の像が銀貨においてあるのに似ている[31]」。

しかし、不完全ながらも人間に存する神の似像は特に人間が神と同様に知性と自由な意志をもっている点に認められる。知性と意志は人間の優れた本性であるが、神の像もこの二つの面から考察されている。まず、神と人間との類似した関係においては知性認識における類似が問題となり、知性的な被造物においてのみ神と種に関する類似が見られると説かれ、「ひとり諸々の知性的被造物のみが、厳密にいって神の像のごとくなのであることが知られる[32]」が、「他の諸々の被造物にあってはそれは痕跡（vestigium）という仕方で見いだされる[33]」。

このように人間が神の「像」であるというのは、まず人間が神との種に関する類似として知性的な本性をもつことを意味している。それは「神への或る一定の模倣（imitatio）が人間のうちに見いだされる」ことからも明らかである。この場合の「像」はキリストを模倣する実践によって類似性を高め、像にまで自己を形成する。したがってそこには課題という点で「神の像は天使におけるよりも、より多く人間において見いだされる」と言われている[34]。この模倣には三つの局面があって、神を知り愛する「自然本性的な適性」（aptitudo naturalis）に基づく、すべての人間に共通する像と、現実的には不完全な仕方における「恩恵的な同形性」（conformitas gratiae）に基づく像、さらに完全な仕方において神を現実的に認識し愛する「栄光的な類似性」（similitudo gloriae）に基づく像とがある。「第一の像はすべての人間のうちに、第二のそれは義人たちにおいてのみ、第三のそれは、ひとり至福者たちにおいてのみ見いだされる[35]」。

それゆえ神の像は知性的本性に関して端的に見いだされる。この意味では天使が人間よりも上位にあって、いっそう完全であるが、模倣によって実現されるべき課題としては神の像は人間のほうが天使よりも大きい。したがってトマスにとって人間が精神において神の像であるという意味は、人間が神を存在の根源とも目的ともなしている存在であって、神に類似した知性的な本性をもっているが、それを知性と意志という能力（可能態）によって自由に現実化しながら自己の本性を完成させる存在であるということである。ここに神の像を完成するという目的があって、課題としての神の像が説かれている。

この知性と意志とをもった精神の存在はアウグスティヌスが説いたように父・子・聖霊の三位一体の神との関係をもっており、人間の「精神」の内には「ペルソナの三性」に関しての「神」の像が見いだされる。この点をトマスは人間における「知性」に即した「言葉」の発出と意志に即した「愛」の発出において三位一体の神の像を捉えている。[36] それゆえ、アウグスティヌスの「精神・知・愛」と「記憶・知性認識・意志」という『三位一体論』における解釈をより完全なものに進展させ捉えている。[37] ここにも「神の像」の課題的な性格によって二つの類似像の関係が考察されており、神に向かう精神の運動として類似像の関係が捉えられている。これこそ一二世紀の思想家たちが強調した神の像の実践的な視点を体系的に把握したものであったといえよう。

五　エックハルトとニコラウス・クザーヌス

一四世紀に活躍したドイツ神秘主義を代表するエックハルト（一二六〇頃－一三二七）は、トマスの学統に立つドミニコ会に属し、フランシスコ会のドゥンス・スコトゥスの批判によって打撃を受けたトマスのアリストテレス主義を新プラトン主義の教説によって克服しようと試みている。彼はスコトゥスが主意主義を説いたのと同じ時代、もしくはそれに続く時代に活動していたのであるから、意志と知性とを含めた精神の内に神の像を探求している。とくにアウグスティヌスの『三位一体論』の伝統にしたがい、記憶（Gedächtnis）は表象を保存する能力であり、知性（Vernunft）は最高善である神に向かい、それを把握しようとする高貴な能力であるとみなしている。この高貴な能力も信仰から助けられるときにのみ働くことができる。

知性が人間を超えた究明しがたい存在に向かう特別な能力をもち、それが意志に対しかかる存在についての知識を伝達するがゆえに、意志に対する優位性をもつことを認めている。ところが意志には実行する自由とともに、神そのものである最高善を受容する力があることをも認めている。このような意志には恩恵を受容することによる飛躍が含まれている。ここから意志による神秘的超越が生じ、超越によって得た神の知を受容し、受容したものと一つになる（er mit dem was er sich gewonnen eins wird）。こうして「神秘的合一」（unio mystica）が達成される。また神性と一つになることは、魂の根底に神が働くことによって生じるとも説かれている。この「魂の根底」とは「神を感得する心」の働きを言っているのであって、彼の著作においては人間の内面性の最内奥として多様に表現されている。つまり「魂の根底」に当たる心の内奥は Wesen, Burg, Grund, Etwas, Licht, Seelenfunke, Synderesis, Bild, Gipfel, ratio superior, abditum mentis などの概念によって表現されている。またこの「根底」は「心情」（Gemüt）とも等置され、さらに知性である「神の像」（Bild Gottes）とも同一視されている。ここにドイツ神秘主義における「神の像」の独自の意味を見いだすことができる。[38]

この点を明らかにするために『高貴な人について』を参照してみよう。福音書のなかには「ある高貴な人が、王位を受けに遠い国へ出かけ、帰ってきた」（ルカ一九・一二）という言葉がある。エックハルトはこのことばで人の本性がいかに高貴に造られているかが告げられていると考える。身体と霊からなる人間の内で高貴なのは内なる人である霊である。次にアウグスティヌスに基づいて霊の形成過程が説かれる。第一の段階は「聖い人を模範にして生きること」である。第二の段階では神の教えや勧めと神の知恵に向かって急ぐことである。そして「第六の段階では、人は神の永遠性によって、〔被造物の像から〕脱却し、像を超えて造り変えられ、そして、つかの間の、時間的な生を完全に忘却するに至って、神的な像のうちに入れられ、変えられて、神の子となった」[39]と告げられている。

「神の種子が蒔かれ、神の像が刻印された、この高貴な、内なる人について、この神の本性と本質の種子、像、すなわち、神の子がいかに現れるか、どのように人はこれに気づくか、また時にはそれがいかに隠されているか、偉大な碩学オリゲネスは一つのたとえをあげて、神の像、神の子とは魂の根底にある生ける泉のようなものである、という。ところが、もし、人がそこに土、つまりこの世の欲望を投げ込むなら、泉は妨害され、覆われてしまい、人は泉に気がつかないし、分からないのである。それにもかかわらず、泉自体はいぜん生きつづけている。外から投げ入れられた土が取り除かれれば、泉は現れ、人はこれに気づくのである」[40]。

さらに、「神の像」の形成方法について「名匠が木や石で像を造るとき、像を木の中に刻み入れるのではなく、像を覆い、隠している木屑を切り除くのである。木になにかを与えるのではなく、なにかを取り除き、覆いをとり、錆を取り除くと、その下に隠されているものが輝き出るのである。これは、福音書のなかで主が〈畑に隠された宝〉といったものである（マタ一三・四四）」と語られている。それは漱石が『夢十夜』で運慶が仏像を制作している様子を描いたときと同じ事態である。「人間の魂は永遠に、神にのみまったく身を向けるなら、神の像が現れ、輝いてくる。……魂のうちで上に向かうところのものは、神の純粋な像であり、あらわな魂における、覆いのない神の誕生があるところである」[41]。そのためには人は無とならねばならない。というのは「人間」というラテン語〔homo〕の本来の意味は、神のまえに身を屈する（humilis）に由来し、神を仰ぎ見て、自分には目を向けないことを指し、人〔homo〕は土〔humus〕から造られ、謙虚さ〔humilis〕にその本質があるからである。これこそまさしく「高貴な人」に他ならない。

エックハルトが力説する神の像としての人間は「魂の根底」という学説としてその後のドイツ神秘主義の歴史に多くの影響を残している。ここでは彼の時代に比較的近い一五世紀の神秘主義者ニコラウス・クザーヌス（一四〇一―一六四）をとりあげてみたい。

ニコラウス・クザーヌスの思想は中世哲学の決算書とも近代哲学の先駆的世界観ともいわれているように、中世と近代との狭間に立つ一五世紀を代表する真に独創的なものである。彼の思想の中で最も有名な「反対の一致」

(coincidentia oppositorum) と「知ある無知」(docta ignorantia) とをまず考えてみよう。

世界の事物は多種多様であり、差異・反対・矛盾の相により対立していても、それらは根源的な一つの単純存在へ還元されうる。これは極限への思考によって行われる。すなわち、有限的なものの対立は無限性の見地からすると同一のものである。たとえば円と直線の対立は、円の曲線を極限まで進めると直線に一致するし、回転している独楽《こま》は静止しているように見えるのみならず、運動が無限に緩慢になると、静止と一つになる。だから有限な個体の多様性は無限性の下に統一される。このような「反対の一致」をとらえるのは、感覚や悟性による認識ではなく、直観的で思弁的な知性であって、それは形式論理学を超えているため、悟性にとっては「無知」なものであるが、そのこと自体を自覚しているから、つまり無知であることを知っているから、「知ある無知」と呼ばれる。次に彼は有限な事物の多と無限性における一とを世界と神との関係として反省している。世界における多様な事物は神の展開であり、個体的な事物は神的一者が多様化したもので、絶対的に単純で無限に豊かな絶対者が特殊な「縮限」(contractum) をなしたものである。そこに個体の特殊性と独自性とがあり、論理的な類概念に従属しない個性がある。被造物は自己のこの特殊性を神から賜物として受け、愛し、保存し、完成させようと努めている。個体の中でも人間は神性の自画像であり、生ける像であるため、自己を超越して原像に無限に近づこうとする。[42]

このような神の像についての省察は彼の神秘神学の書『神を観ることについて』の中で行われている。神との絶対的な合一は神の子イエスにおいて実現しており、そこには「絶対的で本質的な同一性」があって、似姿なるイエスと原像なる神との間にはさらに完全な似姿が媒介していない。「この似姿は媒介なしに原型と結合されている」。「あらゆるものの絶対的なイデアとあらゆるものの類似的形が同時に最高度に合一されている」。[43] しかるに人間の知性の場合にはこのような神と真理との完全な合一に到達することは、理想であって、現実には不可能である。

「このような至高の似姿は、ただ一つだけ存在しうるのです。そして、他の全ての知性的な霊は、彼の霊に媒介されて似姿となっているのです。それらは、完全であればあるほど、いっそうこの〔キリストの〕〈霊〉に似るのです。そして万物がこの〈霊〉において、神の像の究極の完成におけるようにして、安らっています。そしてそれらは、この像の似姿となっており、また完成の一定段階にすでに到達しているのです(44)」。

なお、こうした神秘神学における神の像は一六世紀から一七世紀のプロテスタント神秘主義において説かれるようになる。

第六章　ルネサンスにおける「人間の尊厳」

はじめに

ルネサンスは最初一四世紀後半のイタリアに始まり、一五世紀の終わりまで続いた文化運動である。この運動は多様な展開を見せているが、わたしたちはその中心的な主題の一つを「人間の尊厳」に求めることができる。しかし、一般的には中世との断絶を求める余りに歴史の真実を歪める捉え方が優勢となっている。とりわけブルクハルトの影響によって「世界と人間の発見」が人間中心的に捉えられてきている。この見方はルネサンスとそれ以前の時期との間の相違を殊に強調しながら、中世の思想がキリスト教の神にその中心をもっていたのに対し、ルネサンスの思想は人間の中にその中心をもっていると主張した。多くの歴史家たちはルネサンスをこのいわゆるヒューマニズム的傾向のために高く評価し、そこに啓蒙主義や近代思想へ導いた知的進歩の最初の段階を見た。したがってジルソンが洞察している「ルネサンス＝中世－神」といった極端な図式がまかり通ったのである。(1) これに対する批判はホイジンガの『中世の秋』以来続けられてきており、中世と近代との連続面が強調された。この点でわたしたちが追求している「神の像」と「人間の尊厳」という主題が意味をもっている。実にトマスは先に見たように「神の像」と「人間の尊厳」とを同一視していたのであって、ルネサンスの中心的主題、ガレンによると「ルネサンスの宣言」といえる「人間の尊厳」は深く中世の宗教的な人間観を示す神の像に由来している。そこでわたしたちはキケロによってヒューマニズムの根本概念として立てられた「人間の尊厳」をこの時期のヒューマニストたちがどのように受容し、自己の思想として表明していたかを考察してみたい。

まず、「人間の尊厳」を説いた代表的思想家たちに注目してみると、彼らが人間の尊厳をそれ自体として主張しているのではなく、宇宙における人間の地位から説き起こしていることが知られる。そこではグレートイゼンが『哲学的人間学』の中で明快に説いているように、単なる主観性から人間性が説かれることはなく、宇宙論的な考察を伴って論じられている。(2) しかも近代的な主観性という意識が次第に芽生え始めているがゆえに、この時期の思想は複雑で統一を欠いてはいるが、なおそこに一種の統一的な法則性が見いだされるのではなかろうか。わたしはこの点を明らかにするためにペトラルカ、マネッティ、フィチーノ、ピコ、およびエラスムスの思想をとりあげてみたい。彼らはその思想体系の中で人間に一つの重要な地位を当てがっているという点で、また「人間の尊厳」を共通の主題としている点で統一性を示している。なお、わたしたちが分析しようとしている「人間の尊厳」という教説に対して、同時代人の宗教改革者ルターやカルヴァンたちはその悲観的な人生観から反対を表明しているように思われるが、それは実は皮相な観察にすぎない。彼らはもちろんアダムの堕落以後の人間の道徳的退廃を罪として力説しているが、それを通して実はいっそう高次の人間の尊厳を捉えようとしている。またモンテーニュの教説もそれに反対し、宇宙における人間の弱さや控え目な地位を強調している。それにもかかわらず彼は他の多くの面でルネサンス・ヒューマニズムの典型的な代表者である。このように人間の尊厳は多様な観点から説かれているのであって、それはルネサンスのすべての思想家に必ずしも固有のものではなくて、その内のいく人かに際立った形において固有のものであったと見るべきであろう。

一　ペトラルカの人間論

桂冠詩人であったペトラルカ（一三〇四―七四）は、後に「人間の尊厳」として定着し彫琢されることになる観念を、未だ体系的に語ってはいないが、それでも、それ以前の諸世紀の間また古典古代において説かれたよりも、いっそう鮮明に表明している。彼は晩年の著作『自分自身と他の多くの人々の無知について』において知識人たちがアリストテレスの自然哲学を無批判に受容していることを痛烈に批判し、その研究が同時代人たちの実存的なあり方から切り離されていることを非難した。したがって自然研究は人間の本性についての認識なくしては無益である。この魂への無関心のゆえに、彼は同時代の知識人やスコラ神学者たちと自己との間に一線を画した。この点があの有名な書簡『ヴァントゥー山登攀』の中で見事に叙述されている。

ペトラルカは、山の素晴らしい景観によって圧倒されて、密かに懐に所持していたアウグスティヌスの『告白』をとり出し、たまたま開いたところで次の章句を読んだ。

「〈人びとは外に出て、山の高い頂、海の巨大な波浪、河川の広大な流れ、広漠たる海原、星辰の運行などに讃嘆し、自己自身のことはなおざりにしている〉（『告白』第一〇巻第八章）。私は憤然としました。そして、熱心になおも聞きたがっている弟に、そっとしておいてほしいと頼み、書物をとじました。魂のほかにはなんら感嘆すべきものはなく、魂の偉大さにくらべれば何ものも偉大ではないということ、このことを私は異教の哲学者たちからさえもとっくに学んでおくべきだったのに、いまなお地上のものに感嘆している、そういう自分が腹立たしかったのです。私は長い沈黙のうちに瞑想にふけりました。人間は愚かにも、みずからのもっとも高貴な部分をなおざりにして、さまざまなことに気を散らし、むなしい眺めにわれを忘れては、内部にこそ見いだせるはずのものを外にもとめているのだと。同時に私は讃嘆の念にも打たれました。われわれの魂がもし、みずから堕落して自己本来の姿にそむきさり、神が名誉として授けたまいしものを変じて汚辱となすようなことをせぬならば、その高貴さはいかばかりであろうかと[3]」。

ペトラルカはこのようにして、人間とその霊魂とが私たちにとって真に重要な主題であると力説している。そのさい彼は道徳的高揚のために異教的な文化を利用し、セネカ、キケロ、リヴィウス、ウェルギリウス、ホラティウスをそのモデルとしてあげているが、このことがキリスト教に抵触するとは考えなかった。彼は文筆活動を通して古代の範例に倣い、詩人としてのみならず、道徳的な思想家としても古代の偉人たちの業績と匹敵すべく努めた。こうして過去の歴史について述べた著作である『卓越した人々について』(De viris illustribus) は、「人間の尊厳」に値する見習うべき立派な人々の伝記によって満たされている。その中でも彼が最も愛し、重要な助言者となしたのはアウグスティヌスであった。彼は『わが心の秘めたる葛藤について』の中で、アウグスティヌスとの対話という形式を通して内面の葛藤を告白している。この葛藤の解決は信仰の再生と恩恵による救済によるしかない。この宗教的再生によって人間は内面的で精神的な尊厳を回復することができる。

彼はアウグスティヌスと同じ内心の分裂に悩んでいる。それは高貴な魂だけに起こる経験である。「魂が高貴な本性ゆえに天上をめざしてのぼってゆけばゆくほど、とうぜん、それだけ肉体の重みや地上の誘惑はひどくなってくるからね[4]」。そこから人は混沌たる罪の泥沼と無秩序に陥るが、絶望から容易に抜け出せないがゆえに自暴自棄から生じる「倦怠」(accidia) と「悲しみ」(dolor) に沈んでしまう。するとアウグスティヌスは彼に言う、「きみの魂はもともと高貴であるとしても……あの内なる葛藤が生まれ、魂は自己嫌悪から苦悶におちいる。……また、ある致命的な魂の悪疫がきみをとらえている。近代人はこれを鬱病とよび、古代人は煩悶とよんだ」[(5)]。このような憂愁の中にあっても、「まず第一に、魂の高貴さについて考えたまえ」[(6)]と繰り返し説得される。「魂の高貴さ」とはキケロにおいては「人間の尊厳」と同義語であり、それは「理性」とも言われ、これによって現世を蔑視し、「自己の本性をわすれぬ思慮深い人間」となるように勧告される。なお、そこへと導くのは「内なる霊」の働きである。「きみはもはや長たらしい忠告など必要としない。ただ、きみの霊に耳をかたむけたまえ。霊は絶えずきみに呼びかけ、きみを励まして語りかけている。〈ここに母国への道がある〉。……救われたい、自由でありたいと切望するなら、霊に従いたまえ」[(7)]。

ペトラルカが人間の尊厳について語っているところは断片に過ぎないとしても、ルネサンスにおけるこの主題を先取りするものであった。そこには人間の尊厳に関する二つの基本的論点が提示されている。（1）人間の尊厳は人間創造の性格と目的に由来し、またその結果としての「人間の地位」と世界における「人間の役割」に由来する。また（2）人間は「神の像」として創造され、受肉によってその像は人間に回復されたのであるから、人間の尊厳は、神の像に本来具わっている条件としての神に向かって上昇する自由と能力に由来している。この観点はその後の人文主義者や新プラトン主義者たちによって発展していく。しかし、イタリアのルネサンスにおいて特徴的なことは、人間の尊厳という主題が歴史や文化と深く関わりながら展開し、この世における人間の創造活動として把握されるようになり、この世での名声や偉大さとして説かれた点である。つまり、高度な文化と文明を創造する営みの中に人間の尊厳が証しされるようになってくる。

二　ヴァッラとファーチョ

こうして人間の本性や世界における人間の地位という観点から人間の尊厳が論じられるようになった。一般的にいって一四世紀から一五世紀の中葉に至るまでヒューマニストたちはペトラルカに典型的に示されているように、キリスト教ヒューマニズムに立ち、教会の信条を否定しなかったにしても、神学と哲学とを思弁的に総合するスコラシズムに対しては反感をもっていた。彼らはまず人間の本性から尊厳を説き起こしたが、ときにスコラ学とカトリック教会に対する批判は文献批評学からも起こってきた。その代表はヴァッラである。

ヴァッラ　一五世紀の中葉にロレンツォ・ヴァッラ（一四〇五―五七）が文献批判の方法をもって「コンスタンティヌスの寄進状」の誤りを指摘し、教皇の至上権に攻撃を加え、教会に対し批判的な姿勢をとるようになった。また、ヴァッラで特記すべきことは『新約聖書注解』により欽定ラテン訳聖書ヴルガタの誤りを数多く指摘し、一六世紀の聖書文献学への道を開拓した点である。さらにキリスト教ヒューマニズムとの関連ではペトラルカの思想をいっそう進めて、異教の哲学とたわむれる一般の正統派カトリック・ヒューマニストとは一線を画し、キリスト教と異教思想との総合に強く反対し、理性と信仰、哲学と神学とは調停しがたいことを主張する。

人間の本性について最も率直かつ明快に述べているのは、ヴァッラの『弁証法についての議論』(Dialecticae disputationes) の第一巻である。さらに彼は『真の善について』(De vero bono, 1433) において対話形式によって人間の本性について論じ、本性が徳により癒されなければならないが、この世の悪に関してはストア派の嘆きをもってそれを叙述し、次いでエピクロスが人生の目的を道徳的な美徳にはなく、快楽に求めている点を指摘し、最後に人間における真の善として天上的な快楽を挙げてキリスト教を擁護している。

ファーチョ　人間の尊厳という主題をまったく新しい形で取り上げたのはバルトロメオ・ファーチョ（一四〇〇頃－一四五七）である。彼はヴァッラを模倣しながらそれを反駁した著作『人生の幸福について』（De vitae felicitate, 1445-6）を書き、その中でエピクロス主義を批判してストア主義を擁護し、キリスト教的ストア主義の立場から人間にとっての真の善を把握した。そのさい悲惨な状態に満ちている現世において優れた徳行に生きた後に、本性的に不滅な魂が始源の天上的な生活に帰還することこそ真の善である。ここから人間の本性と世界における地位が重要な問題となり、人間に固有な価値が問われた。

さてファーチョは一四四七年にモンテ・オリヴェトの修道院長アントニオ・ダ・バルガから人間の尊厳についての論文『人生の尊厳と卓越性についての小論』（Libellus de dignitate et excellentia humanae vitae）を贈られた。そのときバルガはファーチョに要請して、この小論に人文主義的な洗練さと優雅さを加味し、かつてインノケンティウス三世が多大の影響を与えた『人間の悲惨な境遇について』に続いて著述すると約束して果たせなかった「人間の尊厳」についての著作を書くように依頼した。ファーチョはそれに応えて増補と変更を加えながら『人間の卓越性について』（De excellentia hominis）を一四四八年に完成させ、時の教皇ニコラウス五世に献呈した。

インノケンティウス三世の著作は「現世の蔑視」というモチーフをもつ文学形式として一三世紀から一七世紀に至るまで大きな影響を残している。トーマス・ア・ケンピスの『キリストに倣いて』やエラスムスの処女作『現世の蔑視』などもこの分野における名作といえよう。ファーチョの著作はその動機において中世の修道院的なインスピレーションによるものであったにしても、歴史家が認めているように、エラスムスの著作と同様、本質的に人文主義的であって、イタリアの一修道士が、時代の人文主義の文化から影響を受けながら、人間の尊厳について最初の作品を書いたというほうが真実であろう。こうして人間の尊厳についての最初の人文主義的な作品が世に出ることになった。

しかるにこのファーチョの著書に続いて現われたのがジャンノッツォ・マネッティの著作『人間の尊厳と卓越性について四巻』(De dignitate et excellentia hominis libri IV) であって、そこには文学的にも遥かに洗練され、スケールも大きく、学殖も豊かな人間讃美が展開している。ファーチョが自著をニコラウス五世に献呈したことを知ってか、ナポリのアルフォンソ王はマネッティにそれを書くように勧めたのである。この著作は一四五二年末頃には完成した。(8)

三　マネッティの『人間の尊厳と卓越性』

ジャンノッツォ・マネッティ（一三九六―一四五九）は最初フィレンツェで商人として修行し、銀行家となったがそれに飽きたらず、ラテン、ギリシア、ヘブライの哲学、神学、聖書解釈学に関する膨大な書物を学んで、当代随一の学者となった。彼は人間の尊厳に関するあらゆる伝統的な宗教的議論を取り上げ、それにキケロの『神々の本性について』や、アリストテレスの『霊魂について』、『ニコマコス倫理学』などの古典の著作で学んだものを付け加えている。こうして彼はその後市民的人文主義に立った政治家として活躍し、教皇ニコラウス五世とアルフォンソ王の両者の顧問役を務めている。彼はペトラルカ、サルターティ、ヴァッラによって暗示されていた人間の概念をさらに明確にしたが、それはギリシア、ラテンの古典作家や教父たち双方の文献から支持されるような性質のものであった。彼はこれらの古典を新たにキリスト教の精神と結合したのであった。それゆえ彼は罪や救済、また神の像や似姿について論じてはいても、それを神学的に究めようとするのではなかった。むしろ彼は人間の自然的条件とその世界認識さらにその理性の技術と才能の事実から人間の尊厳について実践的な人間学の観点をもって語っている。

『人間の尊厳と卓越性』の序論においてアルフォンソ王に献呈する理由を挙げてから、マネッティ自身によるこの著作全体の構成が次のように述べられている。

「わたしは、第一巻においては人体の優れた長所について、第二巻においては理性的霊魂のあの独特な特権について、第三巻においては、人間全体の驚嘆すべき役目について、できるかぎり入念にかつ精確に説明した。すべてこうしたことを初めの三巻で行なったと思われたのでその上に第四巻をつけ加えたいと思った。その第四巻の中では、死の讃美と人生の悲惨について、多くの有能な著者たちによって書かれたと知っていた事柄を、反駁せんとした。というのも、それらがある仕方で、わたしの著書と相反矛盾することを知っていたからである(9)」。

彼は第一巻から第三巻にわたって古代の文献により人間の身体・魂・全体にわたるその長所・特権・役目を指摘しながら人間の尊厳を述べている。さらに第四巻では人生の悲惨について述べた後に、そのような悲観論を論駁している。

人間の身体について　マネッティは神が創造した人間の身体の美しさを讃美している。カトリックの博士たちの見解によると全能の神によって地の泥からつくられた人間の身体は、始源の状態において最初の人間が罪を犯したならば、死すべきものであった。だがもし罪を犯さなかったならば、不死なるものとしてつくられた。したがって人間の始源の状態は、もし彼らが望んだならば、死なないようにつくられた。ところが第二の状態において人間は罪を犯すことによって原初の状態から落ちて、死の掟にまで堕落し衰弱してしまった。だが光栄ある復活の第三の状態において、恩恵の功徳により、人間はもはや死ぬことができないものとなるであろう。それゆえ身体の虚弱や病苦は、その本性によってではなく、むしろ罪の汚れによって引き起こされた。そこから彼は「死を讃え、死を肯定する聖俗の著作家たちの嘆きのすべては止めるべきである。これらすべては、神からでも、身体の本性からでもなくして、罪から生じたことが分かったから」と主張した[10]。

彼によって人間の身体がその創造における善性のゆえに肯定されている。しかるに人間が他の存在よりも高貴であるのは、高貴な質料から造られている点にあるのではなく、人間の働きにある。「実際、この思慮深くて賢い理性的動物は、自分の質料に関してはそれらと一致しているように見えた駄獣や家畜よりも、遥かに高貴な身体をもっていた。なぜなら、行動したり、話をしたり、理解したりする働きに、人間は遥かによく適合していたが、獣たちにはそれらの働きが欠けていたからである[11]」。

このような身体観からマネッティは教皇インノケンティウスと対決し、その見解を論駁している。教皇の論議で問題となるのは人間の誕生に関することである。彼はそのことをその著書の初めのところで語っており、すべての者は自然の悲惨を表明するために、泣きながら生まれる。すなわち、彼らはエヴァから生まれるかぎり、男の子は「ああ！」と言い、女の子は「えい！」と言うのだ、と。つまりエヴァとは悲嘆者の感嘆詞であるという[12]。マネッティはこうした見方の誤りはヘブライ語の知識が欠如しているところから起こっていると批判し、「この者〔エヴァ〕はHisca（女）と呼ばれるであろう。なぜならhisc（ヘブライ語で男の意味）から取られたからである」と説明している。この解釈は今日でも一般に支持されている[13]。

またインノケンティウスが「彼は裸で生まれ、裸で帰る。貧しく来たり、貧しく去りゆく」と言っているが、事実はそれに反している。というのは「人間はその優美さのゆえに生まれ、自然は、最も美しい作品でありまた最も見事な人体を、衣服でかくしたりしない」からである。(14)

魂について　彼は魂に関してディカイアルコス、タレス、アナクシマンドロス、アナクシメネス、アナクサゴラス、ディオゲネス、レウキッポス、デモクリトス、ヘラクレイトス、エンペドクレス、ヒッピアス、アルケラオス、ゼノン、アリストクセノス、ヴァッロなどが、魂は存在しないとか、何か身体的なものであるとか、物質の能力から派生したものだとか、身体と同時に滅びるものであると主張した点をあげている。そこで彼はキケロの『トゥスクルム談論』(一・二七、六六)の一節を引用して、その説が真理と一致しており、またカトリックのキリスト教信仰とも一致して、魂の神的性質を明らかにしているという。

「魂の起源は地上にはまったくない。なぜなら、魂の中には、混合されたり合成されたりしているものとか、地から生まれたりつくられたとみられるものは、何もないからである。……自然物にあってはいかなるものも、記憶や精神や思考の力をもっていないし、過去を記憶し、未来を予見し、現在を把握しうる力をもっているものはない。それらの力はまったく神的なものであって、もし神からでないとすれば、それらはどこから人間にきたかわからない。……こうして感じたり、知ったり、生きたり、生気があったりするものはみな、天的な神的なもので、必然的に永遠なものである」(15)。

このように魂の優れている点はその働きにあることが強調されている。神が創造した理性的な本性は最善のものであって、たとえ理性や感覚を欠いている動物よりも時に不幸であっても、いっそう秀でており、その本性の中には悲惨はない。インノケンティウスは人間が「嫌悪すべき悪臭を発する」といっているが、それは間違っている。人間の固有の果実は理解したり行動したりする多様な働きにある。

見神の喜びと神との類似　マネッティは祝福された聖徒たちの褒賞を見神において捉えて、その至福な様を雄弁に語っている。「祝福された者たちが神的なまた人間的なあらゆる事物のあの光り輝く鏡や光景を直観することで十分であり、十分以上である。……神を見るということが祝福された生の報酬のすべてであり、反対に神を見ることの欠如が罪に処せられた悲惨な人々の罰なのだと、カトリックの博士たちがかれらの教理においてきわめて明らかに表明したのである」[16]。

終わりに彼は神の掟を勤勉にかつ厳格に守ることによって神の像に近づくことを勧めている。人間は、とくに王は「測り知れない尊厳と卓越の中に定められ世界を統治するよう任じられている。……その美徳を絶えず精出して行なうことによって、ただ単に幸福で祝福された者であらんがためのみならず、また不滅の神にほとんど類似したものとならんがために、美徳を抱擁しなさい。なぜなら、理解し行動するに際してあなた方のもつ義務は、全能なる神と共通しているとみなされるし、また共通しているからだ」[17]。このように勧めてこの書は終わっている。

こうしてマネッティによって自然は、その身体観に明らかなように、ほとんど精神にも匹敵するまでに価値づけ高められており、人間全体も聖書の人間創造の伝承にしたがって人間と神との類似性が指摘されており、さらに伝統的な三位一体の問題もとりあげられて、三位一体の人格のすべてが共働したと考えた。彼の人間讃歌の核心は、何といっても、人間活動のすぐれた価値を認めることにあった。しかし、それでもキリスト教の人間観の核心にある神の像としての人間を絶えず考慮しているのである[18]。

四　フィチーノの「宇宙における人間の地位」

次に一五世紀の後半に起こってきたルネサンス・プラトン主義をとりあげて、その「人間の尊厳」に関する特徴を問題にしてみたい。この当時イタリアのフィレンツェにマルスィーリオ・フィチーノ（一四三三―九九）によってフィレンツェ・アカデミーが創設され、新しい思想運動が起こってきた。これまでの人文主義者たちの関心は、文学的・修辞学的・文献学的であり、その思想も全体として道徳の分野に限られていた。それに対してプラトン主義者たちは古代や中世の哲学の源泉に遡り、プラトン主義に基づいて知識を体系的に組織し、新しい形而上学を構築していった。彼らが人間とその尊厳に対する深い関心を、先行する人文主義者たちと分かち合い、またそこから得てきているとしても、それまでにはなかったような思想構造の内部から、つまり「宇宙における人間の地位」から人間論を展開させ、そこから人間の尊厳を形而上学的に把握している。

フィチーノの人間論　フィチーノはプラトンの全著作とプロティノスの作品をラテン語に訳し、『饗宴』と『ピレボス』の注解書を書き、大作『プラトン神学』を著わした。彼の人間学的特質からまず考察してみたい。彼はプラトン主義の形而上学的体系を導入することにより宇宙における人間の地位を確定した上で、ここからルネサンス的人間の尊厳を明らかにしている。プロティノスが実在を五段階に分け、一者・ヌース・プシュケー・身体・質料としたのに倣って、彼は神・天使・魂・質料・物体に分けた。そして身体と魂とからなる人間は、物体界と知性界との中間に位置し、神や天使の下にあっても、質料や物体の上に立っているとみなされた。このように宇宙の存在を捉えながらも、人間は静的な存在として宇宙の間に置かれたのではなく、人間が宇宙の大きな動きとともに躍動し始め、自らその動きの中心となって活動するところにその意義が求められている。したがって人間の魂は上なる知性界に関わり、神との類似性をもち、神に至ろうとし、善をすべて達成しようとする。

ここからフィチーノは知性や理性が身体や物体に依存しないで、自由に選択し、物体界を超えて知性界に向かい、神という無限の完全性に近づくことを説き、人間の尊厳を明らかにする。したがって人間の尊厳の基礎は、知性や理性の活動に伴う選択行為という自由意志の働きによって世界を選び取ることができるところに求められている。それゆえ神に向かうことが人間のあるべき本来の姿である。だが現実においては、このような高い理想をもって活動する本性の頂点において、人間は最も悲惨な存在であることが知られる。こうして人間の尊厳と悲惨の同時性が人間存在の矛盾として語られている。(19)

だが、フィチーノは、マネッティがしたように、人間とその尊厳についての論題に特別の論著を捧げなかったが、その哲学的主著である『プラトン神学』の中でその問題を論じている。彼は人間の魂の神性を解明するさいに、マネッティが行ったように、学芸や政治における人間活動の有能さを修辞学的な雄弁をもって論証するのではなく、形而上学的な視点から物体的世界と理念的世界との間に人間の魂を置き、宇宙におけるその地位を中間的なものに定めている。それゆえ人間の固有のものである理性的な魂は、神と天使との下に立ちながらも物質と物体との上に立っているという仕方で、位階秩序に服していると説いている。これは新プラトン主義的な存在段階説の再現に他ならない。

この存在論的な位階秩序は五段階の階梯による万物の統一的な理解と密接に結びついていて、その階梯の各々は神の象徴・姿・鏡であるという彼の根本思想を形成している。したがって事物の系列のそれぞれの階梯は豊かな統一へと向かって配列され、いわゆる神へ向かって集中しているものとして叙述されている。

「恰も数の一が、あらゆる数という数のうちに到る処存在し、点があらゆる線のうちに存在しているように、かの神的な統一も、自ら分割されることなく、あらゆる精神や物体に等しく存在して、世界を一様に結びつけているのである。それ故にすべての事物は、唯一の原理に導かれて、それぞれが思いのままに唯一の目的へ向って集ってゆく。そしてすべての物体が万物を動かす唯一最高の物へと還元されるように、すべての精神は万物を包括する唯一最高の精神へと帰ってゆく[20]」。

このように彼は何らかの形を伴った世界から精神の内的な光りへ、したがって象徴もしくは表現の世界から内面的な内なる魂へと超越し、神へと帰還しようとする。それゆえフィチーノの詩的な象徴的な表現もすぐにその象徴性を失って、世界の現実が神の詩として表明されている。人間の精神は次の詩に歌われているように、この神と合一し、永遠の生命に没入している。

太陽が蒸気をあつめ、磁石が鉄屑を吸い寄せるように、
汝の炎に包み奪われて、父よ、私は汝と合一する。
やがて汝の奥深くに引き入れられて、汝の働きと一つになる[21]。

したがってさまざまな表現の背後にある唯一の真理の発見が彼の詩的神学であるプラトン神学であるといえよう。それはプラトンが神的なものを詩的（＝神話的）に叙述した伝統にしたがいながら事物の真理を統一的に把握している。しかしこの統一性は人間の魂がもっている普遍性によっても捉えられる。ここに彼は人間の魂と神との根本的な類似を見ている。魂は真理をすべて知ろうとする全知をめざし、善をすべて達成しようとする全能を願い、かつ最高存在とも最低存在ともなることができる。こうして魂は神となろうと欲するが、この志望にこそ彼の神性が存する。しかし、神は現実的にすべてであるが、魂はただすべてになろうと欲するにすぎないがゆえに、魂は神に

劣っている。したがって人間の宇宙における中心的な地位と魂の普遍性は、人間の優越の基礎となっている。

「神の似姿」　フィチーノは彼が崇拝する「神のごときプラトン」に倣って人間の救済を「神の似姿」になることに求めている。そのためには天上への逃避行を敢行し、感覚的な世界から逃避しなければならない。次いで賢慮・正義・聖性を身につけることによって「神に似たもの」となることが求められる。彼の手紙『運命に対して整えるべき恒心について』にはプラトンの『テアイテトス』から引用しながら次のように勧められている。

「〈だが逃げるということによってわたしは、自分をできるだけ神に似たものとするということを意味している。実際、賢慮、聖性、および正義が、人間を神に似させるのだ〉とプラトンは言う。われわれのプラトンのこの神的な訓戒をわれわれはどのように受け入れるべきかを、君は手短に聞くだろう。われわれの霊魂の創造者であり、またその指導者である神のように、世界は肉体の生みの父でありその指導者である。ところで霊魂は（神の）息子であり、肉体は世界の一分肢であるので、われわれの霊魂は神によって、あたかも父によってのように、摂理の法則を通じてやさしく快く動かされる。……確かに、この逃避を通じて霊魂は正当に神に似たものに復帰する。なぜなら、霊魂は肉体の汚染から免れてあたかも神のようなものとなるからである。このような自由をわれわれは特に、賢慮、正義、聖性という三つの徳によって獲得する[22]」。

人間の救済は魂を身体から、理性を感覚から切り離すことによって神へと上昇する浮力を回復させることに始まる。この点ではカトリック教会の霊的な指導も役立っている。しかし彼は学芸や芸術、歴史や科学も精神的な世界に人を導くのに不可欠であると説いている。さらにプラトン主義者フィチーノにとって真理は表明される際にその多様性を認めるとしても、本質においては一つの真理である。これは神の流出の第一がヌース、つまり知性である点に関係しており、知性においてはすべての真理は究極において一つであることによる。

人間の尊厳と神の像　このようにプラトン哲学の伝統に由来する真理の普遍性とキリスト教との調和が問題となる。彼にはプラトンの教説が宗教的な啓示の権威と並ぶ同等な権威たりうると考えられた。したがってプラトン哲学はキリスト教を確信させるために必要であり、これによって教養あるルネサンス人を理性的に説得することができる。両者は相互に必要であり、プラトンはキリストと同じくフィレンツェの説教壇で読まれる価値があると説いた。サボナローラはこれを聞いて憤激したといわれる。

人間の尊厳について彼は魂の宇宙における地位から論じ、魂こそ唯一の仕方で宇宙の統一に寄与する、宇宙の絆であるという。すなわち、人間はすべての元素とすべての動物を支配するためにつくられ、自然の主人にして支配者として生まれた。したがって神の像として存在している点にその尊厳が求められている。たとえば天体の運動を理解し、天球の模型をつくることができる天文学者は、天体の創造者の精神に類似せる精神を潜勢的に付与されている。天体の運動ばかりではない。わたしたちは世界にある無数の表現に注目すべきであって、人間の精神は多くの解釈の余地を認め、自由にこの間で選択をする。これらのすべては神の認識という同じ一つの目的へわたしたちを導いている。

彼によって開拓されたルネサンスのプラトン主義は若き友人のピコ・デッラ・ミランドラに、またイギリスのジョン・コレットに、さらにコレットを通じてエラスムスに伝えられて、思想上の大きな潮流を形成していった。

五　ピコの『人間の尊厳についての演説』

ピコ・デッラ・ミランドラ（一四六三－九四）はフィチーノのプラトン・アカデミーにおける年若き同僚であっ

て、彼はいくつかの観点でフィチーノの学説に従っているが、またそれらの学説を多くの有意義な点において修正している。

ルネサンスにおける人間の尊厳についての有名な論文『人間の尊厳についての演説』(Oratio de hominis dignitate) は、ピコが弱冠二四歳のとき一四八六年にローマで計画した公開討論会のために開会の辞として準備したものである。それは世界に溢れる見解の対立を克服し、全世界から哲学者や神学者を招いて哲学的な平和を主唱するためであり、その目的を実現するために、同時に彼は九〇〇の提題(その中にはモーセ、プラトン、ピュタゴラス、カバラ、モハメッド、ゾロアスター、パウロ、ヘルメス・トリスメギストゥス、アラビヤに関する書物を含んでいる)を提出し、支持しようと企てた。彼はこの討論に世界的な天才として臨んだようであるが、他の人たちは彼を単に成り上がり者と考えていた。教皇イノケンティウス八世は「この若者はいつかだれかに火刑にされるのを欲している」ともらしたそうである。『演説』の論題のうち一三命題が教皇の委員会によって有罪宣告を受けており、教皇はそれらを非難して討論会の開催を禁止した。それに対してピコは『弁明』を書いて反論したが、事態をいっそう悪化させたにすぎなかった。そのため『演説』はついに発表されなかった。その後、彼はメディチ家のロレンゾーの保護を得て、当時の有名人の一人となったが、三一歳の若さで亡くなった。

ピコはこの『演説』のなかで占星術的な宿命論と対決して人間の自由意志を強調した。すでにフィチーノも自由を説き、人間が宇宙の存在階梯のいずれにも属する自由と超越性をもち、自由な選択によって自らの存在を決定できると述べていた。しかしピコはこの学説に独得のドラマティックで修辞学的な鋭さと鮮明さを付与し、それを補強するために歴史・宗教・魔術・思想などの伝統に示されている神への歩みについての記述を加えている。しかも人間の尊厳の主題を「創世記」一・二六の「神の像」との関連で重視している。彼はさらに『ヘプタプルス』

(Heptapulus 1488-89) で創造の六日間の記事を注釈し、新プラトン主義的宇宙論と人間論を展開している。これによって彼は人間の尊厳の主題をヘクサエメロンの伝統に復帰させながらも、同時に聖書解釈学の伝統を新たにカバラ、ヘルメス、アヴェロエス、新プラトン主義などの思想によって刷新した。

ピコの人間の尊厳論　『演説』はメルクリウスの言葉「偉大な奇跡、それは人間である」を冒頭に引用しながら人間存在を讃美することから始まる。しかし、人間が尊厳をもっている真の次元は神による人間の創造に由来する。彼は人間とその特殊な性格の位置づけを説明するために、創造の瞬間を叙述する。全宇宙の創造を終えた神は、その美を愛し、その雄大さを感嘆することのできる存在をつけ加えることを決心し、人間の創造に向かった。しかし神は人間を創造するに当たって、何らかの定まった特性なしに人間を創造した。それゆえ人間は自らが意志する通りに自己を形成する無制限の自由をもっている。だからその生き方を自然本性によらずに、自己の自由選択によって決定できる唯一つの被造物であることになる。それゆえ、人間は存在の階梯のなかの特別な地位を占めているとは考えられず、自由意志によって自己を実現しなければならない。したがって、ピコは人間の尊厳と卓越性を自由意志という特別な賜物にもっぱら限定している。

「〈汝はいかなる制約によって抑制もされないで、私が汝をその手中においた汝の意志決定にしたがって限定された自然本性を自己に対して決定するだろう。私は世界の真中に汝をおいた、それは世界の中にあるすべてのものをそこからいっそう容易に考察するためである。私は汝を天のものとも地のものとも、死すべきものとも、不死なるものとも、造らなかった。それは汝が自由で名誉ある造り主また形成者のように、自分が選んだどのような形にでも汝自身を造りだすためである。汝は堕ちて獣の世界である低次のものとなることも、神的なものである高次のものに自分の心の判断により再生されることもできる〉。おお、父なる神のこの上なき寛大さよ。人間のこの上なき、驚嘆すべき幸福よ。人間には自分が選ぶものを所有し、自分が欲するものとなることが許されている」[23]。

ピコがここに明瞭に説いているように、人間の偉大さはその置かれた宇宙における地位にあるのではなく、またその自然本性にあるのでもなく、自由な意志により道徳的・知的な生の最高形式を選択することによって自己を実現することにある。人間の尊厳はその選択の自由による自己実現にある。つまり自由意志による自己創造と人間の主体性のうちにある。「人間は自分が欲するものとなることが許されている」。この自己創造者としての自律した人間像はアウグスティヌス以来のアダム像と相違している。アダムは楽園で「罪を犯さないことができる」状況におかれていたが、それも恩恵の援助があってはじめて可能であった。ここにはそのような恩恵は語られずに、人間の純粋な自然的能力、つまり自由意志によって自己実現ができると主張されており、自由意志を自律的に把握するオッカム主義と同じ理解が示されている[24]。

ピコにおける自由と恩恵　ピコは本質的には損なわれていない自由意志と無制限な自由を人間に付与することによって、キリスト教の恩恵の教理を一見すると否定しているように思われる。しかしこうした叙述は修辞学的に誇張されているものに過ぎない。なぜなら、ピコはこの教理を決して否定しないからである。先に引用した人間の自由についての叙述を検討してみると、神からアダムへの言葉は、彼の創造の瞬間に、すなわち堕落以前の彼に向けられたものであることが判明する。それゆえ彼は堕落以前の人間の尊厳について語っているのだと主張することもできよう。ところが彼は、堕落と原罪がどの点まで人間の尊厳に影響したのかを、不明確のままにしている。とはいえ現在の状態における人間が、彼自身の本性によって彼に与えられているものの中で最良の選択をなし遂げるためには、神的な恩恵の助けを必要としているという意見を排除するものではない。「父なる神の最もあわれみ深い寛大さを私たちが誤用して、神が授けたもうた自由選択を私たちにとり有益なものから有害なものとなすことがないように。また私たちがつまらぬものに満足しないで、最高のものに向かって燃えあがり、（意志すれば可能なのだから）全力をあげてそれに達しようと努めるべく、聖なる大望が心に襲いかかるように[25]」。

さらに神の恩恵にむくいて現世を軽蔑し、神に最も近いところに超越するように勧告し、この超越をプラトンの『パイドロス』にある「ソクラテス的熱狂」と呼んで次のように語っている。

「師父たちよ、私たちはソクラテス的熱狂により動かされるであろう。この熱狂は私たちを精神を超えたところにおき、私たちの精神と私たち自身とを神の中におくであろう。まず私たち自身にできるかぎりのことを実行するならば、私たちはその熱狂によって突き動かされるであろう。……そしてついに言語を絶した聖き愛により駆け立てられ、燃え立つ織天使のように、私たちの外におかれ、神霊に満たされ、私たちはもはや自分自身ではなくて、私たちを造った方ご自身になるであろう[26]」。

ピコは超越を自己の精神をも脱自的に超えて神霊にみたされ合一する神化においてとらえている。人間には獣や天使とは違ってあらゆる生命の萌芽が生まれながら具わっており、各人が育成する種子に応じてその成果がもたらされ、遂には神と一つの霊となりうる。

このような超越と神化には人間の内なる心の不和がさまたげになっている点にもピコは短く触れ、それは道徳哲学や神学により鎮圧されると楽観的に見ており、異教の哲学とキリスト教および諸宗教がこの超越に対し備えられていると説いている。この超越はイスラエルの神殿の構造、つまり前庭・聖所・至聖所の三段階を経て、しかもそれぞれ道徳哲学・自然哲学・神学によって人間の三段階、意志・知性・霊は導かれて成立している。この最終段階の神学には最高の任職が与えられているが、諸宗教もこれに役立つと説かれ、一種のシンクレティズムとなっているため、ペトラルカで確立されたキリスト教的基盤はゆるみ相対化され、キリスト教ヒューマニズムも変貌しているといえよう。

神の像と人間の主体性

ピコの独創的な見解を明らかにするために彼とフィチーノとを比較してみよう。フィチーノやピコによって採用され、さらにエラスムスに継承されてゆくプラトン主義や新プラトン主義の存在段階説は、この魂の無限な目的追求を明確にするために、導入されたものにすぎない。したがって、この魂の無限な追求と努力のなかにルネサンスにおける近代的生命がはっきりと姿をあらわしている。この点ではピコはフィチーノと同じ新プラトン主義の立場に立っている。しかし宇宙における人間の特権的な役割については両者は相違している。フィチーノが人間に位階秩序の中の中心的な地位をあてがっているのに対し、ピコは人間がある限定された本性をもたず、諸存在の位階秩序の中でも定まった地位をもたず、むしろある意味でその位階秩序の外にある、と考えている。こうしてフィチーノが人間の本性的な地位に内在する神的な残滓を認めたのに対して、ピコは主体的な意志の内に創造的な行為をとらえ、そこに「神の像」もしくは「神の類似」を把握している。これは主体的な意志選択の自由にピコが最大限の重要性を与えたことと密接に関連している。

「人間にはその誕生の時に父なる神はすべての種子とすべての種類の生命の萌芽とを入れておいた。各人が育成する種子が成長していき、各人のうちにその成果をもたらすであろう。その種子が植物的だと、植物のようになるだろう。もし官能的だと、獣のようになるだろう。もし理性的なら、天上的な動物となるであろう。もし英知的であるなら、天使や神の子となるであろう。そしてもしいかなる種類の被造物にも満足しないで、自分を統合している中心に向かって自己を取り戻すならば、神と一つの霊となって、万物の上に立てられている父なる神の孤独な闇の中にあって、すべてのものに立ち優るであろう(27)」。

これはきわめて大胆な見解であって、古代から中世のヨーロッパ思想を支配してきた存在の位階秩序という大きな枠組を、オッカム主義と同様に、決定的に瓦解させる最初の歩みとみなすことができる。

人間の尊厳、最高の可能性の選択　ピコの立場は、人間の自由というものが多くの可能性の間で選択することであると主張していても、すべての選択が同様に善であって望ましいものであるということを意味しない。反対に、これらの可能性の間には明らかな順序や序列がある。そして人に近づきうる生の最高の形式を選ぶことは、人間の課題であり義務である。したがって人間の尊厳は彼の選択の自由の中にあるにしても、それは彼に開かれているさまざまな可能性の中から最高の可能性を選び採ることを意味している。それゆえ人間の尊厳は、最高の可能性が選択される時にのみ十分に実現される。

したがってピコの思想に存在している神学的基礎を十分に考慮すべきである。現代思想においてはたとえばサルトルの『実存主義はヒューマニズムである』のように、この最高の可能性が無神論とニヒリズムの蔓延によって全面的に否定されている。(28) ピコは何でも選択すればよいなどと言ってはいない。人間の無制限な自由についての彼の世俗的な強調のみを考察してみても、人間の選択が人間の尊厳を増すのに有効で可能であるなどと言うつもりがないことは明らかである。彼は道徳的および知的に行われる二者択一の見地から議論を展開しており、人間の本性的な優越性が実現されるのは、彼に与えられた道徳的および知的な生の最高形式を選択するときだけである。

六　エラスムスの『エンキリディオン』

終わりに、イタリアから北方ルネサンスに目を向けてみよう。その代表者は何と言ってもオランダのロッテルダムの人、デジデリウス・エラスムス（一四六五／六六―一五三六）である。彼はピコよりもわずかに三歳若かったにすぎないが、彼の中に新しいルネサンス的人間と思想とが完全な成熟段階に達しており、これまで見てきたような人文主義的神学につきまとっていた衝動性と若者の感激とを払拭している。非合法な結婚によって生まれた彼は貧しい青春時代を送った。修道院からやっとパリに留学し、ラテン語に磨きをかけ、教父の著作に熱中する。家庭教師となってイギリスに渡り、ジョン・コレットを通じて聖書批評の原理とキリスト教的人文主義を学ぶ。また、トマス・モアとの友情を通じ国際人として活躍する。彼は言語、表現、文体を愛し、古代的人間の叡知が彼の言葉を通して再生し、古典的精神が輝き出ている。しかし、彼の精神のもっとも深い根底はキリスト教的なものであって、古典主義はただ形式として役立ち、彼のキリスト教的理想と調和する要素だけが、古代の倫理から選びだされているにすぎない。

『エンキリディオン』　そこで初期の代表作『エンキリディオン』の中でエラスムスの人間像の全体が語られている箇所をまず取り上げてみよう。なかでも魂と身体の二区分について次のように語られている。

「人間は二つ或いは三つの非常に相違している部分から合成された、或る種の驚嘆すべき動物である。つまり一種の神性のごとき魂と、あたかも物いわぬ獣とから成っている。もし身体について言うなら、私たちは他の動物の種類に優るものではなく、むしろそのすべての賜物においてそれに劣っている。しかし魂の面では私たちは神性にあずかるものであり、天使の心さえも超えて高まり、神と一つになることができる。もしあなたに身体が与えられていなかったとしたら、あなたは神のような存在であったろうし、もし精神が付与されていなかったとしたら、あなたは獣であったろう。相互にかくも相違せる二つの本性をかの創造者は至福な調和へと結び合わせたのだった。だが平和の敵である蛇は不幸な不和へと再び分裂させたので、猛烈な激痛なしに分かれることもできないし、絶えざる戦闘なしに共同的に生きることもできない。そしてかの機知にとんだ小句が双方にあてはまることができる。私はあなたと一緒に生きることができないし、さりとてあなたなしに生きることもできない[29]」。

エラスムスは人間の自然本性をまず神の創造に即して考察し、次いで人間の罪により創造の秩序が破壊されて、実存的窮地に陥っている有り様を描いている。人間は元来魂と身体から二元的に構成されていて、もし身体がなかったら神のようになり、人間ではなくなってしまう。したがって身体をもった人間が魂において神と一つになるよう超越することにこそ人間の本来的存在が求められる。この超越によって神性を宿している人が心身の調和を保ち、優れた存在となっている。

エラスムスは人間を創造の秩序から考察した後に、身体の情念と理性との対決を述べ、後者が前者に屈服するようになったところに罪が生じたとみなしている。人間の心身の構造の矛盾と不安定さは所与の事実であるとしても創造の秩序を破壊したのは罪であり、それは身体の情念によって生じている。それゆえ人間は魂の側面では神的なものに関与しそれと一つになり、身体の側面では獣の存在に転落するという可能性が与えられており、自由な意志の決断によって優れた存在となることができる。この点でピコ・デラ・ミランドラの『人間の尊厳についての演説』の主張と一致している。ピコが「汝は堕ちて獣の世界である低次のものとなることも、神的なものである高次のものへ、自分の心の判断により再生されることもできる」という二つの可能性の間の決断をエラスムスは心身の区分法によって反省し、人間存在の構成そのものから解明しようとしているのである[30]。

またこの書でエラスムスは人間を「霊」(spiritus) として捉え、それは「神の本性の似姿」(divinae naturae similitudo) であって、「神の精神の原型」(suae mentis archetypum) にしたがって永遠の法が与えられている[31]、と語っている。また倫理的にはキリストを「模範」(exemplum)とすることに唯一の目標を設定している。それはキリストが「唯一の原型」(archetypum)であり、神の像であることに由来している。「わたしたちの模範はキリストであり、彼のうちにだけ至福に生きるためのすべての原則が内在している。キリストを模倣することは無制限に許されるであろう。さらに信頼できる人たちの中から、それがキリストの原型に合致するかぎりで、そのひとりびとりを模範と呼ぶこともおこりえよう[32]」。彼はキリストの模範に倣う共同体を教会の中に認めている。「最高の高貴は神の子と世継ぎであること、とはいえキリストの兄弟と共同の世継ぎであることにあります[33]」。新約聖書の神の像の理解と同様に、彼はキリストと共なる生活の中に、つまりその模範に倣う共同生活の中に神の霊を宿す人間の尊厳を認めている。

「神の像」の理解　終わりにエラスムスの『自由意志論』(一五二四年)にあらわれている「神の像」について述べておきたい。この書は後にルターの『奴隷意志論』による批判を受け有名になった。

エラスムスとルターの間の最大の問題点としてあげられるのは「原罪」についての理解である。エラスムスはルターが原罪を誇張しすぎていることを批判し、ルターによる原罪の誇張は「人間本性のもっとも卓越した能力」までも破壊し、人間は神を知らず、悪をなさざるをえないとまで説いている。人間の尊厳と同義である人間本性のもっとも卓越した能力というのは、神を知る働きである「理性」と善悪を実現する能力たる「自由意志」を指している。「理性」や「意志」の下で中世以来人間における「神の像」のことが考えられているので、エラスムスが神の像としての人間をどのように理解しているかを調べてみると、彼の人間観は次のように要約することができる。

(1)　神は人間を「神の像」もしくは「神の似姿」に造ったので、最初の人アダムは無垢のとき、理性も健全で意志も自由であり、なんらの自然本性の損傷もなかった。しかし、善にそむいて悪へと迷いでることができるほど自由であった。

（2）ところが罪が入ってきてからは理性の光は暗くなり、意志は悪化し、自由を失って自力で善に向かいえず、ひとたび同意した罪に仕えねばならなくなった。このように意志が悪化したため、弱さ・悪徳・冒瀆が多くみられるが、人間は洗礼の恩恵によって「再生した者」、「新しく造られた者」となっている。

（3）それゆえアダムの原罪により自由意志の力は弱くかつ小さくなっているが、これを取り除くのは行きすぎであり、人間が絶望したり、また反対に安心したりすることがないように、人間の責任を示す自由意志が認められなければならない。酔っぱらいを憎むあまり、ぶどうの木を切り捨ててはいけない。酒に水を少量加えれば酩酊はさけられる。つまり恩恵の水が注がれれば、ふらふらした自由意志もその役割をはたすことができる。この恩恵の導きによって自由意志は永遠の救いに向かうことができるし、またそれを拒否することもできる。しかし、自由意志そのものは神の賜物であるから、それによって傲慢になってはならない。人間は恩恵と意志との共働によって善いわざを実現しうる。そのさい、彼は自由意志の能力は原罪により「きわめて小さいもの」となっているが、神の恩恵により自由意志は強められ、悪より解放されていると付記している。

結　び

これらルネサンスの思想家たちが皆「人間の尊厳」と「宇宙におけるその地位」に関心を懐いていたという事実が今や明らかになった。ヒューマニズムはその起源において哲学的というよりも、むしろ道徳的で博識な文学的な特性をもっていた。とくに明らかになったのはルネサンスが人間精神の活動力と自発性を強調した点である。この自発性こそ精神を神に似たものにし、神に等しいものにするのである。中世の思想家はルネサンスの思想家と同じように神と人とを対等に立てることはできなかった。そこでは絶対的な距離が置かれていた。確かに神秘主義者は常に魂の偉大さを説き、堕落さえそれを破壊しつくすことができず、持続していると説いた。人間は神の像そのものではなく、その像に倣って造られた「似姿」にすぎない。それゆえ人間の偉大さは神の像を帯びていることにある。だがこの偉大さは自身によるのではない。それは賜物によってのみ存在している。しかるに「ルネサンスの思想家たちはこの正統的な教説を攻撃しなかったが、力点を変えることでそれに新しい解釈を加えた。彼らは新鮮な光で人間の本性と歴史を見ることができるようになった。彼らは人間の文化を神の賜物としてよりむしろ人間のなせる業として称え、礼讃した。人間の真の尊厳は彼の創造性に、すなわちとくに人間的な特徴を有する表象を生みだす能力にある」(34)。神は宇宙の創造者であるが、人間はある意味でそれを再創造する。人間は心にあらゆる事物の種子と要素を保持しており、世界を知り理解するためにこれらの種子をその内在的状態から開示された状態へ展開させることができる。なかでも人間が諸元素と全自然を支配するというフィチーノによって表明された思想は、自然に対する人間の支配というフランシス・ベーコンの考え方とも共通した内容をもっている。フィチーノは人間が諸天球を理解し、より小さな尺度でそれらを造りうるがゆえに、神の精神に似ていると考えた。したがってこの考えは近代の科学と技術のすべての目論みをそれ自身の内に含んでいる。他方、古来の存在の位階秩序を放棄しようとするピコの傾向は、やがて近代思想の主要な潮流と結びつき、科学や哲学にも間接的に影響している。

「人間の尊厳」はこれまで説いてきたことから明らかなように、人間に生まれながら与えられている賜物ではなくして、むしろ実現すべき目標なのである。与えられているのはこの目的を探求する能力だけである。したがって「人間の尊厳」は単なる偶然的な可能性ではなく、可能性の間で最善のものを選ぶことによって個人的な関心や希望をも超越した課題なのである。

しかし、この時代のヒューマニストは総じてキリスト教を排斥した上で人間の尊厳を説いたのではなかった。むしろ人間存在はその宇宙における地位と同様に、神の創造の賜物として授与されたものであり、それを罪によって損傷した場合にはキリストの恩恵によって救済されることが絶えず説かれていた。こうした神律的な生き方が中世と同様に一六世紀においては未だ揺るぎなく保たれており、自律的な文化が始まるのは一七世紀の後半からであった(35)。

これまで考察してきた人間の尊厳という観念は、ルネサンスのすべての人々によって強調されたのではなく、何人かの思想家たちの反対に出会った。その反対者の中には、たとえば宗教改革者たちやモンテーニュがいた。しかしこれらの人たちも人間の尊厳を違った観点から主張していることを次に宗教改革者の思想を通して考察してみたい。

第七章　宗教改革における「神の像」

一六世紀のヒューマニズム運動が当時の知的なエリートの間で起こった文化運動であったのに対し、宗教改革の運動は、最初から政治的にヨーロッパ全体に波及する性格をもっていた。それは教皇の宗教上の指導と世俗的な利害とが結び付いた「免罪符」と密接にかかわっていたことによく現われている。ルターが宗教改革で意図したことは何であったろうか。それは主として二つの点を含んでいた。第一に、カトリックの教権の基礎をなす教説、すなわち教皇の決定や宗教会議の決議には直接神の考えが現われているという教説に反対するものであった。ルターはこれに対し、教権が聖書に背馳することを主張した。第二に、ルターは聖書と一致することはすべて存続させようとしたのであって、伝統のすべてに反対したのではない。ましてや自分の解釈によって聖書から構成したような一つの新しい宗教をうちたてようとしたのではない。

さて、宗教改革者マルティン・ルター（一四八三―一五四六）は神との関係を信仰によって生きる基本姿勢から捉え直し、信仰義認論に立つ新しい神学を確立した。それは神に対しその行為に基づく功績によって義と認められようとする行為義認論と対立している。ここから「信仰によるのみ」(sola fide) という宗教改革の根本主張が提唱された。またキリスト教的人間の自由について彼はキリスト者が「自由な君主」であると同時に「奉仕する僕」であるとみなし、両者の矛盾は内的な「信仰による義」と外的な「愛による行為」とによって解明される。この信仰に基づく愛の行為は「神律」（Theonomie）という宗教倫理の特質をもっている。さらにエラスムスのルター批判の書『自由意志論』に対し反論を加え、論争の書『奴隷意志論』を書いた。彼によると日常生活や精神的営みに関しては自由意志の働きは認められるにしても、魂の救済に関しては否定される。なぜなら人は自由意志による功績によって救われるのではなく、ただ信仰によってのみ義とされるからである。このような基本姿勢からルターは「神の像」をどのように捉えていたのであろうか。

一　ルターの人間観と神の像

初めにルターの人間像を最も要領よく討論のためテーゼの形にまとめて論じている『人間についての討論』（一五三六年）をとりあげて彼の人間学の特質を考察することにしたい[(1)]。

まずルターは人間の本質についての哲学的定義から出発する。「人間的知恵である哲学は、人間とは理性的、感覚的、身体的動物である（hominem esse animal rationale, sensitivum, corporeum）と定義している」（テーゼ1）。ここに見られる理性的、感覚的、身体的という三区分は理性的、感覚的、身体的という種差を類概念に加えて定義する論理学の伝統に従っている。続けて彼は「理性はすべてのもののうち最も重要なもの、また頭《かしら》であって、現世の他の事物に対比すると最善にして神的なもの（divinum quiddam）であることは確かに真理である」（テーゼ4）と述べている。このような理性に対する高い評価は注目に値する。なお聖書は人間が地上を支配するように定めているが、それは理性の賜物のためであって、理性は「現世においてこれらの事物を治めるために任命された太陽であり、一種の神性をおびたもの（Numen quoddam）である」（テーゼ8）。しかもルターは「神はアダムの堕落以後も理性のかかる尊厳をとり去らず、むしろ確認された」（テーゼ9）とまで語っている。このように彼は理性を神的なものにして尊厳をもつと説いている。

さて、このように高い評価が理性に与えられているが、ルターによると、理性はかかる自己の尊厳を「アプリオリに知りえず、ただアポステリオリに知るにすぎない」（テーゼ10）。「だから哲学もしくは理性自身は神学に比較すると、人間についてほとんど何も知っていないようにわたしたちには思われるであろう」（テーゼ11）と語られる。(2)

哲学がこのようであるのに対し「神学は実際その充実せる知恵によって人間を全体的かつ完全に定義する」（テーゼ20）と語って次のような神学的人間の定義を述べている。

「人間は神の被造物であり、身体とそれを活かす魂とから成り、始源から神の像に造られ、罪なくして産み、事物を支配し、決して死すべきものではなかった。だが、アダムの堕落以後悪魔の力なる罪と死に、すなわち人間の力によっては克服しがたくかつ永遠であるような二重の悪に、服した。人間は神の御子イエス・キリストによってのみ（もし彼がキリストを信じるなら）解放され、永遠の生命が与えられうる」（テーゼ21－23）。

この人間の神学的定義は先に述べた哲学的定義を包摂している。そして哲学的定義の前後に人間は神の被造物であること、罪と死の力からキリストによって救われることとが加えられ、全体として見ると創造、堕落、救済という救済史的観点から人間が定義されている。ここに理性による内世界的関係を超えた神との独自の関係が神学的定義に示され、神の像へと造られた人間の本来的存在の完成が語られている。

このような神学的人間観に対立するスコラ神学の人間観が次に挙げられ、いずれも人間の本質を理解していないゆえに批判される。(1)「自然的能力は堕落後も完全に残存している」（テーゼ26）との主張は不敬虔な思弁である。

(2)「自己の最善を尽くすことにより人間は神の恩恵と生命とに値しうる」(テーゼ27)と説く立場はペラギウス主義の恩恵論に過ぎない。(3)さらに神学的人間について何も知らないアリストテレスの言葉「理性は最高善へと勧奨する」(テーゼ28)に追随する立場、また(4)「理性の決定を正しく導き、意志を善いものにする自由意志」(テーゼ29)を主張する立場があげられ、これらすべては人間が何であるかを知らないことに由来している(テーゼ31)。

ルターはスコラ神学の人間観に決定的に対抗してもう一度人間の神学的定義を試みて言う。「パウロはローマ書第三章〔二八節〕〈人が義とされるのは行ないによるのではなく、信仰によるとわれわれは思う〉で〈人間は信仰により義とされる〉(Hominem iustificari fide)と語って人間の定義をいっそう簡潔に要約している」(テーゼ32)と。しかしこの神学的な人間像と哲学的人間像とは現在の罪の状態において対立しているが、決して相互に他を排斥するものではなく、歴史の初めと終わりにおいては調和的な統一に至る。したがって恩恵によって新生するとき、始源の統一と現在の分裂との間の弁証法的運動が両者を総合する仕方で展開し、人間像の全体が次のように確立される。

「だから現世に属する人間は自己の将来的生の形のためにある神の純粋な素材である(テーゼ35)。それは、今は虚無に服している被造物が、神にとっては被造物の将来の輝かしい形のための素材であるのと同様である(テーゼ36)。また天と地が始源において〔創造の〕六日間の後に完成される形のために、すなわち自己の素材としてあったのと同じように(テーゼ37)、人間が現世において存在しているのは、神の像が改造され完成されるであろうときの将来の自己の形のためである(テーゼ38)」。

ルターの人間観を最も簡潔に叙述しているところにしたがって神の像を考察したが、その帰結は人間が神の像に造られているというのは本来のあり方であって現実には新たに造り変えられる素材、つまり「神の作品」であることに求められた。そのさい、人間は「神の像」(imago Dei) として造られたのに、堕罪によりこの像は損傷されてしまったので、神の救済のわざにより像が改造されなければならないことが力説された。

そこで、わたしたちは、いったいこの「神の像」によって何が内容として考えられているのかを問わざるをえない。人間が創造された始源の状態は創世記の創造物語このかた「神の像」として語られている。ルターはこれをどのように理解しているのであろうか。

『人間についての討論』(一五三六年) が発表された年にルターは『創世記講義』(一五三五―四五年) をすでに開始していた。この講義は創世記の詳しい注釈であって、ここでは先にこの『討論』で要約して示された思想が聖書本文に即して綿密に論じられている。そこでルターが「神の像」の内実をいかに理解していたかという問題にかぎって考察してみたい。わたしたちはそこに人間が本来どのように造られ、堕罪以後どのように定められ、将来どのように成りうるかが扱われており、これによって彼の人間観の全体を解明できる。

始源の人アダムにおける「神の像」　聖書によると人間は「神の像」に創造されていて、神の被造物のなかで特殊な地位を占めている。神の像により人間は他の被造物から隔たっているから、それは「顕著な差異」つまり種差となっている。しかし、アダムの堕罪とともに神の像は失われてしまったので、それはわたしたちにとり「認識できないもの」となっている。それゆえ神の像の壊敗という現実から本来あるべき姿が推論されうるにすぎない。「わたしたちが身に帯びている悪からわたしたちの喪失した善がいかに大きなものであるかを推論するように強いられている」(3)。これは人間の偉大さを「廃王の不幸」(以前王位にあった者だけが現在王でないことを不幸に思う) のようなありようのパスカルの方法に一致している(4)。この方法によりルターはまずアダムの状況について次のように言う。

「アダムの状況はよりよいものであったであろう。彼は地上で歓ばしく、最高の喜びをもって生きたであろう。そして苦難の妨害なしに動物的生活から霊的生活へ移されていたであろう。しかるにわたしたちは動物的生活から霊的生活へと死を通してのみ、かつ無限の危険と十字架を経て後に移されるであろう」[(5)]。

アダムにおける始源の状況は静止していたのではなく、堕罪以前であるがゆえに、罪からの救済の過程を通過しないで、神の霊化の恩恵により永遠の生命に至るはずであった。したがって堕罪以後における救済はアダムの始源の状態に単に復帰するのではなく、アダムもそこへと導かれるはずであった永遠の生命に導かれるものでなければならない。それでは始源のアダムの状況はどのようであったのか。そこには罪による汚染と破壊がないため「知性は最も純粋であり、記憶は最善であり、意志は最も堅固であった。またこれら〔の能力〕は死の恐怖がなく、何の心配もなしに最も美しい心の平和のうちにあった」[(6)]。このような精神的な能力と同様に身体も健全であって、人間はすべての生物に優っていた。これによってアダムの状態が示されている。身体的生活と神を知り服従する霊的生活とが調和していたため、知性・意志・記憶は健全であり、神と隣人とを愛し、自然と他の生物を支配していた。ところで記憶・知性・意志はアウグスティヌス以来神の像の内容として説かれているものである。そこでルターがどのようにアウグスティヌスと中世スコラ神学の「神の像」に対する理解を批判しながら、独自の見解を展開しているかを次に考察してみたい。

アウグスティヌスとスコラ神学の批判

ルターにとってアウグスティヌスと教会の博士たちの議論は決して「不愉快ではない思弁」であるとして消極的に認められている。しかし、この議論の中で認められている意志の有効性については疑問が投げかけられている。彼は自由意志が罪の奴隷となっていることをオッカム主義との対決を通して終始力説してきたので、この説に対しては徹底的に批判せざるをえない。彼は言う。「記憶・意志・精神をわたしたちは確かに所有している。しかし、それらはひどく壊敗し極度に弱体化している。いな、もっとはっきり言うなら、まったくの壊疽《えそ》と不潔の状態にある」(7)。こうしてアダムの罪以来、死が病のように蔓延し、知性は曇らされ、意志は歪められていて、「神の像」は「悪魔の像」に変質し、情欲・神嫌悪・瀆神の支配によって神の像は喪失している。アウグスティヌスが人間の精神的能力の作用から神の像を把握しているのに対し、ルターは現実の具体的生活の経験に照らし、しかも前述のように現在の否定的事実から本来の像のあり方を推論する仕方で捉えて、次のように述べている。

「それゆえ、わたしは神の像を次のように理解する。すなわち、アダムは神の像を自分のあり方のうちにもっていた。かつ神を知り、神が善であることを信じたのみでなく、まったく神的な生活を送った。つまり、死とあらゆる危険との恐怖はなく、神の恩恵に満ち足りていた。……これがわたしの像であり、それによってあなたがたは、神が生きるように生きている (Haec est imago mea, qua vivitis, sicut Deus vivit)。もしあなたがたが罪を犯すならば、あなたがたはこの像を喪失し、死ぬであろう」(8)。

ルターは神の像を神と似た生活の中に求めており、アウグスティヌスのように神に向かう精神の能力の作用には求めていない。したがって死の恐怖のない神の恩恵に満たされた生活を神の像の実質とみなしている。こうしてアウグスティヌス以降、神との関係の人間学的基底と考えられていた「神の像」は理性的な認識能力によってではなく、実質的生に即して考察されるようになった。こうして原像と模像の関係は単なる反映関係に過ぎないならば、実質的な一致には至らない。こうして生活の実質が問われて神と人との一致が具体的に問題となってきている。

スコラ神学では「神の像」と「神の似姿」とは、自然的本性と超自然的恩恵による完全性とに区別され、「自然は恩恵により完成される」と説かれていた。これに対しルターは「神の像と似姿について」という表題の付いたテキストで、両者を同義概念とみなし、次のように言う、「神の似姿と像とは真正にして完全な神の知識・最高の神の愛・永遠の生命・永遠の歓喜・永遠の確実性である[9]」と。さらにスコラ神学においては神の像が悪人においても残存し、喪失したのは超自然的な原義にすぎず、人間の自然本性ではないと説かれている点を批判している。

したがってスコラ神学では完全な状態と壊敗の状態とを区別するが、始源における神の像は自然的なものとして残存しているため、神の像の改造ということは重要性をもたなくなる。これに反しルターは始源の生を堕罪と救済の発展において捉えているため、神の像の改造が中心的意義をもつことになる。

神の像の損傷と救済　創世記で人間が神の像として造られたという説は人間と他の動物とを区別して、人間の独自性を神の協同者であるとともに安息の受領者として把握している。「神自身があたかも神の協同者（particeps Dei）としてまた神の安息の受領者として人間を自分の像にしたがって造った[10]」。神の協同者というのは神の戒めに従って世界を支配する役割を負う存在をいい、それは「外的人間」としての働きに属している。これに対し安息の受領者というのは神の恩恵を受けている「内的人間」を意味している。神の像として人間が創造されているのは「世界の主人」（dominus mundi）として生物界全体を支配する社会的存在よりも、後者の内的人間に求められている。ルターはこの内的人間の独自性を神の言葉を聞いて従う聴従のうちに見いだし、次のように語っている。

「しかし、神の尊厳はただ人間とのみ語りたまい、人間のみが神を知り理解するがゆえに、現世における生活の後に他なる生活がくることが必然的に帰結する。これに到達するためには神の言葉と知識とが必要である。なぜなら、この現世の一時的な生は、言葉も神も知らない獣が生きるような動物的生活であるから[11]」。

ルターによると言葉を媒介にして他者、とりわけ神との関係の中に立つことこそ人間の本質を形成している。「わたしたちが神に聞き、神の意志を知り、不死性への確実な希望にいたるよう召されているので、わたしたちの状態の方がいっそう良いのである」[12]。したがって、神の尊厳は畏怖すべきものとして神と人とを隔てる断絶を示していても、尊厳なる神が上から人に向かって語られる言葉によってこの離隔は克服され、神の言葉を聞いて信じる人格的応答が人間に求められてくる。この応答関係にこそ「神の像」としての人間の独自性が認められている。人間は「他の動物のように単に生ける魂に造られたのではなく、神の像へと造られているのであるから、卓越的に生ける魂へと造られている」[13]といえよう。

神の像として人間が元来神の言葉に聞いて従う存在であるから、神の言葉、もしくは神の戒めに聴従すべきであるのに、それに反逆するならば、原罪に転落する。こうして原罪により失われたものは「最も美しく照明された理性と神の言葉と意志とに適合した意志」および「身体の品位」があげられている[14]。

この講義でもルターは原罪の結果生じた自然の損傷を強調し、現実の悪からの救済を主題とする神学思想を展開している。「現実の悪が強調されなければならないとわたしが主張する理由は、病気のひどさが正しく認識されないなら、医薬も知られないし、求められもしないからである。なぜなら、あなたが罪を過小評価すればするほど、恩恵もそれだけ価値を落とすであろうから」[15]。彼が求める真実な罪の認識は、神の律法によって良心が告発されるときに生じる。良心は自己告発により死と地獄の中に自己を突き落とし、「疚しい良心」(mala conscientia) の苛責にかりたてられる。この苛責は罪の罰としてわたしたちの生をむしばみ、死にまでかりたてる。だがルターは神の力がこのような死の直中において全能のわざとして働くという。

ルターは全能の神への信仰により原罪の結果、わたしたちが引きよせている死の運命からの救済が可能になることを説いている。神の全能は福音において啓示され、キリストにより死を滅ぼして新しい生命にわたしたちを導いている。こうして神の像として造られた人間には自己の存在の救済と完成にいたる希望が与えられている。

ルターの協力者であったメランヒトン（一四九七―一五六〇）は同時にヒューマニストでもあり、大伯父のヨハン・ロイヒリンの影響を受け、それ以上にエラスムスから多大な感化を受けていた。したがって一五二四年に始まるエラスムスとルターの自由意志論争でも両者の中間の立場に立っていた。

二　メランヒトン

認識に関する二つの確実性　彼の「神の像」に関する議論をその人間学の観点から考察している『魂に関する書』（Liber de anima. 1553）に基づいてここでは論じてみよう。この書はディルタイが「神学的観点からのアリストテレス著作の変容」と呼んでいるように、ギリシア哲学の弁証論（dialectica）にしたがって彼は認識における確実性の規範（normae certitudinis）を三つあげ、さらに「神の啓示」の確実性を加えている。前者は「自然の光」と呼ばれ、後者は「恩恵の光」と呼ばれている。前者によって導かれる確実性の規範は「普遍的経験・原理の知識・三段論法における秩序への洞察」である。(16)

まず「普遍的経験」（Experimentia universalis）とは、「火は熱いとか女は子どもを産むとかいうように、感覚によって知覚されることについて健康な人間ならすべて同じように判断するところのもの」で、この知覚は証明など必要としていない自明な事実を指している。

次の「諸原理の知識」（notitiae principiorum）もしくは「諸原理」（principia）とは、「わたしたちに内在している知識であり、それは神がわたしたちに植え付けた個別的な知識の種子である」。それは人間のなかに神によって生来的に植え付けられている「諸学芸の種子」とも呼ばれ、このような「人間の精神はこの神の似姿に向けて造られている」(Mens humana ad hanc similitudinem condita est) と説かれている。[17] さらに確実性の第四の規範が彼によって考えられている。それは神学的な観点であって、これまでの「自然の光」による真理認識の他に「恩恵の光」による真理認識の可能性を説いている。こうした超自然的な真理認識への可能性と確実性とが認められるのは、人間がまさしく「神の像」として造られているからである。既述のように「神の似姿」としての人間精神の内にはあらゆる知識の種が生来的に植え付けられており、神について知識も与えられている。そこで『魂に関する書』において彼が人間を「神の像」や「神の似姿」としてどのように把握しているかを明らかにしたい。

「神の像」としての人間　メランヒトンによると人間には事物の本質(natura rerum)を究め尽くすことができなくとも、神の存在を認識できるように、生まれながら神を知りうる「光」が授けられている。

「人間は、その中で神の知が光り輝き、それによって神がご自身の知恵と善とをわたしたちに伝え、その結果人間の精神が、神の意志に従って神をきわめて明瞭に証言するように造られている。人間には、それによってわたしたちが神の存在を認識するような光が、そしてわたしたちが道徳的高貴さと恥じるべき下劣さとを区別するような知識が、植え付けられている[18]」。

この「自然の光」は現在においては完全なものではない。つまりこの光は原罪によって微弱になっていても、なお「火花」(scintillae) として残存している。こうした「火花」を蓄えた「魂」の認識能力を、彼はアウグスティヌスに倣って「記憶」・「知性」・「意志」の三一構造に見いだし、「魂の内なる神の像」とみなしている。この「神の像」として造られた人間の目的に関して彼は次のように語っている。「人間にはまさしく神の像が刻印されている。それは、この神の像において神が輝き、神が知られるためである。像はその原型を明示しなければならない。それゆえに人間の目的は神を知り、その栄光を顕現させることにある[19]」。

神を知ることによって人間自身も光り輝き、そのすべての力が神に従い調和する「人間の自然本性」ほど美しいものはない。したがって「神の像」たる本来的な人間とは、神との完全なる調和（harmonia）の状態にある人間なのであり、このような人間の意味と目的とが次の三点に要約されている。第一に、「像」を通じて原像である神が知られるようにならなければならない。「人間は神の像である。それゆえ人間は自分を通して神が知られるような像なのである」[20]。第二に、本性に刻印された知識は精神によって広められる目的をもっている。「人間にだけ神の知識が植え付けられている。それゆえに人間は本来この神の知識を輝かせ、広めていくために造られたのである」[21]。第三に、人間を通して被造世界全体がその創造主に従うことが求められる。

「神の像」の破壊と再生

メランヒトンもルターと同様、人間の「罪」の問題を看過していない。プロテスタント教会最初の教理神学書としてルターも絶賛した一五二一年の『神学総論』には「原罪」および「罪」についてルターと同じ理解が示されている。「原罪とは生まれながらの傾向であり、それによってわたしたちが罪に引き寄せられる、結婚に伴われたある種の衝動と活動である。それはアダムからその子孫全体に広まっている」[22]。しかし、ヒューマニストでもある彼は徹底的に罪を追求したルターから次第に距離をとるようになり、「原罪」に関して徐々に理解を変えていく。一五四六年の『道徳哲学要説』では次のように説かれている。「しかし、人間本性がはじめの病によって蝕まれた後に、人間のなかの神の認識は暗闇に覆われ、神への不服従がそれに引き続いた。……だが、わたしたち人間がそこに向かって造られた目的や律法の何らかの知識は、わたしたちに残存しており、理性は人間にのみ神に関する知が刻印されていることを見いだす」[23]。ここで原罪は「はじめの病」といわれていても、神の像の破壊は全面的なものではなく、その力と輝きとは確かに弱められてはいても、そこにはなお神によって植え付けられた「火花」が残っており、それを「理性」が確かに認識すると説かれている。ここには罪にもかかわらず「神の像」としての人間の尊厳が認められている。したがって先に『魂に関する書』で述べたような人間本性の力が残存していることが認められている。

とはいえ、神の像の破壊されている事実も認められており、その再生が問われている。

「今や、わたしたちは何と最初に造られた様と似ていないことか！　わたしたちの思考は、完全なる暗黒と神への疑いの中にある。意志と心の中には、誤謬へと向かう欲望の情火や神との闘争、誤った愛や不正な憎しみが、数多く巣くっているのである[24]」。

メランヒトンはこの喪失した「原義」の回復の可能性を探求している。ここではルターとの相違も明瞭であり、ルターが原義の回復というスコラ神学的な原状の復帰する懐古的な視点を拒否しているのに反して、「メランヒトンは回復の可能性に大きな期待を寄せている。……彼は神による啓示としてのキリストを見よという。キリストこそ、わたしたち人間が〈罪人〉となった後に、再びわたしたちと神とを和合せんがために、神ご自身がこの世に送られた神のひとり子であり、まさしく恩恵なのである[25]」。また神の像が更新されるプロセスはキリストによってわたしたちの「心」に「聖霊」が注ぎ込まれることによって始まる。このとき「わたしたちのなかで、いのちと永遠の義が再生される。神の像は更新され、神の言葉は心のなかで光り輝く。神の認識はより明るくより確かなものとなり、聖霊は意志と心のなかに、神と全く一致する衝動を点火させるのである[26]」。

キリストによる神の像の「更新」(renovatio) もしくは「再生」(restitutio) において神との一致が実現している。彼はキリストを「回復者」(restitutor) と考え、「罪人」がこのキリストを拠り所としてより完全なる「神の像」となり、神の似姿を通して使命と役割とを力強く実現していくと説いている。そのためには「自然の光」と「恩恵の光」の双方とも必要不可欠なものとみなしている。ここにおいて像は単なる写しではなく実質的な一致に近づいている。この点でエラスムスに典型的に示されている道徳的なヒューマニストの思想が彼において生かされているといえよう。

三　カルヴァン

宗教改革の第二世代を代表する神学者ジャン・カルヴァン（一五〇九―六四）は初期の著作『キケロ寛仁論注解』に示されているようにヒューマニズムの影響を受けながらもルターに始まる宗教改革の精神をいっそう実践的な側面で強力に進展させていった。ここではとくに彼の主著『キリスト教綱要』第一部一五章に記されている「神の像」の理解を問題にしたい。

それに先だって彼の思想の基本的な特質を指摘しておきたい。まず、『キリスト教綱要』の冒頭で彼は神の認識と自己認識とは密接に結びついている点を力説している。わたしたちは自己認識によって自己の惨めさを自覚して神の認識に導かれるが、神の尊厳の認識なしには真実の自己認識には達しないと説かれている。これが人間の本性であって、人間の真の自己認識には人間の神認識が反映している。だが、わたしたちは神を知るように、また神の恵みに依存して生きるように造られている。それゆえ、恵みの御言葉に応答する時にのみ、人間は造られた目的にふさわしくなり、自己の本質を知りうるようになる。この目的のために律法と福音とが与えられている。福音は、人間が現実に何であるかを啓示するだけではなく、神の意図した者になるように人間に再生をもたらす。この福音においてわたしたちは人間の本源的真理の啓示をもっており、律法によって絶望しても、福音は希望と感謝との火を燃え立たせるがゆえに、自己の堕落についてはこの恵みの内部でのみ考察されねばならない。これがカルヴァンの基本的な思想である。

次にカルヴァンは創造における人間の地位を明確に説いている。人間は世界のために創造されたのではなく、世界が人間のために創造されている。しかし、人間は神のために創造されたのであるから、創造の全秩序は神・人間・世界から成り、人間は神に応答しながら神の栄光を反映するとき、宇宙において正当な地位を占める。このように創造論は創造の冠として人間の高貴さを語る。しかし、それは同時に、人間の塵からの卑しい起源を想い起こさせ、自己の依存状態を知らせている。人間には他の被造物との種差として知性が与えられており、御言葉を通して神との人格的な関係をもち、神との交わりの生活に呼び出されている。これが神の像としての人間の尊さである。

二重の自己認識　カルヴァンは神の創造の中で人間が最も高貴な存在であるという事実を知るためには二重の認識が必要であると言う。まず創造における始源の状態の認識が必要であり、次にアダムの堕落以後の悲惨な状態の認識がなければならない。

「第一に、土と泥とからつくられたということは、人間の傲慢に対して手綱をかけることになっているのを、理解しなければならない。なぜなら、単に泥の家に住むだけでなく、それ自身土と灰とにすぎないものが、自らの卓越性をほこるほど不合理なことはありえないからである。しかし、神はこの陶器のいれものにいのちを与えようと決意したもうたばかりでなく、これを不死の霊の住まいとすることを欲したもうた。だから、アダムは当然、自己のつくり主の、このようなまでの寛大さを、誇りとすべきであった(27)」。

さらに、人間の心身を見ても、魂が不滅の本質存在であって、これにより「高貴な部分」が示され、これは「霊」とも呼ばれており、ここには「神的な何ものか」が刻み込まれていることを告げている。それは動物的な「感覚」を超えており、目に見えない神を「知性」によって捉えることができる。この知性の占める座が「霊」である。[28]

「像」と「似姿」の区別

これまでこの二つの用語の区別がキリスト教思想史において問題になっていたが、カルヴァンはこれについての論争は意味がなく、二つの言葉は同義語であると主張する。というのはまず「ひとつのことを二度繰り返して説明するのが、ヘブル人の慣用であった」からである。次に「ことがら自体を見ると、これは人が神に〈似て〉いるから、〈神の像〉と言われたものだということは、少しのあいまいさもとどめない」からである。それゆえ、たとえば「像」を「本体」に「似姿」を「性質」に分けたりして、これについて「詳細な哲学的考察をするものらが愚劣なことは明らかである」。「というのは、神が御自身の〈像〉に人間を創造しようと定めたもうたとき、それだけではまだはっきりしないところがあったので、その解釈として〈似姿〉という小さい言葉をもって繰り返したもうたからである[29]」。

このような原則に立って彼は続けて人間に見られる神の姿を卓越性を示すものとみなし、この卓越性によって人間がすべての種類の動物に優るものであり、「神の像」というこの言葉でその「完全さ」が表現されていると考えている。また「神の像」の第一義的な座は、精神と心情、あるいは魂とそのもろもろの力とにあるが、身体といえども何らかのきらめきが、つまり神の栄光の輪郭が輝き出ていると主張する。しかし、アウグスティヌスが行ったような「記憶・知性・意志」といった三位一体的な魂の機能分析は思弁的であって何ら健全なところがなく、またクリュソストモスのように「神の似姿とは、人間に委ねられた主権のことだ」とみなす神の代理という考えにも問題があるとした。カルヴァンによるとこの見解では、人間が万物の主人にして所有者に定められているとの考えに由来するにしても、このことが、「神の像」の唯一の目じるしであるかのように説くのは正しくない。彼は「神の像」が人間の外面にではなくて、その固有の意味では内面に探さねばならないと批判している。[30]

神の像の破壊と再生　原罪による神の像の破壊について彼はルターの思想を受け継ぎながらも、ヒューマニストの見解をも合わせて考察している。この点ではメランヒトンと同様な姿勢をとっている。

「アダムがその位置からすべり落ちたとき、この背反によって神から遠ざかったことは、疑いない。そこで、かれのうちに〈神の像〉は徹底的になくされ・取り去られたわけではない、とわれわれは認めるのであるが、それははなはだしく腐敗していて、残っているものはどれもこれも、恐ろしいまでに醜悪になっている。したがって、われわれの救いの回復の手はじめは、われわれがキリストによって達する更新のうちにこそある[31]」と。実際、「神の像」は初め精神の光明と心情の正しさとすべての部分の健全さにおいて明らかであったが、「再生の目標はわれわれがキリストによって〈神の像〉に変えられることにある」。したがって「われわれは今や、キリストこそ神の最も完全な〈像〉であることを見る。このキリストと同じ形に回復されるならば、われわれは真の敬虔と、義と、純粋さと、知性とにおいて〈神の像〉をもつのである[32]」。

しかし、神の像を内面に求めて、人間の魂が神から流出してきたがゆえに、神の本性をもっていると考えるのは狂気の至りである。人間の魂には「神の像」が刻まれてはいても、被造物であることには変わりはなく、像が優れているのは神から与えられた「性質」に過ぎない。このことは像の痕跡である「恥」の現象によって明瞭に示されている。「しかし、これの痕跡はこの悪それ自体の中にも刻み込まれて残っている。すなわち、人間が自己の名声をあまりに気にするのは、何によってであろうか。それは恥を知る心からでなくて何であろうか。しかし、この恥はどこから来るか。それは道徳的な高貴さへの顧慮からでなくて何であろうか。さて、こうなっていることの起こり、また原因は、人が、自分は義を尊ぶように生まれついている、と理解しているからであり、この中に宗教の種が含まれる[33]」。この「宗教の種子」という思想は人間の内なる神の像として古来説かれてきたものであり、これに

によって神との関係が回復される人間的な基礎として考えられたものである。もちろん神と人間との関係は神の恩恵によってのみ現実には回復されるのである。

そうすると「神の像」という言葉には第一に人間のうちに神の栄光が現われているという一般的な意味がある。だが、神ご自身はキリストにおいて示されるがゆえに、キリストが「神の像」であり、人間はキリストと共に神の像とされている。したがって第二にこの言葉は人間に見られる神への英知的応答に示される特殊的意味で用いられている。神がキリストによって神の子となす恵みに対して人が愛と信仰とをもって応答するとき、人間は神の像を身に帯びるのである。神の像はこの応答の基礎として堕罪においても残存している。

人間と神との間にあるこのような像関係に対応するものとして、カルヴァンはアダムとエヴァとの関係を指し示す。アダムとエヴァとは相互扶助の社会をなし、公正な釣合いを保ち、一方が他方に応答し、服従する。この関係に特有なあり方は「方正さ」(rectitudo) と呼ばれる。この方正さは世界の創造秩序や人間の神に対する依存に示されているが、神に対する人間の服従や人間に親しく語りかける神への子としての応答の中に反映している。したがって人間は神との交わりのために造られ、共同社会における生活の中で方正さを保つことによって神の栄光を顕すのである。これこそ原初の創造秩序であった。堕罪後の秩序の混乱はキリストにおいて聖霊を通して再生される。このことは、神の像が魂の生来的属性ではなく、聖なる潔さ・義・知識・真理における霊的反映であることを示している。この反映に人間性の特徴が現われている。こうして神の像は本質的に霊的であり、父なる神への応答のうちに顕れる。(34) 神の栄光を求めて社会的な実践に向かったカルヴァン主義の特質はこのような神の像の理解にもよく表われている。

結び

宗教改革の思想家たちは聖書の源泉に立ち返ってキリスト教の教義を改革するという共通の課題をもっていた。そのさい彼らは神と人との関係を純粋な人格関係において追求したため、教義を純化できたとしても、自然との関連を見失い、宇宙における人間の地位から人間の尊厳を説く視点を喪失していた。しかし彼らの中にも思想の変化が認められ、とくに「神の像」の理解にヒューマニズムとの関係を示す特徴が現われている。したがってヒューマニズムの精神は歴史とともに宗教改革に採り入れられてきている。それは「神の像」の残滓を認める点に明らかである。ルターの場合には良心に働きに、メランヒトンの場合には魂の認識能力に、カルヴァンの場合には恥の作用に、それが明らかに説かれていた。しかし、ルターとカルヴァンでは良心や恥の現象は「疚しさ」という消極的・否定的な作用において自覚されるため、福音と対立する問題はなかったが、メランヒトンではエラスムスのヒューマニズムの影響が強すぎたといえよう。(35)

宗教改革のその後の展開を見ると、ルターの批判者やプロテスタントの神秘主義においてはヒューマニズムの考えのみならず、宇宙論的な視点も回復されてきている。ルターに傾倒しながらもエラスムスの影響の強かったセバスティアン・フランク（一四九九頃―一五四三頃）は、人間が神の像として造られ、これによって神の内なる言葉を聞くことができることを強調した。そしてこの神の像をドイツ神秘主義の「魂の根底」に結びつけ、それが宗教経験の真の源泉にして魂の救済の永遠の基礎であると説いた。(36) またヴァイゲル（一五三三―八八）は人間が神の似姿と世界の似姿をもつような二重の存在様式をもっており、宇宙論的な視点を回復させている。彼は言う、「大世界はすべての被造物をそのうちにもっているが、人間もまたすべての被造物の特性をうちにもっている。それゆえ人間はまたギリシア語でMikrokosmos、ラテン語でparvus mundusドイツ語でdie kleine Welt（小世界）ともいわれる」[37]と。彼は超自然的な認識の受動性に対して自然的認識の能動性を説いて、カントの先駆者となっている。さらにアルント（一五五五－一六二一）は神の像を神と人との「同形と合一」に求め、鏡である内心に現われる神に一致して人が「神の像、似姿、肖像、そして複製」となるように力説している。「鏡が曇っていなければいないほど、そこに映る像はそれだけいっそう純粋に見える。同様に、人間の魂が純粋で明澄であればあるほど、そこにある神の像は明るく光りかがやく」[38]。

一六世紀に活躍した思想家は「神の像」によって人間の本質を見極めようと試みてきた。彼らは古代に始まり中世を経てルネサンスと宗教改革の時代まで続いた「神の像」を無視しては人間について考察することができなかった。こうしてそれはヨーロッパ人の内心に深い影響をもたらしている。こうした影響も一七世紀の後半からは啓蒙思想が強力に人々の心を捉えることによって次第に希薄となっていった。しかし、千数百年にわたって説かれてきた教説がヨーロッパ人の心から失われるはずがない。それゆえ「神の像」が啓蒙思想の隆盛の下にあっても時折復活してくるのは当然である。

第八章　啓蒙思想における「人間の尊厳」

はじめに

近代の初期においてはルネサンス・ヒューマニズムと宗教改革という二つの対立した運動に分かれ、中世統一文化の下に総合されていた「神の像」と「人間の尊厳」というわたしたちの主題は分裂していた。つまりルネサンス・ヒューマニズムは「人間の尊厳」を追求し、宗教改革は「神の像」を探求していた。しかし一六世紀においてもモンテーニュのような人は「レーモンス・ボンの弁護」を見ても明らかなように理神論への共感をもっておりながらも、彼自身は信仰から理性への道を歩み始めていた。当時大航海時代の影響を受けて多くの知識がヨーロッパに入ってきた。彼は黒人がもっていた羞恥心は、わたしたちが考えているのとは反対に、裸体では感じられず、恥部を覆うことによってかえって起こってくる。つまり習慣にないことをして初めて羞恥心が起こっているという。それに対しわたしたちは自分の習慣にないものを野蛮だと判断している。人喰人の場合も同様で、彼も立派な人間であり、新大陸には完全な宗教と政治があるし、万事が習慣にしたがって営まれている。こうして彼は既成のヨーロッパ的な固定観念をその伝統もろとも相対化している。

このような傾向は一七世紀の後半からさらに強まってくる。ヨーロッパ近代文化は啓蒙時代にはいると「自然の光」（lumen naturale）と呼ばれた「理性」によって新しい人間観を造りだしている。そこには合理主義と個人主義という二つの基本的特質が示されはじめ、一般には「啓蒙」（Aufklärung, enlightment）と呼ばれる思想運動となって開化する。この啓蒙はヨーロッパの国ごとに異なる展開を見せているが、根本的な性格はドイツの画家ダニエル・ホドヴィエッキの銅板画の一つに付けられた表題に端的に示されている。この絵に付けられた注釈には「理性のなしとげる最高のわざは今までのところ、さし昇る太陽ほど、あまねく理解される、寓意的なシンボルをもっていない。このシンボルは、これからも長らく最も巧みなものであり続けるだろう。つねに沼沢や香炉や偶像の祭壇の燔祭から立ちのぼり、理性をかんたんに覆い隠してしまいかねない霧あるがゆえにである。しかし太陽が昇りきれば、霧のごときは何ものでもない」と記されている。(1) この光は曙光のように冷たいものを生み出すように見えるが、恵み深い暖かみを与える光であると信じられ、理性・自由・幸福が口にされるたびにいつも光という言葉が発せられた。それゆえ啓蒙によってさまざまな覆いや障害が取り払われ、心の中に明るい光を注がれると人々は感じたのである。ここから起こってくる啓蒙の運動はバロック、宗教上の正統主義、反宗教改革に対する反動であり、それまで底流に隠れていたエラスムス風のヒューマニズムが再度新たに表面にあらわれたといえよう。

また一八世紀のドイツ啓蒙思想を代表するカント（一七二四－一八〇四）は理性による従来の哲学の批判で有名であるが、彼自身はイギリスの啓蒙思想家ヒュームにより形而上学的な「独断のまどろみ」から目ざめさせられ、フランスの啓蒙思想家ルソーにより人間の自由と尊厳を教えられて、理性の批判的検討を三大批判書にまとめ、理性の自律に立って近代的市民の自由を確立した。彼は『啓蒙とは何か』において次のように啓蒙を定義している。

「啓蒙とは、人間が自己の未成年状態から抜けでることである。ところでこの状態は、人間みずから招いたものであるから、彼自身にその責めがある。未成年とは、他者の指導がなければ、自分自身の悟性を使用し得ない状態である。ところでかかる未成年状態にとどまっているのは彼自身に責めがある。というのは、この状態にある原因は、悟性が欠けているためではなくて、むしろ他人の指導がなくても自分自身の悟性を敢えて使用しようとする決意と勇気とを欠くところにあるからである。それだから〈敢えて賢こかれ〉(sapere aude)、〈自己自身の悟性を使用する勇気をもて〉――これが啓蒙の標語である。……ところでかかる啓蒙を成就するに必要なものはまったく自由にほかならない」[2]。

カントは理性によって自律した人の内に他の手段とならない目的自体である人格を捉え、その価値を「尊厳」(Würde)と呼んで、物の価値である「価格」と区別した。ここにわたしたちが追求してきた「人間の尊厳」の主題が再度浮上してくる。この観点から啓蒙時代の人間観を検討してみたい。啓蒙という太陽はカントが主張するように、客観的で学問的な理性の使用に純粋な形であらわれているが、それはすでに一七世紀の後半に活躍したデカルトによって始められていた。そこでまずデカルトにおいて人間がどのように理解されているか検討してみよう。

一　デカルトの世界観と人間観

近代思想の創始者といわれるルネ・デカルト(一五九六―一六五〇)の根本性格は「私は考える、それゆえに私は在る」という哲学の第一原理の把握の仕方によく表われている。それは『方法序説』の冒頭の言葉「良識(bon sens)はこの世のものでもっとも公平に配分されている」によって明瞭に告げられている[3]。ここで言われている「良識」は真偽を判断する能力のことで、一般人が誰でももっている平均的な「理性」のことである。それはすべての人に生まれながら平等に授けられている。しかし「良き精神をもつだけではまだ不完全であって、良き精神を正しく働かせることが大切である」と説かれている。

このデカルトの思想的特質は人文主義の学問の全面的な否定から起こっている。前懐疑時代といわれる青年時代にラフレシュの王立学校で学んだ伝統的学問は基礎が薄弱で信頼がおけないと彼は『方法序説』で語っている。それゆえ数学を頼りにして「方法の四教則」を確立し、確実な認識を探求していった。したがってこれまで培われてきた伝統的な教養と学問は「書物による学問」としてすべて退けられている。(4) それゆえ歴史から離れ、歴史的な変化を受けない認識の方法が求められたのである。後にジルソンがいかにデカルトが中世の哲学に依存しているかを暴いたが、伝統を拒否し、自己の意識のみに基礎を置こうとする彼の方法は合理主義であり、当時の学問にとって革命的であった。

合理主義者デカルトは、同時に自己の理性に立脚する個人主義者でもある。実はここに彼の欠陥も露呈してくる。なかでも顕著なのは孤立した個人の姿である。個人の自主独立性は近代的自我の特徴であり、彼の哲学にはそれがよく反映している。だが、個人は身体を通して他者と交渉をもち、決して他者から孤立したり独立したりすることはできない。確かにデカルトは隠れるようにして学究生活を続け、パリの社交界から遠く離れたオランダに住み、学問の大系を樹立することができた。そこには孤立した生活があっても、孤独の苦悩は見当たらない。孤立した人は他者との関係を断ち切っているが、孤独に陥っている人には他者との本来的関係からの逸脱か疎外かによって苦しみ、真の人間関係の回復を志す苦悩が伴われている。だから孤独には人間的な悩みがあるが、孤立は非人間的なるもの、冷たい権力意志がひそんでいる場合がおうおう見受けられる。デカルトは孤立して生きようとした。人間の世界を離れ、自然を冷静に対象的に捉え、科学によって世界を支配しようとした。たとえば『方法序説』の中で都市の改造案を提起している箇所がある。(5) 多数の者が計画するのではなく、一人がすべてを計画するなら、整然とした都市計画ができると彼は主張する。旧来の生活空間を無視して理性にしたがって町を造ればどんなに住み易かろうと彼は空想する。ここにデカルトの個人主義的な合理主義が成立している。

一般にデカルトの懐疑は「方法的懐疑」と呼ばれるように、認識の上で絶対的明証に達する方法として遂行されている。それゆえ、彼は疑おうと意志している。もちろん疑うことは「考える」一様式であって、疑う人は必ず考えている。したがって、疑っている行為者自身、つまり「考えている自我」は自証的に在るにしても、観念上の存在に過ぎない。また自我の面前に広がっている世界のすべては「延長」をもって存在しており、それの本質的属性が物体的な「延長」に他ならない。ここから物心二元論が説かれ、デカルト哲学は展開してゆくのであるが、これまで存在していた宇宙との一体観は喪失し、宇宙は生命のない単なる認識上の対象となり、宇宙との生命的な関連を断ち切り、自我にのみ中心をもつ近代的な人間が誕生している。こうして「人間の尊厳」は彼においては自我にのみ中心をもつ「尊大」に変質しているのではなかろうか。

二　パスカルにおける「人間の偉大と悲惨」

これに反して、同時代の科学者であったブレース・パスカル（一六二三―一六六二）は宇宙空間の驚異によりおそれを抱くとともに未曽有の孤独感におちいっている。「この無限の空間の永遠の沈黙は私をおそれしめる」と彼は『パンセ』の中で語っている。科学者の精神を満たしている宇宙は人間の心情に何も語っていないので、無限大の宇宙に対し人間は微小なはかない存在にすぎないと感じられる。宇宙の無限に直面した彼は孤独にさらされ絶望しながらも、思惟する人間の自覚によって宇宙における人間の偉大なる地位を明らかにする。

「人間はひとくきの葦にすぎない。自然のなかで最も弱いものである。だが、それは考える葦である。彼をおしつぶすために、宇宙全体が武装するには及ばない。蒸気や一滴の水でも彼を殺すのに十分である。だが、たとい宇宙が彼をおしつぶしても、人間は彼を殺すものより尊いだろう。なぜなら、彼は自分が死ぬことと、宇宙の自分に対する優勢とを知っているからである。だから、われわれの尊厳のすべては、考えることのなかにある。われわれはそこから立ち上がらなければならないのであって、われわれが満たすことのできない空間や時間からではない。だから、よく考えることを努めよう。ここに道徳の原理がある[6]」。

この有名な「考える葦」の断章の中にパスカルの人間の尊厳についての捉え方が端的に示されている。「考える葦」という人間の定義は「葦」がか弱い存在に対する比喩であることを補足すればすぐれた規定である。「葦」という表象は旧約聖書の「傷める葦を折ることなく、ほの暗い灯心を消すことはない」（イザヤ書四二・三）という聖句に由来する。人間は少し雨が降り洪水にでもなれば溺死することがあるほど、したがって「一滴の水」によって存在がもろくも破壊されるほどか弱い。この弱い「葦」はしかし「考える」点で偉大であると、パスカルは言う。人間は空間的な延長によって自己のみじめさを知るが、同時に思惟によって宇宙が優勢なことを知っている。だが、宇宙は何も知らない。だから、思惟にこそ人間の尊厳がある。「私が私の尊厳を求めなければならないのは空間からではなく、私の考えの規整からである。……空間によって宇宙は私をつつみ、一つの点のようにのみこむ。考えることによって、私が宇宙をつつむ[7]」と彼はいう。空間と時間はそれ自体で成立するのではなく、人間の感性から離れると存在しない、したがってそれは人間の感性の形式にすぎないとカントは後に述べている。実際、デカルトは宇宙と人間とを二元論的に対置したが、デカルト的観念に「延長」として現われた宇宙の無限の空間は、パスカルにとってそれ自体が人間を驚愕させ、耐えがたい惨めな意識を呼び起こしている。しかし、宇宙における人間の地位がどんなに惨めであっても、彼の思惟にこそ人間の偉大さがある。パスカルは自然と宇宙に対する人間の思考による関係の中に人間の尊厳を見ている。

だが、この偉大な存在も現実の道徳的な生活においては再び価値が下がってくる。彼は言う、「人間の本性は、二通りに考察される。一つは、その目的においてであり、その場合は偉大で比類がない。他は多数のあり方においてであり、……その場合は人間は下賤で卑劣である」(8)。しかし、この対立する二つの地平は一つに落ち合っている。すなわち、人間の自覚において二つが結びついている。続く断章でパスカルは次のように言う。「要するに、人間は自分が惨めであることを知っている。だから、彼は惨めである。なぜなら、事実そうなのだから。だが、彼は、実に偉大である。なぜなら惨めであることを知っているから」と。この自知としての自覚は現実の悲惨さの認識を通して逆説的に本来的自己の偉大さを証明している。つまり否定的事態は何かの否定であって、否定はそれが否定である本来の肯定を明示している。「否定を通しての間接証明」とこれを名づけることができよう。『幾何学的精神について』の中でもパスカルはこれに触れているが、ここでは『パンセ』の中の「廃王の悲惨」についての断章から明らかにしてみよう。

「人間の偉大さ。人間の偉大さは、その惨めさから引き出されるほどに明白である。なぜならわれわれは、獣においては自然なことを、人間においては惨めさと呼ぶからである。そこで、われわれは、人間の本性が今日では獣のそれと似ている以上、人間は、かつては彼にとって固有なものであったもっと善い本性から、堕ちたのであるということを認めるのである。なぜなら、位を奪われた王でないかぎり、だれがいったい王でないことを不幸だと思うだろう(9)」。

パスカルは従来のキリスト教的二元論をいっそう深めた形で継承している。人間本性の壊敗について彼が嘆くとき、ヤンセニズムにより当時説かれたパウロとアウグスティヌスの伝統に彼は立っている。パスカルは人間の悲惨と偉大を矛盾における実存として説き、ここからキリスト教の人間学に入ってゆく。人間の悲惨と偉大の逆説的同時性の主張はルターの「義人にして同時に罪人」の定式に近づくものであり、宗教改革の精神に接近している。

デカルトは人間を理性的で自律的な存在として説いた。しかし、パスカルは人間が自律的でなく、自己に満足せず、他の存在のように自分に自然に与えられた素質だけを発展させるべきではないと見ている。人間の条件はたえず自己を超えるものをめざし、脱自的に自己の現実を超越する点にある。自己を超えて実存しないならば、自己の遥か下方に存在することになる。これこそ「堕罪」の本来的意味である。この自己は単なる性質に帰せられることのない「人格」であるが、人々は人格に付帯しているさまざまな「性質」のゆえに愛しているのであって、けっして人間の実質のゆえに愛するのではない。この実質的にして実存的な状況の中にある「自己」をデカルト哲学は掘り当てていない。「考える自我」という認識主観は純粋思惟というガラス張りの透明な抽象体にすぎない。この観点からは人間の究極の謎は解けない。デカルト哲学の支配領域は有限的で、安定した一義的なものであって、無限的で、流動的で両義的なものではない。これに対しパスカルは「幾何学的精神」に対立する「繊細な精神」を説いている。無限の多様性をひめた人間の精神はこの第二の方法によって取り扱わねばならない。人間を特徴づけているものはこの人間性の繊細さ、多様性および自己矛盾である。

三　ライプニッツにおける人間の理解

一七世紀の後半から一八世紀の初めにかけて活躍したライプニッツの時代では啓蒙主義と敬虔主義が主流をなし

ている。ライプニッツ（一六四六―一七一六）はあらゆる学問をマスターし、知識をその多様性において大規模に修得した。しかし同時に一つに還元しようと試み、「一つのものに還元された多様性」を追求した。そこで彼は学者たちを一つにまとめるためアカデミーを造ろうとし、万人に共通する言語と普遍的な記号学を考案した。さらに多様に分裂していた宗教を統一しようと努め、新しい自然科学の精神とキリスト教の根本原理とを和解させようとした。このような驚くべき啓蒙の精神は彼の学説の中心である個体的実体つまりモナドの説に結実している。この個体の概念のなかにはすべての出来事がふくまれている。しかし、人間の場合には自由意志が存在しているのであるから、すべての出来事は確実であるが偶然性をまぬがれることはできない。ここに「偶然性としての自由」に基づく人間の自覚が顕著に示されている。

「各人の個体概念は、いずれその人に起こってくることを一度に全部ふくんでいるので、その概念をみれば、おのおののできごとの真理に関するア・プリオリな証明、あるいは、なぜあるできごとが起こって別のできごとが起こらなかったかという理由がわかる。しかし、これらの真理は神と被造物との自由意志にもとづいているから、確実ではあるが、やはり偶然性をまぬがれない。ところで、神の選択にも被造物の選択にも常に理由があるが、その理由というのは、傾向を与えるものであって強制するものではない(10)」。

ここに述べられている自由と必然性との間の難問に対する回答は、哲学的にはスピノザ的絶対的必然性とベール的任意的自由とに対しそれらの中間の立場に立つといえよう。このような自由の本性はライプニッツの予定調和説によれば人間の精神のうちに発現するのに先立って純粋可能態として与えられ、自由に行動するよう決定されている。知性はこのように善という有力な根拠をとらえ、意志も強制されていないゆえに自由ではあるが、「永遠の理念のもとに照らし出された被造物の根源的不完全性」のため形相的には完全性を欠いているがゆえに、実質的には自由意志に悪の原因が求められる。このように神と人との関係には永遠者と被造物との間の絶対的差異が存在している。しかし、自由のゆえに悪への転落の可能性が認められてはいても、他ならぬ意志の自由のゆえに、神との共同関係に入ることができる。この神と人との関係は「君主と臣下、いやむしろ父と子の関係なのである」[11]。したがって有徳な人は神の意志に一致して自己の意志を決定し、幸福をもたらす神に結びついている。ここに神律的な意志の特質が明らかに示されている。

さらに知性の優れた作用は認識論的にも神学的にも「生きた鏡」という概念によって説かれている。ここではそれを「神の像」として神学的に説いている点に注目したい。彼によるとモナドは宇宙をそれぞれの仕方で表象する生きた鏡であるが、理性的精神は神の像でもあって、単に経験的に事実を知るばかりか、永遠の真理の必然性をも知り、事実の理由を理解し、神の建築術を模倣する。またそれによって神の仲間となり、神の国の一員となる。こうして精神は、最良のものからなりながら、同時に最善の倫理的合成体である世界の中に生きることができる。

『理性に基づく自然及び恩恵の原理』(一七一四年)によれば、各モナドは自分自身の視点に立って宇宙を表現する「生きた鏡」つまり「内的作用を具えた鏡」である[12]。したがってモナドは精神として世界を展望的に表現するものである。だが、このように世界を展望的に表象するためには、モナドは展望の中心である視点となっている身体をあらかじめ自己の内にもっていなければならない。このようなモナドに帰属している身体、特に感覚器官の機能によって世界が表象されている。それゆえ、精神としてのモナドと身体とが結びついており、身体中心的な展望によって世界を表象すると考えられている。こうした精神と身体との結合は、デカルトの心身二元論に対する批判ともなっている。ここに心身の統一ということが認識理論的に成立しているといえよう。しかしライプニッツは、身体中心的な展望によるモナドの表象をも乗り越えて、人間が精神の力で世界の全体をアプリオリに表象する知性の立場に進んでいく。たとえば、同書において、「精神は創造物の世界を映す鏡であるばかりか、神性の似姿である。精神は神のわざを知覚できるだけでなく、神のわざに似たものを小規模であれ産出することさえできる。神が事象を規定したときの知識を発見して、私たちの精神はその管轄区域、すなわち自由に振る舞うことを許されたその小さい世界の中で、神が大きい世界において行うことを真似ている[13]」と主張している。同様なことは『モナドロジー』では「精神一般は〈創造物の宇宙〉の生きた鏡もしくは姿であるが、理性的精神はそのうえに神そのもの、つまり自然の創作者そのものの姿であって、宇宙の体系を知ることができる建築術の雛型によってある点まで宇宙を模倣することができるから、それぞれ自分の管轄区域における小さな神のようなものになっている[14]」と語られている。

知性は「小さな神」として把握されており、ここに「人間の尊厳」が説かれている。このような主張の中にわたしたちはライプニッツにおける啓蒙の精神を察知できる。しかし、キリスト教の伝統的な思想によって自我の無制限な主張は抑えられている。こうした抑制は次のカントでは後退し、近代の主体性の立場が全面的に主張されるようになってくる。

四　カントにおける「人間の尊厳」

初期のカントにはドイツ敬虔主義に培われたキリスト教的な枠組が残されているが、完成期の著作にはそれも原則的に消滅し、神学からの哲学の解放という一四世紀のオッカムからはじまった運動はその最終段階に達し、近代の主体性を端的に示す「自由意志」はいまや「自律」(Autonomie) として完全な自己実現に達する。まず、この完成した姿の特質を『人倫の形而上学の基礎づけ』（一七八五年）により指摘してみたい。

理性的な自律の確立　カントは道徳の原理をいっさいの他律を退け自律に徹することにより確立している。まず「意志はある法則の表象に従って自己を行為へ決定する能力と考えられる」とあるように、意志は自己決定の能力である。そのさい、意志は自分から普遍的な立法に服して行為するよう義務づけられている。そこから「意志の自律とは、意志が（意志作用の対象のあらゆる性質から独立に）かれ自身に対して法則となるという、意志のあり方のことである」[15]と規定されている。そしてこれ以外の意志のあり方はすべて他律とみなされている。

ところで自由と自然必然性とは妥当する領域を異にしている。意志は原因性の一種であり、この原因性が外的原因から独立しているときは自由と呼ばれ、外的原因の力の下に立つとき他律となり、自然必然性となる。こうして自由は外的原因と自然必然性からの自由として消極的に規定されているだけでなく、自己原因としての意志のあり方、つまり自律から積極的にも規定されている。ここから自然必然性の支配する経験的領域と自由の支配する内面的領域とが区別され、外的世界から内的世界への沈潜と逃避において自由意志は自律としての完全な実現を見るに至っている。この点は自律の根拠が何処に求められているかを見ると明瞭である。外的原因からまったく自由なものは人間のうちにある理性の能力である。悟性が感性的表象を判断により結合する働きであるのに対し、理性はそのような表象からも自由であり、理念の下で純粋な自発的活動をなし、感性界と知性界を区別し、知性界に属するものとして意志の根源を自由の理念のもとに求めている。そして自然法則が感性界の根底にあるように、道徳法則は理念において理性的存在者の行為の根底に存在していると説かれている。このようにカントは理性の純粋な自発性のうちに自律の根拠をとらえている。こうした自律としての自由の理解には近代の主観性の究極の姿が露呈していないであろうか。しかもこの主観性はすべての人に普遍的に妥当していて、知性界は意志に法則を与えているため、同時に感性界にも所属するわたくしたちには、道徳法則が定言的命法つまり義務としてのぞんでいると説かれる。

神聖な道徳法則と人間の尊厳　カント以前の啓蒙思想においては人間を動物から区別する徴表は悟性（ratio）や理性（intellectus）に求められていた。したがってこのような「理性的存在者」であるところに人間の優位が認められていた。しかしカントはこの理性的存在者を「道徳的存在者」として考察している。彼は外面的に道徳法則にかなっている「合法性」から内面的にそれにかなっている「道徳性」を峻別している。この道徳性は義務の内に求められる。「道徳法則にしたがい、傾向性に基づくいっさいの規定根拠を退りぞけることによって客観的に実践的である行為は、義務と呼ばれる[16]」と規定している。カントは義務を傾向性と対立的に立てる。傾向性とは快・不快・自愛・幸福にしたがう生き方を言う。両者の区別は定言的命法と仮言的命法との対比によって説明される。定言的命法が「すべし、すべからず」と義務を命ずるのに対し、仮言的命法は「した方がよい」といった処世訓のようなものであり、個人的な好みのような傾向にしたがって命令を下す。したがってわたしたちは個人の主観的行動の原則（つまり格率）が傾向性を退けて万人の従うべき普遍的な法則に従うとき、義務にかなっていることになる。この実践理性の根本法則をカントは「あなたの意志の格率が常に同時に普遍的立法の原理として妥当しうるように行為せよ[17]」との定式により規定している。

カントは義務の根源を人間の人格性において捉え、次のように述べている。

「義務にふさわしき起源はなんであるか、傾向性とのあらゆる血縁を誇らしげに峻拒するその高貴なる血統の根元はどこにあるか、人間がみずからに与える唯一の価値の必須の制約はいかなる根源によるのであるか。それはまさしく、人間を自己（感性界の部分としての）以上に高めるところのものにほかならない、……それは人格性、いいかえれば全自然の機制からの自由と独立とにほかならない。――人間はなるほど非神聖ではあるが、しかし彼の人格に存する人間性は彼にとって神聖でなければならない。全宇宙において人の欲しまた人の支配しうる一切のものは、単に手段として用いられうる。ただ人間および彼とともに一切の理性的存在者は、目的そのものである。すなわち彼の自由の自律の故に、神聖な道徳的法則の主体である[18]」。

ここでは道徳法則を担っている人間こそ「道徳的存在者」であり、「人間性」(Menschlichkeit) もしくは「人格性」(Persönlichkeit) と呼ばれる。したがって道徳性の主体であるかぎりの人間性に神聖性と完全性が付与され、道徳性と結びつけて初めて「尊厳」(Würde) も考えられている。「道徳性と道徳性の能力をもちうる限りでの人間性とは、尊厳をもちうる唯一のものである[19]」。このような「人格」(Person) は、「物件」(Sache) のように手段となったり「価格」(Preis) が付けられたりせず、目的自体であり、「尊厳」をもっている。この尊厳のゆえに「他の人格における人間性を、常に同時に目的として扱い、決して手段としてばかり扱わぬように行為せよ[20]」と命じられている。彼によると人間は本来「道徳法則を担っている主体」であるがゆえに、道徳法則に従って立法する自律的な主体である。「したがって自律が人間的な存在者およびあらゆる理性的な存在者の尊厳の根拠である[21]」と主張されている。これこそ人間の「本体」(noumenon) としてのあり方であって、全自然が「目的論的にそれへ従属しているところの究極目的」であり、「人間こそは創造の究極目的である[22]」と言われている。

『宗教論』の根本悪　自然の最終目的である人間は、各人の幸福と自然の開化たる文化を実現させ、生活を向上させるようになっても、これをもって人間の尊厳たる「創造の究極目的」に達したとはいえない。というのは、自然の意図としては人間は本来こうであっても、現実には「悪への性癖」をもち、自然的欲望である傾向性に従い、個人的な生き方である格率を転倒させているからである。この人間の本性を根底的に破壊している事実を彼は『宗教論』では「根本悪」として説き、キリスト教の原罪の教えに同意している。根本悪とは道徳法則を行動の動機とするか、それとも感性的衝動を動機とするかを意志が選択するさい、どちらを他の制約にするかという従属関係によって意志は善とも悪ともなりうるが、正しい従属関係に立つ道徳秩序を転倒することによって、悪は自然的性癖となり、人間の本性にまで深く根づいている事実をいう。[23] この根本悪の主張はゲーテのような啓蒙主義を超えた人びとにさえ、カントは哲学のマントを汚したと嫌悪されたものであったが、ここにルターの「自己自身へ歪曲した心」(cor incurvatum in se)という原罪の理解への共感が見いだされる。カントは言う「しかし、こんなに歪曲した材木から完全に真直ぐなものが造られるとどうして期待しえようか」[24]と。こうしてカントの理性的自律の主張は根底から動揺してくるといえるのであるが、人間の本質的理解において自律の主張が先行しているからこそ現実における根本悪も説かれることが可能となったのである。

したがって「本体人」としての人間は自然界に属するがゆえに感性に触発された傾向性に従い、快楽や自愛また幸福を求めて、理性に従う本来的な歩みから逸脱している。実際、幸福への傾向性それ自体は悪ではなく、傾向性によって道徳法則の違反が生じるがゆえに悪となる。そこから道徳法則は定言命法の形をとり、義務と傾向性との激しい対立が生じ、傾向性に打ち勝って義務に服さなければならなくなる。

近代ヒューマニズムの精神　カントは理性的自律を確立するに当たって神学から独立し、人間自身に即して考察している。こうして、ライプニッツに至るまで神学を前提となし、またすくなくとも神学を含めて哲学を確立し、意志学説の上でも神律的に自由意志を把握しようとしてきた西欧の伝統から訣別しているといえよう。

カントによると合法性から区別された道徳性は道徳法則の遵守にもとづいており、道徳法則に基づいて自由が探求された。このことは律法に対し外面的な遵守ではなく、内面的な服従から出発するルター的思考とその軌を一にしている。そればかりでなく『実践理性批判』の結語にみられる「私の内なる道徳法則」に対する感嘆と崇敬の感情は、その法則の仮借なき厳格さとともにプロテスタント的性格を継承しており、道徳法則の意識はすべての人に見られる所与の事実と考えられている。この法則の内容が「実践理性の事実」として示されているところでは、それは自然法および十戒と同じ内容のものである。このように義務と責任に立つ出発点はルターと共通している。しかしルターの良心宗教は罪から救済への道を探求して歩むのに対し、カントはルソーの良心宗教と同様に[25]、道徳的な心情が神聖な道徳法則を担っている点に立ちとどまっている。「人間は自由の自律のゆえに神聖な道徳法則の主体である」と宣言されている。またこの道徳法則が神聖でなければならないというのは、この法則が人間の本性からも社会的必要からも導きだされないで、神的性格のゆえに宗教的尊崇の対象にまで高められていることから生じている。しかるにルターが神の律法を実現できないことから、神と人との分裂を良心で感得しているのに対し、カントでは内的人間が理念的人間と現象的人間とに分裂し、前者が後者を良心の「内的法廷」において裁く事態が生じている[26]。

カントは人間を二つの側面から絶えず考察する。第一に自然界に属する「現象人」(homo phaenomenon) であり、第二に、同時に可想的超自然界に属する「本体人」(homo noumenon) である。「現象人」としての人間は自然に属し、生物進化の頂点に位置しており、自然の最終目的である。しかし、このような人間の現実は先に指摘したような「根本悪」に染まっている。では、両者の関係はどのようになっているのか。それは良心の法廷のように本体人が現象人を裁くのであるから、つまり高次の自己が低次の自己を裁くものであるから、その裁きはどうしても甘くならざるをえない[27]。それゆえ人格の尊厳に立つ彼の倫理は内面的には義務に従う厳格主義の様相を示し、理性的に自主独立した近代ヒューマニズムの完成した姿を示しながらも、現実にはその倫理を実現するのが困難になっている。しかし、彼は他ならぬ人間の尊厳のゆえに、目的たるべき人格を利益追求の手段にまで貶めている市民社会の悪弊を厳しく批判している。それは定言的命法のいわゆる「第二方式」すなわち「あなたは人間性をあなたの人格においても、他人の人格においても常に同時に目的として扱い、単に手段としてけっして扱わないように行為せよ」に端的に示されている。資本主義社会は目的合理性により利潤のためにすべてのものが手段化される傾向をもっており、人は物のように手段となっている。カントの倫理学は法を重んじる近代的市民像を背景としているが、同時に自由な市民権の優位のもと、法の下に立つ公民としての権利を踏みにじる悪弊に対する徹底した批判精神に貫かれている。この批判精神は人間の尊厳に立って人をそれ自体目的とみなすべきであることに由来している。

次にこの人間の尊厳に基づいて生まれてくる「人権」の問題を考えてみたい。

五　啓蒙時代の「人権」思想と革命

啓蒙思想を導いてきた太陽のような理性の光は近代市民社会に対して大きな変化をもたらすことになった。この変化によって啓蒙時代から革命時代に移行するのであるが、ここでは革命を引き起こした要因として「自然法」の変化とそれに連動する「人権」思想を問題にしてみたい。

自然法思想の変化　自然法の観念は古くはキケロによって説かれていたのであるが、アウグスティヌスはこれを神の摂理や最高の法である永遠法が人間の心に刻み込まれているとみなした。それゆえ人間は理性によって自己の内面に「自然法」を見いだすことができ、これによって現世の法律が導き出されていると説いた。こうして永遠法・自然法・現世法という段階的な法体系が準備された(28)。この法体系の中で自然法を最も適切に位置づけたのはトマスであって、「理性的被造物における永遠の法の分有が自然法と呼ばれる」[29]と規定されている。
この自然法は「善は為すべきであり、追求すべきであり、悪は避けるべきである」[30]という命題で一般的に定式化されている。この自然法を提示しているのが実践理性である。またこの自然法が人間の道徳的規範となるためには人定法である現世の法律により具体的にそれが表現されなければならない。こうして人定法は人間の理性に照らして具体的に判定されるがゆえに、自然法に一致しているかぎり正しいとトマスは説いている。

近代に入ると自然法思想も大きく変化し、「自然」は人間の本性を意味し、「法」も神に由来するのではなく、人間の自然本性に由来すると考えられるようになる。たとえばグロティウスは人間の本性を理性と社交性に求め、「たとい神が存在しないと仮定しても、なお自然法は存在する」と述べている。彼は神に依存しない人間の自然本性に基づいて自然法を明らかにし、その原則を定めている。まず他人のものを侵してはならないという所有権の不可侵性、次に、他人のもの、およびその利用によって得た利得を返還する不当利得の返還、さらに、損害賠償、契約遵守、犯罪に対する刑罰などを定めている。

このような近代的自然法思想はルソー、ホッブズ、ロック、カント、ヘーゲルにより発展しているが、そこに一つの共通した特徴が示されている。それは法と道徳とを分離したことであった。古代において自然法が法であると同時に道徳的規範であったし、中世においては神法は神により啓示された教えであり、法の根底でありながら同時に道徳生活を導くものであった。したがって古代・中世の自然法は道徳を含んでいたのであったが、近代に入ると法と道徳が分離してくる。どうしてこうなったのか。そこには法治国家の要請があって、「国家の権力的支配が法によって行なわなければならないということは、国家的・公的な関係に道徳的なものを入れるべきではないという思想につながる。いいかえれば、権力をもって規制しうるのは、人間の外面的な領域に限られるべきであって、人間の内心にまで立ち入ってはならないということである」[31]。この傾向は一八世紀後半のカントにおいて市民的自由に代わって人格的・道徳的自由が強調され、外面的な法律と内面的な道徳とが分離されるようになったことにより、いっそう促進された。こうして彼以前の伝統的な自然法は内面的な理性法則に転換し、「心の内なる道徳法則」となったのである。

ホッブズとロックの自然法思想　カントはこのような道徳法則を担っている人格の尊厳を説いたのであって、ここから「人権」思想が生まれてくると考えられる。しかしホッブズ（一五八八－一六七九）は「自然は人間を心身の諸能力において平等につくった」が、現実は人間の本性の競争・不信・自負によって「万人の万人に対する戦争」という戦争状態が生じている。実際「人間は人間に対し狼である」がゆえに、本能的な欲望である自然権を放棄し、平和について理性が示す戒律と諸条項に関する協定である社会契約を結ぶように導かれるという。だが、自然法だけでは平和は達成されがたく、「剣を伴わない契約」は無意味であるから、権力を握っている主権者によって国家は治められなければならない。このような国家理性の教説はマキャヴェリの『君主論』と同様に一八世紀には不評をかった。しかるにホッブズが最善の国家形態とした絶対君主制は、ロック（一六三二－一七〇四）の時代になると市民社会と矛盾するものとなり、社会契約も立憲君主制における「信託的権力」と「抵抗権」の主張へと移っている。国家の最高権としての立法権について「立法権は、ある特定の目的のために行動する信託的権力にすぎない」と説かれている。さらに、国家に対する抵抗権もしくは革命権も主張されるようになる。一般的にいって国民の福祉である共通善が最高の法であり、これが暴力によって阻まれる場合には、国民には抵抗権があるとロックは説き、自己保存のため契約により成立した社会を維持するという目的のためには、統治の解体もあり得ることが宣言されている。このような考えの根底には「自己保存の神聖不可変な根本法」がはっきりと語られており、自己保存のために契約を結んで市民社会を組織し、この社会の自己保存のためには政治的統治形態の変革を認める「革命権」が主張される。近代的人間の主体性は所有権という経済的自由の確立に具体的に表明されており、ここにイギリスの啓蒙思想が市民革命にまで発展し、さらにアメリカ革命に大きな影響を及ぼしていることが知られる[32]。

アメリカ革命とフランス革命における人権　次にわたしたちは近代市民憲法における人権の特色を考えてみよう。この憲法の精神はアメリカ革命とフランス革命を通して実現されたものであり、その後の人権保障の体制の先駆として近代市民憲法に登場してくる。まず人権の目的と権力の手段についてアメリカの独立宣言（一七七六年）は次のように明瞭に提示している。

「われわれは、自明の真理として、すべての人は平等に造られ、造物主によって、一定の奪いがたい天賦の権利を付与され、そのなかに生命、自由および幸福の追求が含まれていることを信ずる。また、これらの権利を確保するために人類のあいだに政府が組織されたこと、そしてその正当な権力は被治者の同意に由来するものであることを信ずる[33]」。

また、アメリカ革命によって大きな影響を受けているフランスの人権宣言（一七八九年）は、「あらゆる政治的結合の目的は、人間の自然的で時効によって消滅することのない権利を保全することである」（第二条）と述べている。こうして人々は封建的な支配から自由となって人権の所有者となり、政治の目的がそれを保証するように転化した。したがって政府は、人権を維持し擁護するためにのみ認められており、その権力を行使することができる。それを担当する者自身の利益のために権力を行使することはできない。

そのさい、人権の不可侵性が人間が生まれながらもっている権利、つまり自然権として認められている。それゆえいかなる権力といえどもこれを侵すことができないという不可侵性が強調された。このことをアメリカの独立宣言は「造物主によって一定の不可譲の天賦の権利」と表現し、フランスの人権宣言は「所有権は、一つの神聖で不可侵の権利である」(第一七条)と主張している。[34] もちろん他の国民も不可侵の人権をもっているから、人権の名においても、他人の人権を侵害することはできない。したがって不可侵の人権にも、それに内在する制約(「内在的制約」)がある。それゆえ、フランス人権宣言第四条は「自由は、他人を害しないすべてをなし得ることに存する。その結果各人の自然権の行使は、社会の他の構成員にこれら同種の権利の享有を確保すること以外の限界をもたない。これらの限界は、法律によってのみ、規定することができる[35]」と説いている。

このような人権宣言の淵源と精神的背景を、ハイデルベルク大学の教授ゲオルク・イェリネックの『人権宣言論』(一八九五年)は宗教改革に求めている。彼の主張は次の文章に明らかである。

「個人の持つ、譲り渡すことのできない、生来の神聖な諸権利を法律によって確定せんとする観念は、その淵源からして、政治的なものではなく、宗教的なものである。従来、革命の成せるわざであると考えられていたものは、実は、宗教改革とその闘いの結果なのである。宗教改革の最初の使徒はラ・ファイエットではなくロジャー・ウィリアムズである。彼は力強く、また深い宗教的熱情に駆られて、信仰の自由に基づく国家を建設せんと荒野に移り住むのであり、今日もなおアメリカ人は深甚なる畏敬の念を持ってその名を呼んでいるのである[36]」。

イェリネックのこの書は、フランスのブトミーとの間に論争を巻き起こすのであるが、この著書によってアメリカにおけるピューリタン時代の人権論者ロジャー・ウィリアムズの存在が人権思想に対し重要な意味を担っていたことが知られる。このような人権思想の背景にある「人間の尊厳」と宗教的な人間観との関連は多くの人によって指摘されている。[37]

第九章　現代キリスト教思想における「神の像」

はじめに

人間が神の像にしたがって造られたという旧約聖書創世記の人間観はヨーロッパ思想史において宗教改革の時代までは一般に支持されていた。しかし、近代の啓蒙時代以降は主体性の強調によって神から離れて行く傾向が強まっていった。とはいえ、伝統的となったキリスト教的ヨーロッパの価値観には最高価値として神を置き、そこから人間の生き方を形成していく試みは絶えず志されていた。このことはアメリカの独立宣言とフランスの人権宣言にも明瞭に表明されていた。後者は「人間および市民の権利の宣言」とあるように近代市民社会の成熟とともに自覚されてきた「人間としての権利」の要求と宣言であった。そこには個人の理性的な自律と市民社会における生活との矛盾、つまり市民と公民との葛藤が「公民権運動」として表面化してきていた。このような状況の中でヘーゲルが登場する。彼の試みはフランス革命の自由の精神と新しい歴史学の影響を受け、キリスト教とギリシア思想とを弁証法によって総合する壮大なものであった。

先に啓蒙思想の理性の立場を代表する思想家としてデカルトとカントを取り上げて考察してきたが、カントに続くこのヘーゲルを加えると、ヨーロッパ的人間の典型的な思索のパターンを把握することができる。デカルトは認識論上明証説を唱え、パスカルも同様な立場に立っているが、それは「明晰判明に認識されたものが真理である」と主張する。それは、少しの疑いもはいらないほど明瞭に心に把握されたものを真理として受け入れるという、直観的な立場である。現代の現象学もこの立場を継承している。それに対しカントの学説は構成説と言われるように、理性の認識能力によって科学的に把握された知識を主観において構成すると主張する。そのさいに判断や推理において誤謬を犯さず、知識が論理的に整合性を得ているなら、その知識は真理であると説かれる。これは自然科学的な思考である。それに対しヘーゲルは弁証法を確立し、歴史的な社会と文化の発展という見地から「真理は全体である」と唱えて、科学的に分析する悟性によって捉えた認識は部分的な知識に過ぎないとみなし、カントを批判している。弁証法は真理の否定的な局面を合わせて発展的に物事を考察しようとする。この影響はマルクス主義によって継承されたため世界的に広くゆきわたった。

これら三者は理性的に思惟するヨーロッパ人の典型であって、豊かな思索が創造的に生まれている。しかし、心の認識力は単に感性と理性だけではない。それらによっては理解できない隠された真理を捉える霊性（信仰、宗教心）を無視するならば、正しいヨーロッパ的な人間像を把握したとはいえない。霊性を軽視したり、無視したりするなら、「人間は神の像である」という被造物としての感覚が失われて、「神は人間の像である」という正反対の立場が説かれるようになる。それはヘーゲルによるキリスト教の世俗化やフォイエルバッハの「神学の秘密は人間学である」という主張に明らかである。

しかし、ヘーゲルを批判して登場するキルケゴールの実存思想によって神の像としての人間が復活してくる。このキルケゴールの影響は第一次世界大戦後の破局的な状況の中でカール・バルトに現われ、さらにこれと対決したブルンナーがマルティン・ブーバーの対話の哲学によって「神の像」を応答的責任性の見地から再建し、これに基づいてキリスト教人間学を確立している。こうした現代ヨーロッパ思想の歩みをここでは神の像の観点から検討してみよう。

一　ヘーゲルの弁証法とキリスト教の世俗化

カントに続くドイツ観念論はカントが未解決のまま残した問題をめぐって展開する。そのうちの最大の問題はカントが認識の対象に関して「現象」（物の現われた姿）と「物自体」（物の実体）とを区別し、そこから世界を見える「感性界」と見えない「可想界」とに二分し、これに対応する主観の能力を理論理性と実践理性とに分け、二元論の立場に立っていた点である。ドイツ観念論はこの二元論を一元化することを目ざし、カントが理論理性によっては認識できないとして排斥した絶対者である神の概念を再び哲学の中心に導入している。

観念論の特質は外界の事物を認識の対象として立てる主観をまず問題にし、意識が純粋な思考によりどんなに確実であっても、有限的である以上、なお疑うべきであるがゆえに、絶対者から、すなわち客観的自然（外界の事物）と主観的意識との絶対的統括者なる神から、意識は導かれなければならないと考えた点に求められる。こうしてまずフィヒテは自我もしくは自己意識を「絶対的自我」の純粋な行為から導き出した。しかし絶対的自我そのものは自己意識を導く理念であって、意識を超えたものである。またシェリングは主観と客観との根底に絶対者を考え、絶対者において主観と客観の「同一」を説いた。それゆえ主観の意識は創造する自然の高次の発展段階とされ、自然は意識において自己自身に至ると説いた。フィヒテの「絶対的自我」の概念はシェリングにより絶対者とみなされ、絶対者は「知的直観」によって把握されるものと主張された。

だが、ヘーゲル（一七七〇－一八三一）はシェリングを批判し、真の絶対者は初めから有限者を自己の契機としてふくみ、みずから有限者として変化しつつ、動的に発展するものであると説いた。このような絶対者の「弁証法的運動」、それが「真理」であり、「真理は全体である」。そしてこの全体としての真理を把握するのが学知もしくは「絶対知」であると主張された。この学知にまで日常の意識を導くのが『精神現象学』のテーマである。それゆえ「意識の経験の学」ともいわれ、「自然的対象的意識」が「感覚的確信」「知覚」「悟性」を経て、「自己意識」にいたり、さらに「理性」「精神」「宗教」という段階を通って「絶対知」に達して哲学的精神の最高段階にいたる。意識は絶対知において一切の対象を純粋に洞察し、それにより自己を精神として完全に知る。ここにおいて意識はあらゆる知識を自己自身から展開することができる。これがヘーゲルの『論理学』の世界であり、「論理の学」は自然および有限的精神の創造以前の神の叙述とされ、神の自己外化としての「自然哲学」とこれから復帰する運動としての「精神哲学」の叙述をもって彼の体系は完結している。

ヘーゲルは絶対者を有限的なものと対立しているとみなさず、絶対者が有限性にまでくだり、有限的なるものを、自己の有限性において経験し、かくて同時に自己を克服する限り存在すると説いた。ここに絶対者と有限なるものとの媒介が成立する。この媒介の背後には神学的和解の概念が立っていて、ヘーゲルのかかる思想がキリスト教の三位一体の教義にもとづいていることが容易に理解される。しかし、ヘーゲルにおいてはキリスト教の教えを『歴史哲学』で試みたように哲学的に解釈もしくは翻訳する傾向がある。彼は宗教的な「表象」を哲学的な「概念」に「翻訳する」と語っているが、こういう仕方で世俗化を意識的に行っている。だが、同時にキリスト教の自由の精神が世俗に適用され実現されるプロセスこそ歴史に他ならないとも明確に説いている。したがって、彼は世俗化現象を積極的に把握していくことになり、単に宗教が哲学へと世俗化されるだけでなく、宗教的な理念の積極的な実現としての世俗化を弁証法的な歴史の考察によって説いている。[1] しかし、そのことは啓示宗教であるキリスト教の教えを絶対知にいたる「表象」に過ぎないものにするがゆえに、彼自身は宗教を哲学へと解消してしまい、その結果としてキリスト教を世俗化していることになる。それゆえ、神を道徳法則とみなす純粋な「理性宗教」の思想もカントの影響の強かったドイツ観念論の初期の段階にしか妥当しない。ヘーゲルに至ると単に理念を実現すべきであると考える主観的な道徳の立場よりも、社会や国家という客観的に理念を実現している人倫の立場が重んじられている。

「哲学の内容は、生きた精神の領域そのもののうちで生み出され、また現在生みだされつつある内容、意識の世界、意識の外的および内的世界とみなされている内容に他ならないということ、一口にいえば、哲学の内容は現実であることを理解していなければならない。この内容を最初に意識するものが、いわゆる経験である」[2]。ヘーゲルにとって「意識の真の内容は、思想や概念の形式に翻訳されても保存されるということ、否むしろそれによってはじめて本来の姿を照らし出されるという」[3]。もちろん彼はここで宗教的表象を考えている。そうすると宗教の内容は哲学によって初めてその真理をもつことになり、人間経験の全体を把握する絶対知から宗教の真理性も判断されることになる。このような考えをさらに推し進めたのがフォイエルバッハであり、彼は宗教を人間の願望の投影であるとみなす見地から、「神学の秘密は人間学である」[4] と主張する。彼によると宗教とは幸福を欲する人間の本能から出たものであり、この願望をかなえてくれるものが神である。つまり人間が欲する自己の姿を理想化したものであるから、神学とは実は人間学である。こうして「神とは人間の像である」ということが結果する。

このような一九世紀の思想状況の中で宗教の本質を哲学と道徳から区別したのはシュライヤーマッハーであった。彼によって宗教の独自の領域と特質とが明らかにされた。そして彼の影響を受けながら、この時代に君臨していたヘーゲルの思想体系を同じく弁証法を用いて解体し、新しくキリスト教を復興したのはキルケゴールであった。

二　キルケゴールの「単独者」と「キリストの模倣」

ヘーゲルの哲学体系が崩壊してゆく時代の特質をキルケゴール（一八一三―五五）は「解体の時代」と呼んでいる。[5] そこでの思想は、フォイエルバッハによる人間学的解体、マルクスによる弁証法的唯物論への解体、キルケゴールによる実存への解体という三つの方向をとっている。

単独者の思想　キルケゴールの原点は青年時代のギーエライエの手記に求められる。「わたしにとって真理であるような真理を発見し、わたしがそのために生き、そして死にたいと思うようなイデーを発見することが必要なのだ。いわゆる客観的真理などさがし出してみたところで、それがわたしに何の役に立つだろう」。[6] こういう主体的な真理の探究という観点から彼は概念的で抽象的なヘーゲルの思想体系を解体していく。その思想の特徴は人間を「神の前に立つ個人」つまり単独者として捉えているところに示されている。「〈単独者〉とは宗教的見地からいえば時間、歴史、人類がそれを通過すべきカテゴリーである」[7] と彼は言う。この単独者の道は精神の覚醒であり、単独者は永遠者なる神の前に立ってのみ、真の実存に至ると言われる。彼はシュティルナーが強調する「唯一者」と決定的に対立している。単独者は永遠的なもの、最高の目標のためにひとりになったのであって、唯一者のように地上的、現世的なものを一人占めし享楽するためではない。そこには自己の人格に対する尊厳と責任が、またこの人格を通して神に対する責任が意識されている。その意識に神が反映することによって「神の像」が再度問題にされてくる。それゆえ彼は「この単独者という人生観こそ真理である」というが、それにすぐ続けて「真理こそはまさしく神の目の前以外で、神の力添えなく、神の立会いなく、神が中間規定であることなくしては、伝えることも受けとることもできない。神こそはその真理である」[8]と付け加えることを忘れていない。つまり、単独者の人生観というのは、真理は個人の実存を通して伝達されるというのであるが、誰も、もし神の助けがないなら、かかる任に耐えるものはいない。だから彼はいう。「私自身が単独者だなどと主張しない。勿論、私はそのために戦ってきたのであるが、またそれを捉え得ないゆえに、戦いつつあるものである。しかも、最大の尺度に照らすなら〈単独者〉は人力を超えたものであることを忘れずにいる一人として[9]」と。それゆえ単独者はその精神のもっとも深いところで、近代的自我、もしくは近代的人間の尊厳をものり越えている。それは神を実存の深みにおいて発見し、神を意識に反映させる「神の像」となっている。彼が実存の深みにおいて神と対話していることは『おそれとおののき』で語られている信仰の騎士が神を二人称で呼ばわっているところにもっとも明らかである。この書には次のようなことばがある。「世に偉大であったものは忘れられることはないであろう。しかし、人はそれぞれみずからのしかたで偉大であった。各人はその愛せしものの偉大さに応じて、偉大であった。すなわち、自己みずからを愛した者は自己みずからによって偉大となり、他の人々を愛した者はその献身によって偉大となった。しかし、神を愛した者はすべての人にまさって偉大となった[10]」。このように愛することによって心に神を宿している者は単に神を心に反映させている「神の像」であるばかりか、同時に人間としての最高の可能性を内に秘めているがゆえに、そこにわたしたちは真の意味での「人間の尊厳」を捉えることができるのではなかろうか。

隣人愛と「キリストの模倣」　神の前に立つ宗教的実存をキルケゴールは説き、神に対し信仰という人格的関係に立つように勧めているが、同時に他者に対しても献身的な隣人愛によって積極的に働きかけるべきことをも勧める。それは『愛のわざ』における次のような隣人の規定に明らかである。

「キリストの説かれたことは、〈隣人〉を知ると言うことが言われたのではなくて、人自らが〈隣人〉となること、人自らが〈隣人〉であることを証しすることが大切である、と言われたのです。丁度サマリア人がその憐憫によって示しましたように。サマリア人はこの行いによって強盗におそわれたものが彼の隣人である、ことを証したのではなく、彼自身が襲われたものにとって隣人であることを、証したのですから[11]」。

したがって神の前にすべての人は隣人として平等に規定されるのみならず、実存者は自ら他者に対して隣人と成ることが強調される。しかも隣人が自ら神と信仰の関係を回復するように働きかける。ここに愛のわざがあって、自然的で直接的な愛は自己否定的に献身する愛により退けられている。それは人間の間の愛の関係の中に神が中間規定として介入していて、神との信仰の関係を媒介としてのみ真の人間関係は成立すると考えられているからである。そこには単独者としての実存が自己目的ではなく、他者が実存に至るよう積極的に働きかけるという基本姿勢を伴っている点が明白である。こうして個々人があの大衆という「水平化現象」による挫折をくぐりぬけ、それを突破して、真の自己存在を回復しようとするばかりか、大衆に対しても献身的に関与するように勧められる。このことを最もよくわたしたちに提示しているのは『キリスト教の修練』における「キリストの模倣」を説いている箇所である。そこにはドイツ敬虔主義の伝統が息づいている。彼は「キリスト者となること」を次のように「模倣」において捉えている。

「キリスト者が、もし彼の仰ぎ見ることのできるあの模範（Verbild）をもっていないとすれば、彼は耐えることができないであろう。また人々がそのように彼に反対の証言をする場合、己れの中にある愛を信ずることもないであろう。しかしこの模範は——この永遠に己れが愛であることを自らひそかに知り、従ってこの世が、否、この世全体も、そのような確信の点でゆり動かすことのできなかった彼こそは、愛が憎まれ、真理が迫害されるということを表明したもうた。この像（Bild）を眼前にすることによって、キリスト者は卑下の中にあって、耐え忍ぶ。高きところよりすべてのものを御許に引き寄せんとしたもう方の御許に引かれて。尊貴と卑下との関係はこのようである。真のキリスト者の卑下は〈完全かつ正し〉い卑下なのではない。それはただ尊貴の反映（Abspiegelung der Hoheit）なのである。ただし、尊貴が必然的に逆に微賎および卑下として反映せざるを得ない、この世における尊貴の反映なのである。星はほんとうは高く空に懸かっている。そして人がその海に映る姿を眺めれば、地の底深いところに懸かっているように見えるのと同じ程度に、星は空高く懸かっているのである。同様に、キリスト者であるということは、この世の鏡に映る姿を眺めれば、必然的に最も深い卑下として現れるけれども、それは最高の尊貴なのである。……したがって、尊貴と卑下との関係はこのようである。高きところよりすべてのものを御許に引き寄せようとしたもう彼は、人を御許に引きよせて、その人がキリスト者となり、いつまでもキリスト者として止まるようにしたもう。しかし、そのようなキリスト者はこの世に生きているのである。そして、このキリスト者の卑下の中に逆に反映しているのは、彼の尊貴、引き寄せたもう方の尊貴である[12]」。

ここにわたしたちが研究の主題としてきた「神の像」の問題が探求されており、キリストが「模範」にして「像」であるのに対し、「卑下」というキリスト者の実践の中で「尊貴」が逆説的に反映していることが分かる。これが「尊貴の反映」といわれているものであって内容的には人間における「神の像」を意味しており、そこには「卑下」と同時に隠された「神の尊貴」を人がもっていることが示されている。こうして「人間の尊厳」が一般には理解できない逆説的な仕方で認められている。

三　バルトとブルンナーの論争

キルケゴールの実存思想は第一次世界大戦後ドイツの思想界に多大の影響を与え、哲学では現代の実存哲学を生み出したが、神学の領域でも顕著なキルケゴール・ルネサンスが起こり、バルトやブルンナーによる弁証法神学が時代を指導するようになった。

カール・バルト（一八八六―一九六八）　一九世紀後半から二〇世紀の初頭にかけて支配的であった神学は自由主義神学であったが、この神学の人間中心主義の傾向に対しバルトはキルケゴールの「神と人間の無限の質的差異」という弁証法的概念を導入し、神の啓示たるキリスト中心主義の神学、つまり「神の言の神学」を確立した。初期の代表作『ローマ書講義』第二版（一九二二年）の序文で彼は次のように言う。

「もし私が一つの〈体系〉をもっているとするなら、それはキルケゴールが時と永遠の〈無限の質的差異〉と呼んだことを、その否定的意味と肯定的意味とにおいて、できるかぎりしっかりと見つめることである。〈神は天にあり、汝は地上にいる〉。この神のこの人間に対する関係、この人間のこの神に対する関係が、私にとっては聖書の主題であると同時に哲学の全体でもある」(13)。

神と人間との質的断絶に立っているキルケゴールの実存弁証法的な思想は神中心の神学形成にとって決定的意味をもっていたが、やがてバルトは神学の基礎を実存におく立場と訣別することになる。

彼の神学思想の特質は神学をあらゆる人間学的前提から解放し、もっぱら神の言の上に基礎づけようとする。それゆえ、科学・文化・芸術に対する実証的態度、神秘主義との共感、感情を強調するような宗教哲学の誤謬から神学を解放し、宗教改革者の説く聖書の預言者的教えに立ち返るべきであるという。彼は神の絶対的主権と超越とを力説し、人間理性をも含む自然の能力により神を把握しうると仮定する内在主義の神観を批判し、また堕罪以後人間性が悪化していることを強調する。そこから当然の帰結として人間における「神の像」は否定される。彼によるといかなる自然神学も成立しえず、神の啓示はただイエス・キリストにのみ認められ、神の言は神と人間との間にある深淵的距離を橋渡しする唯一の手段であり、これによってのみ神との交わりが可能であると説かれた。彼は文化との断絶を説き、神と人間との非連続性を力説すると、実際歴史や人倫や文化の固有の意義が失われ、十字架が人間の可能性のすべてを審判し、新しい世界の啓示である復活は全き奇跡となり、まさしく「上からの垂直線」が貫かれることになった。

では、神の像はまったく否定されたかというと必ずしもそうではない。バルトは神学を人間学的前提から解放しようと試みているが、「人間性の限界において神学問題は生じる」と述べているように、神の言に立つ神学は同時に人間を語ることを当然ながら含んでいる。だから人間学的前提を拒否しても、神学的前提に立つ人間学は考察されているといえよう。実際、彼の神学的人間学からとらえた人間性の基本形式は単独者としての実存を超克する優れた意義をもっているといえよう。彼は次のように論究している。

人間とは何かという、人間存在の本質に向けられた問いは、神学的人間学においては人間イエスの人間性という原テキストから解答される。イエスは共同的人間（隣人）のための人間であり、彼の共同人間性は神の意志であって、この人間性の恩恵にあずかるようにわたしたちは定められている。この人間イエスの光に照らされてはじめて、人間が他者を愛しえない罪の深さ、共同体に背を向けた自己中心的生き方、孤立した人間の問題性などが自覚されるようになり、イエスの共同的存在を尺度として人間自身の共同性、他者との共存在が明らかになる。

「たしかに人間と人間との間柄の中にも相互性というものがある。しかし、ただイエスの人間性だけが、絶対に完全な姿で、かつ専一的に、人間のための存在として記述されることができる。隣人のためにすべてを捧げた存在というものは、イエス以外の他の人間の存在を規定するものとしては、全く問題になりえない。人間性の基本形式は、つまりイエスの人間性の光に照らされた人間存在の創造にふさわしい規定性は、人間と他の人間との共同存在である」(14)。

プロテスタント神学に共通の傾向は、人間性の隠された奥義をイエス・キリストの姿に厳密に関連づけている点であり、この奥義に「神の像」も含まれているとすれば、バルトもこれを必ずしも否定してはいないといえよう。

ブルンナー(一八八九―一九六六)　チューリッヒ大学の教授であったブルンナーは、一九五三―五五年にかけて来日し、新設の国際基督教大学の客員教授として教鞭をとり、当時の大学のみならず日本の教会にも多大の影響を与えた。彼は最初バルトの重要な支持者の一人であったが、一九三四年の『自然と恩恵』を発表して以来バルトとの対立が顕在化した。彼は神の啓示を受ける人間の応答責任という自然的素質が存在していて、これが「神と人間との結合点」であると説いた。これに対しバルトは『否』という論文で答え、神のみに主体性を認めるべきであると反論した。さらに『出会いとしての真理』でブルンナーはブーバーの影響により神と人との応答による出会いにおいて人格主義の思想を確立し、聖書の真理が客観主義でも主観主義でもない応答的責任性に基づいて理解すべきであると主張している。

ブルンナーの中心思想は彼の人格性と人間性の理解の中に求めることができる。キリスト教的人格概念は神が人間に対して「汝」と呼びかけ、人がこれに応答することによって成立する。『キリスト教と文明』のなかで彼は次のようにいう。

「この人格の尊厳はすべての人間のなかにある抽象的・一般的な要素、つまり、理性において基礎づけられるのではなくて、個人の人格それ自体が、神によってよびかけられるにふさわしいものと思われているので、このような価値評価の対象なのです。人格的な神だけが根本的に真に人格的な存在と責任とを確立することができます。この責任とは神の創造的なよびかけに応答する不可避な必然のことであり、それに応答するのは、この応答もまた決断だからなのです。神の愛におけるよびかけは、人間の愛における応答によってこたえられなくてはなりません。このようなことをすることによって、――自分が神によって愛されているように、神を愛することにより――人間は神に似たものとなります。神の愛を受けて、神を愛する人間が神の像なのです[15]」。

この愛は人間を人格にするばかりでなく、必然的に仲間の世界にわたしたちを導いて、他者との共同を志すようにする。だから理性ではなく愛が人間性の原理であると主張されている。またキリスト教の人間観は身体と精神を分けて、精神性を説くギリシア的見方をしりぞけ、「ここで課題となっているのは、この身体・精神的な人格の全体において、この世界における神の働きに協力し、同時に神への奉仕と人間への奉仕とを意味し、神の子の自由と気高さの表現であるこの奉仕へ愛をもって献身することなのです[16]」と力説される。さらに近代人のキリスト教からの離反は単に自律的理性への信頼からのみ生じてきているのではなく、日々のパンを無視し、身体を不当に扱った近代のキリスト教の誤れる精神性と他界性が人間性の反逆をもたらしたのだという。「そこで、近代において特徴的であった非キリスト教化は、広範囲にわたって、キリスト者が彼ら自身の信仰に忠実でなかったところから生みだされたものなのです[17]」。こうしてブルンナーはキリスト教文化を再考し、近代文明の破綻を救おうとする。

次にブルンナーの人間学が詳しく論じられている『矛盾における人間』(Der Mensch im Widerspruch, 1941) から「神の像」の理解を問題にしてみたい。

人間もしくは「人間性」(humanum)の特殊性は神に造られただけで完成しているのではなく、絶えず神との関係にとどまり、応答する存在である、というのが彼の人間学の基本である。それゆえ「神との応答的存在」こそ「人間性」の本質規定である。「人間の特性は神の決定に基づく自己決定により、呼びかけに対する応答として、決断によってのみ成立する。必ず決断しなければならないということ、あらゆる瞬間に決断が不可避であることが人間の本質的な特徴である。それゆえに人間は人間以下のあらゆる存在と違って能動的な存在である[18]」。ここからこれまでの理性をもって人間の本質と考える思想を彼は批判する。「人間が人間であるということは、たんに人間的な問題ではなくて、〈神学的な〉問題である。人間はそれ自身において、つまり人間の中にある理性からは理解できない。人間はただ自分に対向するものである、自己の創造者の言葉から理解されることができる。理性ではなくて神との関係が人間というピラミッドの頂点にある。……神関係は理性からではなく、神関係から理性は理解されなければならない[19]」。

理性は神に対する関係の創造者ではなくて、その道具であり、その窮極の本源と目標を決定しているものは、神の言葉であると彼は主張する。この観点から彼は「神の像」と「似姿」を区別し、後者は失われたが、前者は残存しているという中世のスコラ学説を否定し、両者を一体的に捉えるルターの学説にしたがい、神の像を堕罪以前の「原義」の生活に属するとみなしている。「原義」は「本源的状態」として創造における所与として理解すべきであり、神にかたどって造られた人間に神から分与された贈物なのである。したがって恩恵を与える神は愛であり、愛の中にとどまる者は「神の愛の中にある存在」(das Sein-in-Gottes-Liebe)である。人間は元来この神の愛の賜物を受領するように造られており、賜物(Gabe)が為すべき課題(Aufgabe)に先行している。宗教改革者たちがこの恩恵に対する受容性と応答的な性格とを擁護したことは高く評価されなければならないが、人間の自然本性が罪によって破壊されていてもなお残存していると彼らが説いている「神の像の残滓」という疑わしい概念は無視すべきである。このように人間自身の可能性から人間を理解すべきではなくて、あくまでも神から生まれ神の中にあるという観点から理解すべきであると彼は主張している[20]。

したがって神の像は神との人格的な応答関係に求められており、この関係自身は堕罪によっても廃棄されていない。「わたしたちは、人間の本質全体を規定している神との関係が罪のために廃棄されはしなかった、と明瞭に言明することができる。とはいえ、それは転倒している。人間は神に応答すべき存在であることをやめはしない。けれどもその応答すべき責任性は、愛の中にある存在から、律法の下にある生活へと、つまり神の怒りの下にある存在へと変わったのである[21]」。

バルト対ブルンナー論争　このような観点に立ってブルンナーは『自然と恩恵』においてバルトの批判に答え、創造における保存の恩恵により自然神学を聖書的に確立しようと試み、バルトの行き過ぎと狭さを修正しようとする。彼によると人間は徹底した堕罪においてもなお神により創られた者として主体性と道徳的自覚とをもち、神の言に聞くべき責任をもっている。したがって神の像は実質的に失われたとしても、恩恵により形式的には保存されている。つまり神の認識は不可能ではあるが、何らかの仕方で、神の律法を知り、意志が働いているからこそ、罪を犯すことも現に生じうる。このような状況における人間性は神の恩恵に応え維持する「結合点」（Anknüpfungs-punkt）たりうる。ここにおいて堕罪にもかかわらず神の言に応答する可能性が見いだされる。だが、現実にそれが生じるのはキリストの恩恵によるのであり、こうして創造の秩序は回復されるに至っていると説かれている。

これに対しバルトはブルンナーの用いる概念の曖昧さから反論を展開させ、神の像が人間の人格存在の本質を意味し、啓示を受容しうる可能性を示しているとするなら、人間は神の共働者たるの地位に立つことになるが、それは聖書の真理なのかと問う。また、神の像が実質的内容を喪失しているというなら、どうして神の言に向かう可能性がそこになお形式的にありえようか。人間性と神関係との絆は破壊されたので、「人間が人間であって、猫ではない」ということは無意味である。[22] 堕罪において何らかの仕方で神認識が可能であるとは如何なる意味か。そのような可能性に立つ神は単なる偶像ではないかと反問している。さらに「保存の恩恵」により人格存在が維持されていると主張されるが、聖書の告げるところは神がキリストの救いのわざにより人間が悔い改めて信仰に帰るように期待し、忍耐して教会を支えているということではないか。また神の像や人間性が実質的に喪失しているのに形式的に保存されているという思想の背景には神の救いを人間の側からのみ捉えている立場が明白にあるのではないかと問い返している。

バルトは神の側から神学的に思考しているのに対し、ブルンナーは人間の側から神のわざをも理解しようとしている。神学といえども人間の営みであるかぎり、ブルンナーの説く聖書的でかつ人間学的でもある反省なしには、教会以外の人たちに対して説得力をもたない。ブルンナーの神学は教会外の他者に対してキリスト教の真理を弁護する弁証論的性格を最初からもっていた。

この論争の後アメリカの神学者ライホルト・ニーバーは『人間の本性と宿命』全二巻（一九四一－四三）を著わし、「神の像」の問題に取り組んでいる。そこではギリシア悲劇が捉えた人間の有限性を悪とみなす立場に対して明瞭な境界が引かれ、合理主義や神秘主義の二元論が陥りやすい誤謬、つまり身体的必然性の中に罪が不可避的に内在すると説く立場と混同されることを避けるように説かれる。むしろ人間が被造物の限界を超えて神のごとく自己に栄光を帰する意志こそ罪であると説かれている。有限であるから罪をもっているのではなく、むしろ世界を超えることができる能力によって自己を世界の基準であるかのように僭称する誤謬を犯したがゆえに、罪人と判定される。この罪の中に含まれている世界を超越できる能力こそ、人間の責任として把握されるものである。こうして神の像に似せて造られた人間は、堕罪以前においては、最大の創造性と最大の破壊性とを同時にもっている自由な存在として把握されている。したがって彼は「神の像」を「人間の自己超越能力」(capacity for selftranscendence)と理解し、「神は人間の像である」と説くフォイエルバッハを批判している。(23)

結び

神の像の問題は神による世界の創造というもう一つ大きな枠組をもっている。それは大自然を含めた人間の被造性の問題である。創造者なる神と被造者なる人間との関係は創造神に対する信仰の第一の前提であって、これはキリスト教においては初めから認められている。しかし、理性的に自律し、科学技術を駆使して近代文化を創造してきた近代人は、神の地位を簒奪し、神に代わって人間文化の世界を創造したとみずから考える。「我々にかたどって人間を造ろう」との創世記に記されている神の言葉を近代人は自分の世界に向かって語るのである。このことは「神は人間の像である」との見解に印象深く表明されている。しかし人間は全知全能ではなく、被造世界の極微な存在にすぎず、有限性をその根本的な特質としている。このことは世界を単に文化の世界としてではなく、コスモスというもう一つ大きな枠から人間を捉えるならば、明瞭になってくる。現代の人間学はこの観点から人間を新たに解釈しようとしている。

第一〇章　現代の人間学における「人間の地位」

はじめに

一般に現代は人間学の時代であると言われている。グレートイゼンの簡潔な定義によると、人間学というのは一般的に言って「人間の自己自身についての知識」である。(1) しかも今日では人間に関する諸科学の研究が大いに進み、その膨大な成果が発表されているがゆえに、人間学の時代といわれるにふさわしい。だが、同時にそこから来る過剰な情報の氾濫と価値観の多様化により思想上の混迷がふかまっていることも否定できない事実である。この状況についてシェーラーは次のように言う。

「いかなる時代といえども今日におけるほど人間の本質と起源についての諸見解が不確実で曖昧で多様になったことはない。……およそ一万年の歴史のなかで、私たちは人間が徹底的に自身にとって〈問題的〉となった最初の時代にいる。この時代のうちにあって人間は、人間とは何であるかをもはや知らない。しかし同時に、自分がそれを知らないことを知ってもいる(2)」。

彼はこれに続けて「そこで、一旦この問題に関する一切の伝統をすすんで完全な白紙に還元し、最大限の方法的な無関心と驚嘆とをもって人間と呼ばれる実在を眺めるようになった暁にのみ、私たちはもう一度確固たる洞察に到達することができるであろう」と語っている。ここで「白紙に還元する」というのはフッサールの現象学的還元の方法を指している。そこにはヨーロッパの諸学が世界観的な様相を呈し、イデオロギーとして用いられている現状があって、彼によってそこに学問の危機が感じ取られていたからである。ここに現代における人間学の誕生する原因があった。(3)

そこでわたしたちは人間に関する諸科学の成果を受容しながら、感性・理性・霊性からなる人間の全体像を再建することが、今日わたしたちに課せられた共通の課題になっている。この全体像は人間が自己・他者・世界という三大領域に関わって存在している現実を、身体・環境・言語・心理・倫理・社会・文化・歴史・宗教などの具体的関連の中で、学問的な検討を積み重ねることによって、次第に明らかになるであろう。

このような学問的な営みは最初カントにより計画されたが、実際には今世紀に入ってから生物学の大きな発展に刺激されて次第に成熟し、シェーラーの哲学的人間学により「人間学」として一応の体系を確立する。そのさい彼においては人間学を『宇宙（kosmos）における人間の地位』（一九二八年）という表題に示されているように宇宙論的な観点から確立しようとし、プレスナーではその著作が『有機体（das Organische）の諸段階と人間』（一九二八年）となっているように人間を有機体の全体から解明しようとし、さらにゲーレンでは『人間——その本性および世界における人間の地位』（一九四〇年）とあるように「世界」（welt）が枠組となっている。彼らに共通している点は人間をより大きな枠組から捉え直そうという試みであること、またこの人間の「地位」（Stellung）を確定しながら、人間の「特殊な地位」を「人間の尊厳」として学問的に解明していることである。わたしたちはこの観点から現代ヨーロッパの人間像の特質を考察することができる。

一　シェーラーと「哲学的人間学」の成立

マックス・シェーラー（一八七四―一九二八）はカントの倫理学の批判から出発し、晩年に人間学に到達した。最後の著作となった『宇宙における人間の地位』は彼の哲学的人間学を要約した形で述べたものであり、当時、多大の反響を巻きおこした。これを契機にして哲学的人間学のみならず、多方面にわたって人間学は発展していった。こうして生物学・医学・社会学・心理学・経済学・政治学などの分野から人間学の試みが続々と発表されるようになった。まず彼の人間学の特質をいくつかあげて見よう。

人間の特殊地位　それは植物と動物との比較により生物学的な考察によって行われている。そのさい「心的諸能力の段階系列」が立てられて、最下位の「感受衝動」に植物が位置づけられ、動物には「本能」・「記憶連合」・「知能」（Intelligenz）が帰せられている。そうすると人間と動物との間には「程度にすぎない区別」しか総じて存在しないのか。人間は進化した動物よりも優るものではないのか。そこには本質的区別がないのか。この問いに対しシェーラーは技術的知能をもってしては答えられないと考えて、次のように答えている。「賢いチンパンジーと、技術家としてだけ見られたエディソンとの間には、たとえどんなに大きな相違があろうと、程度の相違があるにすぎない」(4)と。

しかし、人間にはチンパンジーには欠けているものが存在している。それは人間も動物もともに属している生命の流れそのものには由来しないものであって、生命の流れと衝動に対抗して「否」ということができる「精神」なのである。したがって、この精神は生命に対立するものとして立てられている。このようにして、精神が生命に対立して立てられることにより、宇宙における「人間の特殊地位」は明確に定められたとしても、この対立が二元論の陥穽にシェーラーをふたたび陥らせることになり、それをいかに超克するかという課題を後世に残している。

人格の作用統一　精神としての人間の特質は、動物との比較考察により、世界に対する態度の相違として示されている。動物が環境をもち、本能によりその中に組み込まれているのに対し、人間は環境を超えて世界に対して開かれており、世界に向かって距離を保って、それを「対象」として捉えることができる。これが「世界開放性」(Weltoffenheit)の主張である。こうして動物が自分の欲求にしたがって生きているのに対して、人間はもろもろの欲求に「否」ということができ、諸々の抵抗をも対象として立て、これに対し自由に関わることができる。植物が環境の中で光を求めて「まったく忘我的である」(rein ekstatisch)のと相違して、動物は対象の意識と行動の中心をもっていても、自己に対する意識をもっていないのに対して、人間は自己意識のみならず、自己の身体的・心的性質をも対象的に把握することができる。それゆえ人間は世界を超越したところに自己の作用中枢をもち、一切の行動に作用統一を与えることができる。この中枢は有機体と環境との対立を超えており、「人格」(Person)と呼ばれている。

精神の作用　人間の本質として「理念化作用」(Akt der Ideierung)が立てられ、動物の「実践的知能」(die praktische Intelligenz)との相違が示される。たとえば「痛み」を人が感じると、どうしてそれが生じたのか、どうしたらそれをとり去りうるか、と問う。このような痛みにたいしては医学が実践的に関わっている。ところで人間はこのような痛みという事態を単に感じ、それに関わるだけではなく、それを「理念化」することができる。私は痛みを感じると、それを傷つけられた事態の例として捉え、同時に「痛み」そのものをも普遍的な概念として把握することができる。

「世界根拠」

シェーラーは、そのような精神の存在が高次であっても、それが現実においていかに脆弱であるかを第一次世界大戦の経験を通して痛切に感じている。そこで彼はエネルギーの源泉を衝動に求め、それを精神に昇華しなければならないと説くに至った。さらに彼は、この精神と生の衝動との対立を形而上学的に考察し、この対立の根源を「最高の根拠存在」(ein oberstes Grund-Sein) である「世界根拠」(Weltgrund) の中に求め、「自律的存在」(Ens per se) とも呼ばれる、この存在の内にある精神的属性たる「神性」(deitas) が、自己の理念や価値を実現するため、自己の衝動的属性を解放し、世界が時間的に展開する過程を引き受け、世界史の中で人間を通して自己を実現すると説いた。(5)

このような晩年のシェーラーの人間学は、現代の人間に関する諸科学の成果を受容した上で伝統的形而上学を再度確立しようと試みた点に、その思想の哲学的意義と精神史における位置とがあるといえよう。

二　プレスナーの哲学的人間学

シェーラーの哲学的人間学が発表された一九二八年に、ヘルムート・プレスナー(一八九二—一九八五)も『有機体の諸段階と人間——哲学的人間学入門』を出版した。彼は綿密な生物学的考察から出発し、冷静な科学的探求を展開しており、この著作はその後発表した文化的・政治的人間学ともども今日の状況に対し優れた意義をもっている。ここでも人間を他の生物と比較して考察しているが、形而上学的解釈は退けられ、「この探求は生物学者と行動科学者との作業の基礎となる外部的直観の枠内に厳格に留まっている」(6)と語られている。そこから展開している彼の植物・動物・人間の本性についての哲学的探求の特質を次にあげてみたい。

世界における有機体の位置づけ　世界において有機体が置かれている「布置性」(Positionalität) から有機体とその領域との構造連関が理解されている。植物は周囲世界のなかに組み入れられており、世界に向かって開放的な有機的な組織を造っている。「有機体がその生命を発現するあらゆる場合に、自己を直接その周囲世界に組み入れ、自己をそれに適応する生命圏に従属する一断面にする形式は開放的である[(7)]」と説かれている。それに対し自己を間接的に周囲に組み入れかつ生命圏から独立したものとなす動物は開放的ではなく、閉鎖的であることになる。だから動物は中心をもち、そこから外に向かって生きかつ行動することができる。とはいえ動物は中心としては生きていない。「動物はその中心から出たり、入ったりして生きているが、中心として生きるのではない[(8)]」。それは自分自身に回帰する体系を作っても、自己を体験してはいない。それは自己の身体に対する距離がないため、自己を反省できないのである。それに対し自己を反省できる人間の場合には、中心として生きるばかりでなく、この中心を自己の身体の外にもっている。もしそうでないなら、反省できないであろうから。したがって自己の身体を超えたところに中心をもって初めて、反省とか対象化とか言われているものは成立する。プレスナーはこの事態を「脱中心性」(Exzentrizität) と呼んで、それを透視画法の「消失点」(Fluchtpunkt) として次のように説明している。

「この生体（人間）は自己自身を所有し、自己を知り、自己自身に気付き、その点で我として存在し、《自己の背後に》存在する自己の内面性の消失点であり、この点は自己の中心から遠ざかって、生命の一切のあり得る遂行に対しこの内面の領域の情景を眺める観察者となっているため、もはや客観化され得ない、もはや対象の位置に移り得ない主体の極である[(9)]」。

前にシェーラーが精神の対象化の作用として捉えたことをプレスナーはこの「脱中心性」によって説明し、それを自説の中心に据えてその哲学的人間学を展開している。

脱中心性　脱中心性に立つ人間は、それによって外界と内界、つまり対象と意識に分裂し、さらに自己と自己の体験との間を裂き、両方の側に立ちながら、それらの束縛を受けずにその外に立って、一所不在である。人間は中心に立つことを止めるわけにはいかないながらも、絶えずその中心から脱しないではいられない。だから、私は今いるところにいないで、今いないところにいなければならない。私は無の中に立ち、同時に自己の外に立ってそれを認識している。しかし、自己のこの拠り所のないということの認識は世界根拠や神へわたしたちを導く。「自己自身の拠り所がないということは同時に世界に依存することを人間に禁じ、世界がさまざまな制約をもっていることが現われてくる。だが、そこには人間に現実の空しさと（同時に）世界根拠の理念とが立ち現われてくる。脱中心的位置づけの形式と絶対的・必然的に世界を根拠づける神とは本質的な相関関係に立っている[10]」。

プレスナーはシェーラーの「世界根拠」としての形而上学的神を脱中心性からこのように説明している。だが、脱中心性は、その本性である一所不在に基づいて、すべての実在と世界根拠とに疑惑の眼を向けさせ、神の存在証明をも粉砕して止まない。だから、人間はまことに定義できない存在である。

人間の隠された豊かさ　「脱中心性」は自己以外の有機体に対して際立った人間の特性であり、それは人間の生物学的側面のみならず精神科学的・文化科学的側面にも拡大されている。プレスナーは『権力と人間性』（一九三一年）において人間を文化を生みだすための生産的な場とみなし、すべての文化活動・経済・国家・芸術・宗教・科学などは人間の創造的業績に他ならないと説いている。しかし人間はその隠れた本性のゆえに完全には自己を知りえず、知ることができるのは自己の前にある目的か自己の背後に付きまとう自己の複製たる影に過ぎない。だからこそ人間は歴史をもつのである。人間は歴史をつくり、歴史が人間をつくる。歴史の中で活動する人間は予期しない出来事に出会って挫折し、裏切られて自己の姿を覆い、ふたたび自己を隠してしまう。こうして人間は世界に解放され、晒されておりながら、同時に隠されている。元来は神の汲み尽くしがたい豊かな本質を示しているこの「隠れ」という概念は、人間にこそふさわしいものといえよう。

三　ゲーレンの人間学

アルノルト・ゲーレン（一九〇四―七六）の人間学は、現代の総合的人間科学という性格をもった最高の水準を示しており、これを正しく理解し、批判的に発展させていくことがわたしたちの課題と考えられよう。ここではシェーラーからの哲学的人間学の発展という視点から彼を理解し、その人間学の特質を指摘するに止めざるをえない。彼の主著『人間――その本性および世界における人間の地位』が出版されたのは一九四〇年であって、シェーラー以後の生物学とくにオランダの解剖学者ボルクとスイスの生物学者ポルトマンの人間生物学によって影響を受けている。ボルクの学説では「特殊化」と「停滞」とがゲーレンに影響している。猿の胎児および幼児は人間的特質を備えているのに、成長した猿は森の生活に合うように「特殊化」しており、そこに適応的進化が認められる。しかしボルクは人間の顎と歯、さらに皮膚・爪・触毛から人間では進化が減速し、形態学的には「停滞」した猿の胎児であることを立証している。次にスイスの生物学者ポルトマンの有名になった「子宮外早生の一年」という学説がゲーレンに影響を与えている。生理学的に言えば人間は正常化された早産児であって、胎児上の半期を母体外ですごし、直立歩行・言葉・技術的行動の三つの素質をもって生まれ、社会的触合いの中でこれらの素質を学習により発展すべき課題が授けられている。ゲーレンはここから人間が文化的行動により自らを「訓育」する動物であるとの結論を得ている。

このようにして形成されたゲーレンの学説の特質を次にいくつかあげてみよう。まず、シェーラーの二元論と対決している点から見ていこう。

行為する生物としての人間　ゲーレンはその主著において解明すべく立てた「人間学的図式」について述べているところに彼の人間観の全体を適切に提示している。

「人間は行為する生物である。それは、いずれ詳しく説明する意味において〈確定〉されていない。すなわち自分が自分の課題となり、自分に向かって態度をとる生物といってよかろう。外界へ向かってとるその態度の方は行為とよぼう。つまり自分が自分の課題となるかぎり、人間はまた自己に向かって構えをとり、〈自分を何物かにする〉。それはできればなしで済ませるような贅沢ではない。〈未完成〉は人間の身体的条件であり、自然本性なのだから、人間はまたどうしても訓育の生物となるだろう」[11]。

このような「行為」の概念こそシェーラーが克服できなかった二元論を超克するものとして立てられ、人間の全機構はこれによって解明されている。そして「行為とは予見と計画に基づいて現実を変化させることであり、こうして変化させられた、ないしは新たに作られた事実と、それに必要な手段との総体を文化と称することにする」[12]と解されている。したがって行為と文化こそ人間の本質を規定している、と彼は主張する。

こうした方法により考察される対象たる人間は次のように定義されている。

「人間が訓育の生物であり、また文化を創造するということが人間をすべての動物から区別する所以であり、それが同時に人間の定義にもなる。人間以外に自分のもともとの本性を予見をもって能動的に変化させて生きていく動物はいないし、習俗的な掟や自己訓育をもつ動物もいない」[13]。

負担免除の原理　ではゲーレンが、その主著の大半を費やして、人間の行動と文化との根底にある構造として考察した「負担免除」の原理は、いかなる意義を人間学の歴史に対してもっているのであろうか。彼はシェーラーの説く人間の「世界開放性」を認める。しかし、そこにある「非動物的な刺激の横溢」や見通しのきかない「不意打ちの場」に人は晒されているため、人間は自力で負担の免除をなし、自己の生存の欠陥条件を生存のチャンスへと切りかえざるをえない。そこから人間にふさわしい行動・言語・道具・文化が生み出されてくる。人間は自分に適応していない場に立って、まさしく自分の欠陥と負担とから自分の生存条件を自力で講じていかねばならない。だから「自分の不適応性を利用し、世界と自分とを見通して、世界を自分の手中に収めることを知る」[14]のである。

彼は人間学を「人間生物学」の立場から一貫して確立しているため、人間の行動もこの生物学の視点から捉えており、それは自己保存の衝動から理解されている。このような立場からは、人間的思考も本性に潜在しているもので、任意のかつ多様の目的や動機に仕えるものであって、思考の自律性といわれるものも錯覚にすぎないと説かれる。そこでは理性がデューイと同じくプラグマティックな使用に限られることになる。シェーラーがこうした「実践的知能」の他に「精神」を人間に固有な能力として認め、そのために二元論に陥ったのに対して、ゲーレンは自律的理性の能力である精神を認めず、実践的知能そのものにおいて人間と動物との差異を捉えている。

四　生物学的自然主義との対決

シェーラー、プレスナー、ゲーレンはともに生物学の成果を採り入れながら人間学を確立していった。倫理学から人間学に進んだシェーラーにはヨーロッパの伝統的な形而上学が残っており、この点が批判の対象となった。プレスナーは生物学から出発し、広く文化と政治の領域に人間学を展開させていった。ゲーレンは形而上学を否定するあまり、生物学的人間学を確立しようとした。こうした歩みは現代の歴史と深く関連している。これまで指摘したように、近代以来の世俗化の歩みはドイツではキリスト教に代わって文化や教養が人々の心の支えとなり、文化の中でも哲学・歴史学・社会学・生物学の順に支配権を交替させていった。ところが総じて学問はそれに信頼を寄せうる信仰の対象ではないことから、その正体は偶像として暴かれ、その地位を順次失っていき、最後の段階で生物学が覇権を握ることになる。現代の人間学はこの世俗化の歩みとともに展開し、しかも最終的には「人種の優越」を誇る生物主義的な世界観が一世を風靡して、ナチス一派がアーリア人種を最優秀民族とし、ユダヤ人を抹殺する人種理論にまで到達した。

西ヨーロッパの諸国ではダーヴィン主義が熱狂的に歓迎されたとはいえ、啓蒙主義の伝統の中には理性信仰と並んで人間への信頼が保たれていたので、生物学的な世界観への抑制がきいていた。だがドイツではその抑制がきかず、「生物学的自然主義」を運命として受け入れることになった。

プレスナー自身は生物学から出発し、「脱中心性」の観点から人間学を確立したのであるが、時代の生物学的な世界観と格闘する運命に直面したのであった。実際、この種の世界観は近代の世俗化の歴史における最終段階を示すものであった。ナチスとの対決に終始したプレスナーと対照的なのは、時代精神に迎合したゲーレンである。生物学的に見た人間の偉大さはゲルマン民族の「特殊な地位」となっているというのがナチス・ドイツの結論であった(15)。

このように宇宙における「人間の地位」が生物学から考察された歩みは「人間の尊厳」を著しく踏みにじる野蛮への逆行であった。シェーラーは人格や精神をもって人間の地位とみなしたのに、ゲーレンは人間と動物とは知能において同等であると考えた。実際、形而上学に傾斜しがちなシェーラーを批判して生物学から人間学を確立したことは、シェーラーからゲーレンへの発展であるとしても、生物学からすべてを解明することは不可能であった。実際、シェーラーの立てた基本的なテーゼ、つまり動物が「環境」に拘束されているが、人間はそれから自由に世界を捉えることができるという「世界開放性」の学説はプレスナーの「脱中心性」の学説に繋がっており、ゲーレンによっても認められている。また、人間と動物との差異は、直立歩行にも、知能にも、道具と火の発見にもない点は共通している。さらにシェーラーの衝動に対する「否定」とゲーレンの衝動の強制からの「距離」とは相違していても、人間が外界や自己に対して「距離」をもちうる点では両者は一致している。しかしながら宇宙における人間の地位を捉える視点は全く相違していたのである。この相違は神との関係で明瞭になる。ゲーレンは無神論であるのに対し、シェーラーは形而上学的に神の存在を世界の究極の根拠としているし、プレスナーも「脱中心性」と世界根拠としての神を相関的に把握している。ここに神を最高価値として認めてきたヨーロッパの伝統的な価値観が反映している。それに反しゲーレンはニーチェを信奉する無神論者であった。人間が動物として存在することは事実であるとしても、動物のように行動することは、パスカルがかつて洞察したように、「人間の尊厳」の破壊を意味する。

第一次世界大戦の最中シェーラーの家に集まったグループにユダヤ人のマルティン・ブーバー(一八七八―一九六五)がいた。この時期にこの二人の哲学者は主観性の哲学から間主観性へとともに転換している。(16) わたしたちは次にブーバーがヘブライズムの源泉に遡って新しい人間像を探求していったことを問題にしてみたい。

五　ブーバーの『我と汝』

第一次世界大戦の後に近代の主観主義的な傾向を超克して新しい人間学を確立する運動が起こってきていた。このような新しい傾向はすでにハーマンやフンボルトの言語理論のなかに、ヤコービ、フィヒテ、フォイェルバッハの近代哲学の中に次第に展開しはじめていたが、ブーバーにおいて全面的な開花を見た。彼の周囲には、それぞれ独自の歩みの中から、期せずして同じ思想に達した思想家が多くいる。エブナー、ローゼンツワイク、マルセルなどの対話的思想家がそれである。こういう思想家が同時に現われたということは、現代という時代の要請であるとしか考えられない。だから、この思想の運動をカール・ハイムが「現代思想におけるコペルニクス的行為」と名づけたのは適切であった。なぜなら対話的思想家たちの共通の問題意識を調べてみるならば、主観主義化した個人主義とラディカルな集団主義との分裂の苦悩が、他者を「汝」として捉え直すべく問いかけていたことが知られるからである。ここにブーバーの出発点があり、『我と汝』で完璧な詩的表現に達した思想の基礎があるといえよう。

「汝」関係の世界の確立　「我—汝」と「我—それ」という二対の根元語によってブーバーは「我」が対向する実在について二つの基本的態度を区別して示し、「我」をそれ自体として実体的に考察する主観主義的思考は最初からしりぞけられている。「我—汝」は人格的な対向者を予想し、承認し、これに対し「汝」としての関係をとる。他方、「我—それ」は非人格的（非人称的）客体（物）だけを対向者の中に見る。この「我」は知的観察の主体であって、ただ一方的に知るのみであり、自らを知られたものとして知ることはない。つまり「一方通行」である。この「我」は内側から外に向かって動く、他動詞的行為であって、外から内に帰還しない、つまり再帰しない。しかし「我―汝」における「我」は他者によって知られているものとして知る、相互的関係の中に立っている。そのさい、「汝」には、「我」に向かって立つ「対向者」、つまり「他者」の側面と、私がその他者に向かって「汝を語ること」によって呼び開かれる関係行為の側面とがある。そこから「汝」は他者に対する「態度」とも「関係」ともいわれ、この「関係」は対向しあっている二者の相互的な関係行為による「対話」をもたらす。しかし、この「関係」が主観によって構成される場合は、カント的意味において「経験」と呼ばれる。これに対し、前の「出会い」の場合には相互的人間の「間」の領域が形成されるのである。

「関係」の世界　世界は自然・人間・精神的実在（芸術作品・哲学・思想体系）の三領域にわけられ、これらの領域を通って「永遠の汝」が語られる。したがってこれまで人々が扱ってきた全領域にわたってブーバーは思想を展開しているといえよう。『我と汝』以後の著作は詩的に語られた思想の理論的完成を目ざしていると考えられる。しかし「私はいかなる理論ももたない。私は一つの対話を交しているのだ」と彼は著作の全体に適用されたいと願った自己証言を残している。彼は対話的思想家であるのみならず、対話の思想を真に生きた人、現代における対話的人間の生ける模範であった。

対話的人間はさまざまな人間類型のなかに生き続けてきたのであるが、現代においてブーバーを中心として対話的人間の理想的な型が求められ、またそれが現われでているといえよう。

人間の本質的関係能力　この対話という能力によって築きあげられた共同体と関係を喪失した群居せる人間集団、つまり「無形の大衆」とは同じ社会形態をとっていても、内実はまったく相違しているといえよう。(17)「汝」を語ることは「間」の領域では相互的に語りあうことになるので、我と汝の間に一つの「中心」を形成し、しかも、この中心が「汝を語ること」によってつくりだされているため、中心は「中心的汝」となっている。他方、関係を喪失した群居集団はそれぞれの自己のうちに中心をおく原子の集合となっている。前者は生ける中心の汝が共同体をつくりあげているが、後者には中心が分散しているため、強力な法的支配を外側から加えなければ群衆の統制は得られない。この「中心的汝」についてブーバーは次のように語っている。

「真の共同体とは次の二つのこと、すなわち、すべてのひとびとが一つの生ける中心にたいして生ける相互関係のなかに立つということと、そして彼らどうしがたがいに生ける相互関係のなかに立つということによって成立するのである。共同体は生ける相互関係をもとにして築きあげられる。しかし、その建築師はあの生きて働きかけてくる中心なのである(18)」。

この「中心的汝」の中で人間の相互的関係が実現しているところに共同体は成立する。古代社会ではこの中心的汝が「汝」として呼びかけられる神や神性の像であった。しかし現代ではこの生ける中心を感じとり、「汝」に向かって共同体を形成するかわりに、制度や機構の変革を世界から戦いとろうとするところに、共同体の心性は不在であるとブーバーはいう。共同体のなかにみずから生きることなしに過激な行動によって一切の所有や幸福、自由や生命を放棄し、人格として現在を生きることを犠牲にして、いつ来るか分からない未来の瞬間を引きあいにし、自己をその手段となすことはできない。共同体は未来に描かれる幻想ではなく、人間の生そのものに深く根ざしたものであって、対話の中で「汝」を語る関係行為として姿を現わしている。

「永遠の汝」と「永遠の中心」　このように「汝」が空間的に結びあわされて中心となり、社会が形成されるのに対し、個々の汝は時間的にはその連続性を「永遠の汝」の中で形成している。ブーバーは「永遠の汝」について『我と汝』の第三部で詳論している。その主題が「もろもろの関係の延長線は、永遠の汝において交わる」とあるように、関係行為としての個々の「汝をいうこと」を通して「あの根源語（我—汝）が永遠の汝に語りかけ」、「本質的に〈それ〉となり得ない」永遠の汝につながっているという。[19] それは神であって、神を見いだした者は「永遠の中心」を見いだしているのであるが、この発見は彼の道の終わりを意味しないのであり、彼は「途上」を歩んでいる。「中心」(Mitte) は同時に「途上」を意味しているのである。この中心の力は中心に向かってのあらゆる「転向」・「対向」・「出行」を引き起こすとブーバーはいう。このような中心へむけて絶えず生じる転向、対向、出行によって、さまざまな関係の孤立した瞬間が結びあわされ、「汝の世界の連続性」が保たれる。しかしながら「汝」は「それ」に化する宿命、「われわれの運命の悲壮なる憂愁」のゆえに、その連続性と客観性をもっていない。「汝」は非連続でしかない。しかし、この非連続の「点」は「永遠の汝」によって結びあわされて、非連続の連続として一つの「線」をなしている。「汝の世界は、もろもろの関係の延長線がそこで交わるあの中心、すなわち永遠の汝と連関している」[20] とブーバーは語っている。この中心から対話の基本運動の「対向」がたえず喚起されてくるといえよう。

こうしてブーバーの対話的で応答的な人間の責任性にこそ永遠者が呼びかけて自己の像を刻む場所が見いだせる。ここに「神の像」が現実に形成されている。[21]

六　マルセルの『人間の尊厳』

カトリックの実存主義者マルセル（一八八九―一九七三）は実存哲学の影響下にありながら、単独者としての個別的実存を超克する原理的に新しい思想に到達している。この新しい傾向はブーバーによって始められていたもので、両者は期せずして同じ思想に到達した。マルセルは自己の生活体験から観念的な哲学思想によっては達せられない人間存在の秘義を明らかにしようとする。彼は存在を客体化し、所有物となしえず、ただ共同的に関与し、主体と他者との、主体と神との交わりの中に忠実にとどまる程度に応じて存在に到達するものと考える。そのためには自己が他者や実在とともにあり、それと出会っていなければならない。この出会いにおいて自己の存在が大きく変化する。これは稀な経験であるが、恋愛や友愛の中では起こっている人間的愛の経験の中に自己中心的生き方は打ち破られて、「汝」との交わりから新しい存在が造りだされる。このようなマルセルの実存思想は「忠実」と「希望」で見事に展開しているが(22)、ここでは「尊厳」を通して考察したい。

人間の尊厳がかつてカントにおいて理念的に力説されたのであるが、マルセルは科学技術が絶対化された時代においてはそれが屈辱と迫害を含む実存の躓きの中で再検討されなければならないと次のように主張している。「人間の尊厳ということが、その重要性をたえず増大しながら現代人の心に被いかぶさってくることは事実である。……しかし、われわれがおかれている歴史の一時期において、技術絶対化の道を進む世界が心の生を圧する脅威を前にして、哲学者はその個人的信仰いかんにかかわらず、実存者としての、世界の中の存在としての人間の状況の中に、あらゆる歴史的、超歴史的啓示に訴える以前に、抽象的に限定される合理性の次元にではなく生と死の境地においてたしかめられるべきものと思われる、このすて去ることのできない人間の尊厳性の本当の根拠を探さなければならないだろう(23)」。

そこで彼は平等と兄弟愛との本質的な相違を指摘する。たとえば他者から不当に傷つけられる場合には、平等の名の下に自己の権利の要求にしたがって行動するが、そこには兄弟愛はない。「ところがもし人が兄弟愛の根底に見出される他へ向かって拡がる認知の働きに注意すれば、それがごく自然に、平等にみられるような権利要求とは反対の方向に向かっていることがわかるでしょう(24)」。このようにマルセルは兄弟愛の現象学的考察から平等の権利要求とは相違した人間の貴いあり方を取り出して提示している。
しかし、彼は人間の尊厳は理性主義の抽象的な考え方から把握できるものではなく、また一般に考えられているように伝統的な神の像という観念からも理解できるものではないと主張する。「人間の尊厳性は何らかの形の信仰宣言によって、すべての人の父である神を公に認める人にしか肯定されない、つまり神に似た姿という点においてのみ人間の尊厳があらわれると考えることは間違いだと思います[25]」。彼によると他者との兄弟愛による具体的関係の中にこそ人間の本質的な尊厳が見いだされる。「自由」も同様であって、本性的な自由などまったく無意味であって、「私が先に希望についていったのと全く同じように、自由が生まれるのは捕囚の状況の中においてであり、まず解放されることの憧れとして生まれることを見逃さないでください」と彼は語っている[26]。それゆえサルトル流の個人主義的な自由論や科学技術的な統制による支配、さらに政治的な全体主義によっても人間の尊厳は犯されていると批判する。この批判には人間が何かによって虜にされ、自己を何らかの道具のようなものとすることに対する断固たる拒絶が含まれている。むしろ人間の尊厳は兄弟愛に見られるような「相互的主体性」の領域に見られる、と彼は主張している。

「私がこの講義を通じて明らかにしようとしてきた思想の脈絡からすれば、今述べた意義は相互主体性、もしくは、いうなれば兄弟愛の領域においてのみ理解しうるものだということは極めて明瞭なことです。……兄弟愛に富んだ人間はその隣人に結びついています。しかしそれはその結びつきの群が彼を縛りつけるどころか、彼を解放するという意味においてであります。ところで私がはっきりさせたいと思っていることは、まさにこの何よりも大切な解放ということです。何故なら、われわれはすべて自分自身の虜となりがちなものですから。単に自分の利害や、情熱や、あるいは単なる偏見の虜となるだけでなく、もっと本質的な仕方で自己中心的で、すべてのことを自分の側からしか考えようとしない心の傾きの虜になりがちなものですから。これに反して兄弟愛に富んだ人間は、自分と兄弟の間に通う交わりによって、兄弟を豊かにするすべてのことによって自らも何らか富まされるものであります」[27]。

マルセルは人間を非人間化する社会にあって自己を何らかの道具とする、つまり手段とする考えを拒絶する。「自己に対する尊敬ということは、まさに自分を道具のようなものにしてしまうことに対する、断固たる拒絶を含んでいるのです」[28]。それに対し相互的主体性である兄弟愛こそ「あらゆる種類の分裂に反対するもの」[29]であり、他者に対し献身的に関与する態度であって、かつて「神の像」の学説の中に息づいていたキリスト教的な愛の生命であるといえよう。

結び

現代の人間学の展開からヨーロッパの人間像を考察してきた。そこでは宇宙における人間の地位から人間を把握し直すことが試みられたが、神の存在を世界の究極の根拠とみなす立場と無神論とは決定的に相違していた。実際、人間が動物として存在することは生物学的な事実であるとしても、動物のように行動したり、人種を差別するような生物学的な世界観は、「人間の尊厳」を著しく破壊し、人類を不幸のどん底に転落させたのであった。同時にこうした悲劇的な経験の最中にあって自我中心的な主体性が問題視され、自己の虜となって悲劇を生みだすことから決別し、他者に「汝」と語って関係し、兄弟愛によって他者に献身する交わりに向かう転換が起こった。ヨーロッパの人間観は自己をたんに道具としたり手段とする隷属からの自由を絶えず主張し、そこに人間を目的自体とみなす人間の尊厳を確認してきた。それと同時に人間が自己を目的としながら自己を絶対化し、神とみなすような主体性の物神化を断固として拒絶し、神と他者の存在を認め、愛による交わりの内に人間の尊厳を求めてきた。

こうした人間像は長い歴史の歩みによって形成されてきたもので、古い人間像を解体しながら、新しい像を形成する途上にあるといえよう。実際「ヨーロッパ」自身が固定的な観念ではなくて、歴史的な概念である。それは歴史的にはイスラム世界の地中海世界への進出に対抗してカール大帝によってゲルマン諸民族が統合されて誕生したものである。そこには国々により、時代とともに、実にさまざまな文化を形成しながら「ヨーロッパ」像の形成をめざして歩みが続けられてきた。だから新しい文化の形成は古い文化の継承と消滅を常に伴っている。

このことをいっそう明瞭にするために、ヨーロッパの人々がいつも愛してやまないアッシジの聖者フランシスコのことを考えてみよう。一二世紀から一三世紀にかけて生きた彼はすでに第五章三節で述べたように「貧しいキリスト」に倣って貧者のために献身した聖者であった。彼について現代フランスのある作家が次のように印象深く語っている。

「最後に、フランチェスコは聖者である。……聖性は偉大さと関係を保っている、しかし、〔偉大さは－引用者〕聖性よりもわれわれに捉えやすい。偉人は、われわれの称賛を博することにはどんなに冷淡であり得るにしても、おのが優越をわれわれに気づかせる瞬間が常にある。……聖性の場合はこれと全くちがっている。聖性とは焼き尽くされた偉大さである。偉人が額の上に戴く冠を、聖者は下に下ろす。その黄金の冠の幻影が、自分の頭のまわりに、弱い光の輪となって消え残っているとも知らないで(30)」。

この文章をわたしたちの言葉で言い換えると、「聖性」は「神の像」であり、「偉大さ」は「人間の尊厳」となるであろう。フランシスコにおいては「人間の尊厳」が焼き尽くされることによって「神の像」の中に弱い光の輪となって沈んでいる。またシェーラーは聖者とは「神の人格の像を著しく示す人格」であると規定し、天才が作品を通して、英雄が世界史的行為を通して、後代や後継者に目に見える形で影響を及ぼしているのに対して、そのように明瞭でなくとも「聖人の存在と作用の永遠の現在は神秘に満ちており」、時間を超えて弟子たちに人格的な感化と影響を与え続けていると語っている。(31) こうした人間像はそれとして明らかに自覚されていないとしても、ヨーロッパ人の記憶の深みに刻み込まれているのではなかろうか。つまり昔に生きていた文化や人間像は人々の記憶の中に隠れた形で残存しており、ときおり意識の表面に浮き上がってくるといえよう。

したがって現代の時点でヨーロッパ人に関するどのように多くの個別的な知識をもっていても、それを歴史の中で途上にあるものとして把握しなければ、その知識はほとんど意味がないであろう。

終わりに

これまでヨーロッパの人間像を「神の像」と「人間の尊厳」という二つの概念によって考察してきた。ヨーロッパ文化はギリシア思想とキリスト教との総合であるがゆえに、両概念は歴史において統合と分離を繰り返し、豊かに展開しながら思想史を形づくってきた。とくにヨーロッパ文化が神と人間とが人格的に関わり合って生み出される生活様式により織りなされていることが明らかになったと思われる。そしてヨーロッパの人間像が形成されてくる文化の基礎と深層がある程度解明されたのではなかろうか。

わたしが採用してきた思想文化を把握する方法は人間学的なアプローチであった。それは人間の自己理解から文化的な営みを解釈する試みである。この自己理解の様式は時代とともに変化し、多様な形態を残している。ヨーロッパの歴史におけるこの典型的とも言うべき自己理解の質的変化は、これとの対比によってわたしたちの文化の特質を把握する上で有益であろう。

わたしたちにとってヨーロッパの人間像は研究に値する内容をもっている。たとえば人間像の特質は人々が懐いている価値観に最もよく示されており、ヨーロッパ人は長い歴史を通して独自の価値感覚を共有している。そこには普遍性とともに特殊性も認められる。価値とは大切なものを意味し、何かを選択するときに端的にあらわれてくる。ヨーロッパ的な価値観は高低からなる価値表によって明瞭に示されている。その価値表は精神価値・生命価値・快適価値・有用価値の四つの段階として一般に示される。精神価値である真・善・美の最上位にさらに聖という宗教的な価値を加えると、五段階をもった序列がそこに与えられる。このような序列はキリスト教的ヨーロッパの伝統的価値観に基づいており、様々な疑義はあっても、いちおうの妥当性が認められる。もちろんこれに反対する世界観も多く見られるが、それらもこの価値表を基準にして批判なり改竄なりを行っているといえよう。たとえば牧師を父親にもったニーチェやサルトルが無神論の立場から最高価値の否定であるニヒリズムを唱えて、価値表を改竄するような場合である。問題はヨーロッパにおいて形成された「価値の位階」(Rangordnung) であって、何を最高の価値として位置づけるかということである。

人間が「神の像」として位置づけられる場合には神との関係が問われており、神こそが最高価値として示されている。それに対し「人間の尊厳」を最高価値とみなすならば、人間を最高価値とみなすことになる。ところが両者を融合させようとするルネサンスのヒューマニストたちは人間が最高の可能性を選択できる意志をもっていることに人間の尊厳を求めており、最高価値を人間を超えた神に置いたのである。ここにヨーロッパに特有な人間像が明瞭に認められる。

宗教的価値は霊性によって感得されている。霊性とは宗教心とも信仰とも言い換えることができるが、聖なるものを把握する認識能力である。この宗教的な霊性が哲学的な理性と統合されながら展開しているところにヨーロッパ文化の特質が認められる。そのさい理性だけの合理主義ではない、霊性によって統制された理性の働きが絶えず求められてきた。詩人のテニスンは『イン・メモリアム』の中でこの理想的な姿を次のように歌っている。

知性に光をあらしめよ、いよいよあかるく、
心には敬虔の念を宿らせよ、いよいよ深く。
知性と霊性とが諧調を奏でて、
昔の通りに、そして一層響きも大きく和音をならすために。　(入江直祐訳)

実際、ヨーロッパ的人間像の核心には霊性に基礎づけられ裏打ちされた知性が定着しているように思われる。霊性が知性を排除する場合には宗教改革時代の熱狂主義のような過激な霊性主義が生まれるが、知性が霊性を排除した場合には近代の浅薄な啓蒙主義のような冷酷な合理主義が支配するようになる。それゆえ、霊性と知性との調和とバランス感覚が重要になってくる。

わたしたちが探求してきた「神の像」と「人間の尊厳」も霊性と知性の関係のように調和とバランス感覚によって歴史を通して多様な人間像を形成している。この感覚は選択における価値感覚や人間における愛の現象に示されている。それは先に述べた高低による価値の五段階や神に対する愛に基づいて秩序づけられた行動様式のうちに示されている。したがって最高価値である神に向かう運動として理解されている愛は本質的に超越的であるがゆえに、愛がどの対象に向かうかに関係なく、愛の本質は「愛される対象がもつより高い価値の可能性をめざす運動」（シェーラー）として現象することになる。それゆえ、人間の尊厳もキケロが説いたような人間の自然本性的な美質・優美・品位といった人間の自然状態に求められるのではなく、ルネサンスのピコ・デッラ・ミランドラが力説したような最高価値を実現しようという能力に求められている。つまりヨーロッパ人にとっては人間の尊厳はより高い価値を生みだす創造的な運動として考えられている。それゆえ人権思想の根底には神に向かう愛が存在している。

今日の世俗化した社会にあっては無神論とニヒリズムにより最高価値である「聖」価値は消失し、ヨーロッパ人の心を暗くしている。この事態は一般には世俗化現象と言われており、これまでヨーロッパを導いてきた神の光が消滅し、「神の蝕」とも言うべき現象を起こしている。ヨーロッパの人間像は人が「神の像」にしたがって造られている点に求められてきた。それは神の光を心の中に反映させる生き方をいう。しかし、同時に人間は現実の生活においてはこの光を見失っている。どうしたらここから立ち直って神の像を回復し、その「似姿」に到達できるのであろうか。このような宗教的な反省が、今日の世俗化した世界にあっては消滅しかけており、「神の像」は人々の記憶から消え失せようとしている。

同様に人間の尊厳もスローガンのみが発せられ、内容がなくなっているのではなかろうか。近代人は自我を肥大化させてきた反面、他者とともに生きることの意味を喪失し、ヨーロッパ社会にニヒリズムが広がっている。近代の個人主義が自己主張欲となった時点で他者に積極的に関わる愛が衰微せざるをえないからである。個人主義化した社会では他者は見知らぬ他人となり、隣人として関わってきた共同体の心性である「兄弟愛」が喪失している。こうした変化の根源は自己を絶対視する生き方に淵源している。それは人間が神によって造られた被造物であるという意識が失われたことに由来している。

では被造物とは何であるか。それは創造者との関係を生きる存在を言う。この関係こそ「神の像」で言われているあり方である。それは神に向かう運動であって、ここに被造物としての人間の特質がある。この被造物としての自覚が人間の尊厳の基礎に存在することが歴史において指摘されうるとしても、他者や隣人が同じ被造物であるという共通な意識をもつだけでは人間の尊厳の根底にある兄弟愛は生まれてこない。そこには他者や隣人が自己と同様に神の愛が注がれる対象であり、キリストがその人のためにも死にたもうたという神の愛が不可欠の前提となっている。このキリストこそ神の像そのものであり、救われた人はこの像によって自己の像を回復し、キリストに倣うことが求められている。このような神の像であることが人間の尊厳の基礎とも前提ともなっているのである。

この神の愛は無限に発展する創造的なわざであって、愛のうちに神の姿は「鏡像」のように反映している。ダンテは『神曲』煉獄篇第一五歌でこの神の愛を映す「像」を「鏡」として捉えて次のように歌っている。

愛があればあるだけ幸いは自らをわかち与える。

だから神の愛があるところではいたるところで
その上から永遠の徳がふえのびてゆく。
そして〔神を〕愛する者の数が多ければ多いほど、
より愛すべきものもふえ、愛も深まり、
鏡のように〔愛と神とは〕互いに照らしあう。

（平川祐弘訳）

二千年の歴史を通してこのような人間像がヨーロッパ的な人間の根底に培われてきた事実に注目すべきである。歴史がこの事実を証しているがゆえに、たとえヨーロッパ人の意識の表層からそれが消えているとしても、それでもなお記憶の深層に生き続けている。それはちょうどヨーロッパ連合がカール大帝の時代に成立した政治形態を地盤にして今日誕生してきているのと同じである。多民族国家が民族主義を克服して文化的・社会的な統合を達成した歴史的事実に支えられて今日のヨーロッパの新しい姿が誕生している。過去のカールの政治形態はヨーロッパの原像であって、それを更新する形で今日のヨーロッパ連合は生まれてきている。これは「神の像」と「神の似姿」との間にある関係と同じではなかろうか。過去の列強の時代には記憶から消え去っていた本来のヨーロッパ像がこのように更新されてきているように、「神の像」としての「人間の尊厳」もやがては記憶の深層から甦って、更新されてくるに違いない。

なお、聖書の人間像にある「海の魚、空の鳥、地の上を這う生き物をすべて支配せよ」（創世記一・二八）という自然支配に対する批判が今日環境倫理学の観点から行われ、ここに環境破壊の根源があると主張されている。一般的にいって聖書は創造説に立って人間の地位を高くした上で自然の資源を勝手に使用したり滅ぼしたりすると非難されているが、これは間違っている。というのは創世記にある創造の記事は自然の物質的な使用のことではなく、霊的な人間が地上においていかにあるべきかを問うているからである。とくに生物学的要素と霊的要素との相互作用は時代によって異なって理解されている。たとえば初代教会では人間はまず「魂」であって、身体をもつことによって生物的な創造と呼ばれているものに関係している。しかるに今日では反対に人間は生物学的な存在であって、霊的な能力を備えることにより生物学的条件を超越すると考えられている。それゆえ、ジョン・パスモアの『自然に対する人間の責任』(間瀬啓允訳、岩波書店、一九九八年)には環境倫理学からの批判に対する反論が展開されており、人間は世界に対して、神が人間に対するように、振る舞うこと、また支配ではなく「地を耕し守る」(創世紀二・一五)という保護と管理とが人間に委ねられていることが力説されている。さらに、環境破壊を招いた人間中心主義は聖書の人間観からではなく、ストア派に見られる理性至上主義に由来しているとも説かれている。この点に関して本書では主題を立てて論究することはできなかった。

あとがき

本書で扱っている「ヨーロッパの人間像」はすでにさまざまな観点から論じられており、類書も多いのであるが、それにもかかわらず簡単に語り尽くせるようなテーマではない。アプローチの仕方によっては、なお解明されていない側面も探求できるのではなかろうか。今回、わたしは「神の像」と「人間の尊厳」という二概念の歴史を通してこの問題を考察してみた。それはわたしが三〇年前に訳したヴァイツゼッカー（前ドイツ大統領の兄弟）の『科学の射程』に付せられていた副題「創造と世界創成――二概念の歴史」から示唆を得ている。彼が古代神話と聖書の創世記とに遡って科学思想を歴史的に考察したことに倣って、同様な手続きを通して「神の像」と「人間の尊厳」の二概念の歴史研究を行い、それによってヨーロッパの人間像を探求してみようと思い立ったのである。

なかでも「神の像」については学生時代にブルンナーの『矛盾における人間』を読んだとき以来関心をもち続け、一度は徹底的に学んでみたいと考えていた。ちょうどその当時国際基督教大学の教授として来日中のブルンナーの講演会を聴きに行ったりした。その後も「神の像」のことは忘れがたく、修士論文ではアウグスティヌスの『三位一体論』を通してこの問題に取り組んでみた。また後にルターの大作『創世記講義』を読んで彼がアウグスティヌスとその伝統に立っている中世スコラ神学の「神の像」学説を批判しているのを知って、両者を対比的に研究してみた。さらにルターはエラスムスとの論争の書で「人間の尊厳」に言及し批判しながらも、同時にそれを認めていることに気づき、この二つの概念によってヨーロッパ的な人間観の歩みを解明してみたいと考えるようになったのである。

このテーマについてはまず東洋大学の大学院で、次に聖学院大学の大学院で講義し、古代から現代にいたる概念史的研究を試みた。わたしは未だ十分に研究を積んでいない箇所が多いので、もう少し時間をかけて講義ノートを著作にまで完成させたいと願っていた。しかし、長年お世話になっている小山光夫さんからの依頼を受けて、急遽一書にまとめることにした。今夏は胆石の手術を受けたので心身ともに衰弱しきっていたが、文字通り老骨に鞭打ちながら、秋も深まるころやっと完成にまでこぎつけることができた。もちろん未熟なところも多くあるが、このような形での研究は内外においてこれまで行われていないし、「神の像」と「神の似姿」との区別と関連がエイレナイオスやクレメンス、またオリゲネス以来伝統となっていることも余り知られていないので、少しは役に立つこともあろうかとあえて公刊することにしたのである。

終わりに当たって小山光夫さんが新しく始められた知泉書館の門出をお祝いするとともに、今後も続けて日本の出版文化の発展に貢献されますよう願ってやまない。

二〇〇一年一一月二〇日

金子晴勇

注

序章　ヨーロッパの人間学の基本テーマ

（1）金子晴勇『エンキリディオン』（解説）「宗教改革著作集2　エラスムス」教文館、一九八九年、四〇九―一一頁参照。

（2）ヴィンツィンガー『デューラー』前川誠郎監修、永井繁樹訳、グラフ社、一九八五年、六八頁からの引用。

（3）前掲訳書、七二頁。

（4）『キリストにならいて』大沢章・呉茂一訳、岩波文庫、一九六〇年、一五頁。

（5）本書第八章五節を参照。

（6）コリングウッドのこの文章はリンゼイ『わたしはデモクラシーを信じる』佐野・永岡・山本訳、聖学院大学出版会、二〇〇一年、八六―八七頁からの引用である。

（7）前掲訳書、八六―九一頁。

（8）『饗宴』森進一訳、新潮文庫、一九六八年、一一〇頁。

（9）前掲訳書、一一四頁。

（10）「創世記」一・二六―二七。

（11）ボーマン『ヘブライ人とギリシア人の思惟』植田重雄訳、新教出版社、一九五六年、一〇二頁以下参照。

（12）プラトン『ソクラテスの弁明』田中美知太郎訳、新潮文庫、三九頁。

（13）「わたしはあなたの名を呼んだ、あなたはわたしのものだ」（イザヤ四三・一）。ここで神が各自の名前を呼んでいるところに、神と人との人格関係と人間の尊さが示されている。

（14）ST. II-II, q. 32, a. 5; De Potentia, 8, 4

（15）op. cit., q. 64, a. 2

（16）III Sent., 35, I, 4

（17）ホセ・ヨンパルト『人間の尊厳と国家の権力』成文堂、一九九七年、六二頁参照。

第一章　古代における人間学の二大類型

(1)　『アンティゴネー』呉茂一訳、岩波文庫、一九六一年、二八―三〇頁。引用文は詩節ごとに区切らないでつめられている。
(2)　水垣渉「〈神の像〉と〈人間〉」『哲学研究』五七〇号、二〇〇〇年、三頁参照。
(3)　「創世記」一・二六、二七、五・三、九・六。
(4)　G. von Rad, Genesis, in: Das Alte Testament Deutsch, 1967, S. 46.『創世記』山我哲雄訳、聖書注解刊行会、一九九三年、八二頁。
(5)　Jacob, Theology of the Old Testament, p. 171
(6)　G. von Rad, op. cit., S. 78. 前掲訳書、一五〇―五一頁。
(7)　「創世記」五・三と九・六およびⅠコリント一一・七を参照。
(8)　ボーマン『ヘブライ人とギリシャ人の思惟』（前出序章）一〇二―〇八頁を参照。
(9)　J. M. Childs, Christian Anthropology and Ethics, 1978, p. 87
(10)　ガスリー『ギリシア人の人間観』岩田靖夫訳、白水社、一九七八年、三八―四一頁参照。
(11)　トリンカウス「ルネサンスにおける〈人間の尊厳〉」斉藤泰弘訳『ルネサンスと人文主義』叢書ヒストリー・オブ・アイディアズ、平凡社、一九八七年、七五頁参照。
(12)　De officiis, I, 27, 36
(13)　ibid., I, 30
(14)　ibid., I, 27, 93-96.『義務について』泉井久之助訳、岩波文庫、一九六一年、五四頁によるも一部変更。
(15)　ibid., I, 30, 107. 前掲訳書、六〇頁。
(16)　キケロ『法律について』中村善也訳、世界の名著14「キケロ」、中央公論社、一九八〇年、一三九頁。

第二章　新約聖書の時代における「神の像」

(1)　フィロンの生涯と思想の特色に関する詳しい紹介はグッドイナフ『アレクサンドリアのフィロン入門』野町啓他訳、教文館、一九九四年、一一頁以下参照。
(2)　Philo, I, 12, 31, The Loeb Classical Library, repr. 1971

（3）Philo, op. cit., 23, 69
（4）Philo, op. cit., 23, 71
（5）平石善司『フィロン研究』創文社、一九九一年、二八二－八三頁参照。
（6）平石善司、前掲書、一九〇－九一頁参照。
（7）Philo, op. cit., 46, 134
（8）平石善司、前掲書、一四六－四七頁の叙述による。
（9）Philo, op. cit., 23, 78
（10）Philo, op. cit., 46, 134. 以下の訳文は野町啓、田子多津子訳による。「アレクサンドリアのフィロン－『世界創造』モーセの叙述による「世界創造」について－」『カルキディウスとその時代』西洋古代末期思想研究会編、慶應義塾大学言語文化研究所、一九九頁。以下訳文の頁はカッコで示す。
（11）Philo, op. cit., 46, 135.（二一六頁）。
（12）Philo, op. cit., 47, 136.（二一六－一七頁）。
（13）Philo, op. cit., 47, 136-48, 139.（二一七－一八頁）。
（14）Philo, op. cit., 53, 151.（二二三頁）。
（15）Philo, op, cit., ibid.
（16）Philo, op. cit., 56, 158.（二二五－二六頁）。
（17）ケーゼマン『ローマ人への手紙』岩本修一訳、日本キリスト教団出版局、一九八〇年、四六一頁。

第三章　ギリシア・ラテン教父における「神の像」

（1）『第一弁明』九、一－三、三小田敏雄訳「キリスト教教父著作集1　ユスティノス」教文館、一九九二年、二三頁。
（2）「支配者は言った。「お前たちは、ひどい仕方で処刑されないように、心を合わせて神々に犠牲を捧げるがよい。理性を持った人間にして、この心地よい光を捨てて、むしろ死ぬことの方を選び取るような者があるだろうか」。ユスティノスはこれに答えた。「ちゃんとした判断力の持主にして、信仰から不信仰へと、光から闇へと、生ける神から魂を滅ぼすダイモーンへと移ろうなどと望む者があるだろうか」。支配者は言った。「お前たちがもしも犠牲を捧げないならば、拷問を開始するぞ」。すると聖徒たちは言った。「警視総監よ、我々は、このことを祈り求めており、これを熱望し、これを得ようと努めている。これこそが、キリストの主宰する恐ろしい法廷において、我々一人一人がその業に従って報いを受ける時に、我々に大いなる自由を恵み与えてくれるのです」。これを聞くと、呪われた支配者は、彼らを鞭打ちの刑に処するよう命じた。彼らは、実に、肉体が引き裂かれるまで鞭打たれ、彼らの流す血が大地を赤く染めた」（『殉教者行伝』土岐健治訳「キリスト教教父著作集22」教文館、一九九〇年、四五―四六頁）。

（3）神の像についての思想家ごとの個別的研究はG・A・マローニィ『人間、神のイコン』木鎌安雄訳、あかし書房、一九九四年を参照。

（4）Lars Thunberg, The Person as Image of God, I, Eastern Christianity, in: Christian Spirituality I, ed. B. Mcginn, 2000, p. 293 はこの区別を archetype と prototype の区別として立てているが、これでは相違が明確でないので、archetype と exemplum の区別として立ててみた。なお、以下の叙述においてもこの論文の示唆に負うところが多い。

（5）オリゲネス『諸原理について』小高毅訳、創文社、一九七六年、一〇八、一二四、一七〇―七八頁を参照。

（6）ニュッサのグレゴリオスの創造説については『人間創造論』（De opificio hominis, c. 16, Patrologia, Graeca, 44, 181 A–B）を参照。

（7）Adversus haereses, IV, 39, 2.『異端論駁』小林稔訳、『エイレナイオス4』「キリスト教教父著作集2」教文館、二〇〇〇年、一六一頁参照。なお、エイレナイオスの「神の像」に関しては水垣渉、前掲論文、一三一―一六頁の示唆に負う。

（8）op. cit., V, 10, 1

（9）op. cit., V, 6, 1

（10）op. cit., V, 6, 1

（11）Lars Thunberg, op. cit., p. 296.

（12）『人間創造論』秋山学訳（部分訳）、「中世思想原典集成2」平凡社、一九九二年、四九三頁。

（13）前掲訳書、四九一―九二頁。

（14）このように呼んだのはライプニッツである。本書第八章三節参照。

（15）Lars Thunberg, op. cit., p. 296–97. 参照。

(16)『ストロマテイス』五・一四・九四、秋山学訳（部分訳）、「中世思想原典集成1」平凡社、一九九五年、三六三頁。

(17) Stromateis, I, 6. english translation, 307. 参照。

(18) op. cit., ibid.

(19) op. cit., II, 22

(20) op. cit., IV, 21

(21) op. cit., II, 22. 参照。

(22)『聖大バシレイオスの「聖霊論」』山村敬訳、南窓社、一九九六年、第一八章、四五節、一二六―一二七頁参照。

(23)『人間創造論』前出、四九六頁。

(24) 前掲訳書、四九六頁。「人間社会の習慣でも、為政者の像を造る者は容姿の特徴を模するだけでなく、紫の衣をもまとわせることによって王の威厳を表現しようとする。かくしてその像も習慣的に〈王〉と呼ばれることになる。人間の本性もそれと同様である。つまり人は他の諸物を治めるべく造られる際に、万物の王との類似性を通じて、いわばその生ける像として建てられたのである。そして範型たる方とは、王としての尊厳も名も同じくしている」。

(25) 前掲訳書、四九六―九七頁。

(26)『聖霊論』前出、一・二、五二頁。

(27) 前掲訳書、一八・四五、一二六―一二七頁。

(28) 前掲訳書、九・二三、八九頁。

(29) De natura hominis, 1, 2. trans. by W. Telfer, in: Library of Christian Classics. Philadelphia, 1955

(30) op. cit., 1, 10. トリンカウス前掲訳書、八二頁からの引用。

(31) トリンカウス前掲訳書、八二―八三頁参照。

(32) トマスは『神学大全』（第一部第八一―一一六問題）の中で、ニュッサのグレゴリオスを六回引用しているが、そのうち、二か所だけが、グレゴリオスの著作『人間のわざについて』からの引用であり、他の四か所は、ネメシオスの『人間の本性について』からの引用である。G・フライーレ／T・ウルダーノス『西洋哲学史』中世I、山根和平他訳、新世社、一七七頁参照。

第四章　アウグスティヌスにおける「神の像」

（1）De beata vita, I, 4

（2）Enneades, I, 6, 5-6, 8

（3）ibid., I, 6, 9

（4）ibid., V, 1, 3

（5）ibid., V, 2, 1

（6）ibid., II, 4, 15; VI, 3, 7

（7）ibid., I, 6, 8

（8）ibid., V, 3, 8

（9）Soli., I, 1, 4

（10）理性／すべての絵画とか各種の肖像など、つまり職人の作る類いのものすべてのものは、いかなるものであれ、その似姿に向けて造られたものになろうとつとめているのではないか。私／全く納得します」(Solil., II, 9, 17)

（11）Contra Acad., I, 1, 3

（12）ibid., , I, 1, 1

（13）De beata vita, 4, 34

（14）Contra Acad., I, 1, 3

（15）本書第一章三二頁の叙述を参照。

（16）Contra Acad., I, 3, 9

（17）その注目すべき箇所をあげると、次のようである。De diversis quaestionibus 83, q. 51, 4: ibid., q. 74; De Gensi ad litteram liber imperfectus, 16, 57; ibid., 16, 61-62; Questiones in Heptateuchum, 5, 4.

（18）「像と似姿との間の関連について問われる習わしであるが、これらの二つの言葉によって一つの事態（duobus istis vocabulis unam rem）が意味されることを彼〔モーセ〕は欲していたように私には思われる。――似姿を刻んでも像について言及してはならないと十戒で一般的に命じられている。というのは似姿が造られてはならないなら、疑いなく像も造られてはならないから。なぜなら像のあるところには、似姿もあるから。だが、似姿が生じなくとも、像は依然としてあり続けるが、似姿のない像はない（tamen si nulla similitudo, sequitur ut nulla imago.)」(Q. in Hept., V, 4)。

(19) De trinitate, VII, 6, 12

(20) De dive, quae., 83, 8, 74

(21) De Trinit., VI, 10, 11.なお「すべての像はその像であるものに似ている。しかしあるものに似ているすべてのものが、そのものの像なのではない。鏡や絵におけるように。なぜならそれらは像であるがゆえに、それに似てもいる。しかるにある人が他の人から生まれていないならば、彼らの誰も他の人の像と言われ得ない。なぜならあるものによって表現されているときに、そのときそれは像であるから」(De Gen. Impf., 16 , 57) も参照。

(22) De civitate Dei（= DCD), XIV, 21

(23) De Trinitate, XII, 13, 20

(24) De vera relig., 25, 46–26, 50; De quant. animae, 33, 70–79. 参照。

(25) DCD, XI, 26

(26) De Trini., VIII, 1, 1-7, 10 愛は神と人間とを結びつける膠(gluten) である(En. in Ps., 62, 17)。そのような愛は神から心のうちに注がれた「神の愛」によって生じる「神に対する愛」なのである。愛は意志であり、なんらかの対象を志向する運動である。この愛の対象を被造物から創造者なる神へと転換させること、可変的存在から永遠不変の存在へと超越させること、これが信仰のわざとしての心の清めの意図するところに他ならない。

(27) ibid., 8, 12

(28) ibid., 10, 14

(29) ibid., XI, 2-3

(30) ibid., IX, 2, 2-5, 9

(31) ibid., IX, 6, 9; X, 11, 17

(32) ibid., IX, 6, 9

(33) ibid., XIV, 17, 23

(34) M. Schumaus, Die psychologische Trinitaetslehre des heiligen Augustinus, S. 306f.

(35) DCD, VIII, 1
(36) De Trini., XIV, 17, 23
(37) ibid., XIV, 1, 3
(38) ibid., XIII, 19, 24
(39) ibid., XIV, 2, 4
(40) ibid., 1, 1 cf.; In Joan. Ev. tr. XXVIII, 28; Enchiri., 1, 2
(41) M. Schmaus, ibid., S. 305
(42) De Trini., XIV, 14, 20; cf. Conf., VII, 11, 17
(43) ibid., XV, 18, 32
(44) M. Schmaus, ibid., S. 309
(45) ニーグレン『アガペーとエロース』岸千年・大内弘助訳、新教出版社、一九九五年、参照。
(46) De vera religione, 39, 72
(47) 「種子的理念」については金子晴勇『アウグスティヌスの人間学』創文社、二九九―三〇三頁参照。神が自分にかたどって人間を創造したときには、まだ形のない精神と身体が「種子的理念」として「永遠の理念」(rationes aeternae)の内で創造され、次いで土と神の息による人間の第二の現実的な創造のときに初めて人間に形相が付与された、とアウグスティヌスは説いている。

第五章　中世思想における「神の像」

(1) グレゴリウスは「神の観想によって人は自己の無価値を認識し、同時にその観想において内面的な静けさの味わいをすでに経験している」(『エゼキエル書講話』一・八・一一)と確信していた。ここにある「内的な静けさ」というのは活動の成果であって、それは観想の恵みの先取りとして理解されている(ルクレール「大グレゴリウスからベルナルドゥスまで」『キリスト教神秘思想史2』「中世の霊性」、平凡社、一九九七年、三五頁)。
(2) Thomas Cahill, How the Irish saved Civilization, 1995 (邦訳『聖者と学僧の島』森夏樹訳、青土社、一九九七年)参照。
(3) Periphyseon, IV-7, 768, 今義博訳(部分訳)、「中世思想原典集成6　カロリング・ルネサンス」平凡社、五九四頁。
(4) op. cit., II-27, 584D-586B.

（5）op. cit., IV, 12, 800B.
（6）op. cit., IV, 7, 764, 前掲訳書、五九〇頁。
（7）op. cit., IV, 9, 778A.
（8）op. cit., IV, 7, 771, 前掲訳書、六〇〇頁。
（9）De natura et dignitate amoris, 2. 高橋正行・矢内義顕訳、「中世思想原典集成10　修道院神学」平凡社、一九九七年、三〇五頁。
（10）前掲訳書、三三九頁。
（11）De contemplando Deo, 11. 高橋正行・矢内義顕訳、「中世思想原典集成10　修道院神学」平凡社、三六七頁。
（12）Sancti Bernardi Opera, Romae Editiones Cistercienses, 1966, vol. IV, Sermones I, 251-52.『主日・祝日説教集』古川馨訳「中世思想原典集成10　修道院神学」、四三一頁（一部改訳）。
（13）op. cit., vol. III, 171, Liber de gratia et libero arbitrio, 3, 7. 梶山義夫訳、同上、五〇三頁。
（14）op. cit., vol. III, 185-86, 9, 28, 前掲訳書、五二〇頁。
（15）ibid., 前掲訳書、五二〇—二一頁。
（16）op. cit., vol. III, 187, 9, 30. 前掲訳書、五二二頁。
（17）op. cit., vol. II, 277-98, Sermones super Cantica Canticorum, Sermo 80-82. 参照。
（18）Bernard McGinn, Imago Dei, Western Christianity, p. 327-28. 参照。
（19）グレゴリウス一世『福音書講話』熊谷賢二訳、二八・四。
（20）De Trinitate, III, 11. 小高毅訳（部分訳）、「中世思想原典集成9　サン・ヴィクトル学派」平凡社、一九九六年、五三四頁。
「この相互的に愛している者たちにおいて双方の完全性は、それが最高度のものとなるために、互いに等しい理由で、自分に向けられた愛情を共にする者を求めるのである」。
（21）op. cit., IV, 18, 22. 参照。
（22）op. cit., IV, 18, 23-24. 参照。
（23）De quatuor gradibus violentae caritatis, 29. 荒井洋一訳「中世思想原典集成9　サン・ヴィクトル学派」平凡社、五七八頁。「第一の段階において神は精神へと入り込み、精神は自己自身に立ち返る。第二の段階において精神は自己自身を超えて上昇し、精神は神の方へと高められる。第三の段階において神の方へと高められた精神は、全面的に神の中へと没入する。第四の段階において精神は神のために外へ出ていき、自己自身よりも下に降りていく」。

(24) op. cit., 44. 前掲訳書、五八七頁。

(25) 高橋亘『西洋神秘主義思想の源流』創文社、二一四－一五頁から引用。

(26)『聖フランチェスコの小さな花』田辺保訳、教文館、一九八七年、四四頁。

(27) Itinerarium mentis in Deum, 6, 7

(28) ST., I, q. 93, a. 1,『神学大全』第七巻、高田三郎、山田晶訳、創文社、四九頁。

(29) ST., I, q. 93, a. 9, 前掲訳書、八四頁。

(30) ST., I, q. 93, a. 2, 前掲訳書、五〇頁。

(31) ST., I, q. 93, a. 2, 前掲訳書、五〇－五一頁。

(32) ST., I, q. 93, a. 2, 前掲訳書、五五頁。

(33) ST., I, q. 93, a. 6, 前掲訳書、六七頁。

(34) ST., I, q. 93, a. 3, 前掲訳書、五七頁。「人間が神の像のごとくであるとされるのはその知性的本性のゆえなのであってみれば、そこにおいて神の像のごとくであるのは、その知性的本性が最高度に神を模倣 imitari することのできるごとき点についてである」(I, q. 93, a. 4, 前掲訳書、六〇頁)

(35) ST., I, q. 93, a. 4, 前掲訳書、六〇頁。

(36) ST., I, q. 93, a. 7, 前掲訳書、七四頁。

(37) ST., I, q, 93, a. 7, ad. 2 参照。

(38) 金子晴勇『ルターとドイツ神秘主義』創文社、二〇〇〇年、一六九－七三頁参照。

(39)『高貴な人について』植田兼義訳、「キリスト教神秘主義著作集6」教文館、三七四頁。

(40) 前掲訳書、三七四頁。

(41) 前掲訳書、三七四頁。

(42)『知ある無知』岩崎允胤・大出哲訳、創文社、一九七九年、一六九－七〇頁参照。

(43) Nikolaus von Kues Werke, Bd. I, hrsg. von P. Wilpert, 1967, S. 326.『神を観ることについて』八巻和彦訳、岩波文庫、二〇〇一年、一二〇－一二一頁。訳文は一部変更。

(44) op. cit., S. 337. 前掲訳書、一五二頁。

第六章　ルネサンスにおける「人間の尊厳」

(1)『中世ヒューマニズムと文芸復興』佐藤輝夫訳、めいせい出版、一九七六年、五五頁。

(2) Groethuysen, B., Philosophische Anthropologie, 1969, 2Auf. S. 178

(3)『ルネサンス書簡集』近藤恒一編訳、岩波文庫、一九八九年、七六五－六七頁。

(4)『わが秘密』近藤恒一訳、岩波文庫、一九九六年、四八頁。

(5) 前掲訳書、七四－七五頁。

(6) 前掲訳書、二二九頁。

(7) 前掲訳書、二六二－六三頁。

(8) この間の事情については　トリンカウス「ルネサンスにおける〈人間の尊厳〉」斉藤泰弘訳『ルネサンスと人文主義』叢書ヒストリー・オブ・アイディアズ、平凡社、一九八七年、一〇九－一二二頁参照。

(9) マネッティ「人間の尊厳と優越について」『ルネサンスの人間論』佐藤三夫訳編、有信堂高文社、一九八四年、六八頁。

(10) 前掲訳書、七八頁。

(11) 前掲訳書、八二頁。

(12) ロタリオ・デイ・セニ『人間の悲惨な境涯について』第一部第六章、瀬谷幸男訳、南雲堂、一九九九年、二四頁。

(13) 前出「人間の尊厳と優越について」九三頁。

(14) 前掲訳書、九四頁の要約。

(15) 前掲訳書、八四－八五頁。

(16) 前掲訳書、一〇一頁。

(17) 前掲訳書、一〇四－〇五頁。

(18) ガレン『イタリアのヒューマニズム』清水純一訳、創文社、一九六〇年、六二頁参照。

(19)「実際、人間ほど不合理なものを思い浮かべることはできない。人間は、理性のために動物たちの中で、否、天の下にあるすべてのものの中で、最も完全なものである。始原から私たちに授けられているかの形式上の完全性に関しては人間は最も完全であると私は言う。同じ理性のために、人間は、最初の完全性がそこへ到達するようにと授けられている、あの終極の完全性に関しては、最も不完全なものである」。(M. Ficini Epistolarum Liber II, Quaestiones quinque de mente, Opera Omnia, Basilea 1576, I, P. 677) 佐藤三夫『イタリア・ルネサンスにおける人間の尊厳』有信堂高文社、一九八一年、一一四頁からの引用。

(20) Ficino, Argumentum in Platonicam Theologam. ガレン、前掲訳書、一〇一－〇二頁からの引用。

(21) Ficino, Crater Hermetis, Parisiis, 1505. ガレン、前掲訳書、一〇〇頁からの引用。

(22) 佐藤三夫訳編『ルネサンスの人間論』有信堂高文社、一九八四年、一八一－八三頁。

(23) G. Pico della Mirandola, De Hominis Dignitate, De Ente et Uno, e Scritti Vari, ed. E. Garin, 1942, p. 106

(24) 金子晴勇『近代自由思想の源流』創文社、一九八七年、七〇－一三五頁参照。

(25) 前出『ルネサンスの人間論』二〇九頁。

(26) 前掲訳書、二一七頁。

(27) 前掲訳書、二〇七頁。

(28) 邦訳はサルトル『実存主義とは何か』伊吹武彦他訳、人文書院、一九九六年である。

(29)『エンキリディオン』金子晴勇訳、「宗教改革著作集2　エラスムス」教文館、一九八九年、三六頁。

(30) 拙著『近代自由思想の源流』二八六－八九頁参照。

(31) 前掲訳書、一一〇頁。

(32) 前掲訳書、一一四頁。

(33) 前掲訳書、五三頁。

(34) カッシーラー「思想史におけるフィッチーノの位置」根占献一訳、『シンボルとスキエンティア』ありな書房、一九九五年、所収、四六頁。

(35) 神律倫理については、金子晴勇『キリスト教倫理入門』教文館、一九八七年、一三二―六六頁を参照されたい。

第七章　宗教改革における「神の像」

(1) Martin Luthers Werke, Kritische Gesamtausgabe, Weimar = WA. 39, I, 174-180.　以下の引用に当たっては本文中にテーゼの番号をもって示す。

(2) スコラ哲学でアプリオリなる認識とは原因からの認識を意味する。そこでルターはアリストテレスの四原因説にもとづいて、人間についての哲学的知識が究極原因たる神から発していないので、いかに不完全なものであるかを指摘し、人間を可死的で現世的なものと見て、生誕と死の間にある内世界的働きに制限しているので、人間の認識が「断片的で一時的であり、ひどく物質的である」（テーゼ19）と言う。

(3) WA. 42, 126, 22f.

(4) 本書第八章一六七頁を参照。

(5) WA. 42, 66, 9ff.

(6) ibid., 42, 46, 19f.

(7) ibid., 42, 46, 5ff.

(8) ibid., 42, 47, 8-17

(9) ibid., 42, 48, 38-9

(10) ibid., 42, 63, 30-31

(11) ibid., 42, 61, 8ff.

(12) ibid., 42, 61, 17ff.

(13) ibid., 42, 65, 18ff.

(14) ibid., 42, 106, 16ff.

(15) ibid., 42, 107, 11ff.

(16) SA. = Melanchtons Werke in Auswahl, hrsg. von R. Stupperich, Student Ausgabe, 3, 340, 30-7, 本節は菱刈晃夫『ルターとメランヒトンの教育思想研究序説』渓水社、二〇〇一年、一一六―一二八頁に多くを負っている。

(17) ibid., 3, 341, 19ff.
(18) ibid., 3, 326, 24-27
(19) ibid., 3, 164, 5-8
(20) ibid., 3, .165, 25
(21) ibid., 3, 165, 25
(22) ibid., 2/1, 31, 20-3
(23) ibid., 3, 164, 16-8 (Philosophiae moralis epitomes, 1546)
(24) ibid., 3, 363, 23-7
(25) 菱刈晃夫、前掲書、一二七頁。
(26) ibid., 3, 364, 3-7
(27) Institutio Christianae religionis, 1559, I, 15, 1, 『キリスト教綱要Ⅰ』渡辺信夫訳、新教出版社、二一四頁。
(28) ibid., I, 15, 2. 前掲訳書、二一五頁。
(29) ibid., I, 15, 3. 前掲訳書、二一八頁。
(30) ibid., I, 15, 4. 前掲訳書、二二一頁。
(31) ibid., I, 15, 4. 前掲訳書、二一九頁。
(32) ibid., I, 15, 4. 前掲訳書、二二〇頁。
(33) ibid., I, 15, 6. 前掲訳書、二二三頁。
(34) トーランス『カルヴァンの人間論』泉田栄訳、教文館、三六－三七頁参照。
(35) ブルンナーは神の像の残滓という主張がヒューマニズムに譲歩した結果なされ、「そこにおいて宗教改革の全戦線が啓蒙時代に突破され席巻される場所であった」と述べている。Der Mensch im Widerbruch, 1941, S. 86. その批判点に関しては本書九章三節を参照。
(36) Franck, Paradoxa, 1909, S. 138. なお詳しくは、金子晴勇『ルターとドイツ神秘主義』創文社、三七五頁参照。
(37) V. Weigel, Ausgewaelte Werke, hrsg. S. Wollgast, S. 182

（38）J. Arndt, Sechs Buecher vom wahren Christentum, 1, 1, 3. 金子晴勇、前掲書、四三二－三四頁参照。

第八章　啓蒙思想における「人間の尊厳」

（1）ウイリッヒ・ホーフ『啓蒙のヨーロッパ』成瀬治訳、平凡社、一七頁。
（2）『啓蒙とは何か』篠田英雄訳、岩波文庫、一九八一年、七頁。
（3）『方法序説』落合太郎訳、岩波文庫、一九六八年、一二頁。
（4）前掲訳書、一五頁。
（5）前掲訳書、二四頁。
（6）『パンセ』前田陽一・由木康訳、世界の名著「パスカル」中央公論社、B. 347, L. 391
（7）前掲訳書、B. 348, L. 217
（8）前掲訳書、B. 415, L. 242
（9）前掲訳書、B. 409, L. 221
（10）『形而上学叙説』清水富雄・飯塚勝久訳、世界の名著「スピノザ、ライプニッツ」中央公論社、一三節、三九〇頁。
（11）『理性に基づく自然及び恩恵の原理』一五節、『単子論』河野与一訳、岩波文庫所収、一六五頁。
（12）前掲訳書、一五〇頁。
（13）前掲訳書、一六四頁。
（14）『単子論』前出、二八四頁。
（15）『人倫の形而上学の基礎づけ』野田又夫訳、世界の名著「カント」中央公論社、二八六頁。
（16）『実践理性批判』波多野・宮本訳、岩波文庫、一二七頁。
（17）前掲訳書、第一部、第七節、五〇頁参照。
（18）前掲訳書、二二五－二六頁。
（19）『人倫の形而上学の基礎づけ』野田又夫訳、世界の名著「カント」中央公論社、二八〇頁。このような人格は「内的価値、すなわち尊厳」をもっている（前掲訳書、二八〇頁）。
（20）前掲訳書、二七四頁。

(21) I. Kant, Grundlegung zur Metaphysik der Sitten, Phil. Bibl., 1962, S. 60
(22) I. Kant, Kritik der Urteilkraft, Werke in 10 Bde, Bd. 8, S. 559
(23) 『宗教論』飯島宗享・宇都宮芳明訳、「カント全集9」理想社、五七―五八頁。
(24) 前掲訳書、一四三頁。
(25) カントとルソーの宗教論についてカッシーラー『十八世紀の精神―ルソーとカントそしてゲーテ―』原好男訳、思索社、七七―九〇頁参照。
(26) 金子晴勇『恥と良心』教文館、七三―七五頁参照。しかし、初期のカントは良心を自然的なものでありながら、「良心の根底には超自然的な法則、あるいは啓示された法則が存することはあり得る」と考え、「良心は神的法廷の代理人である」と主張している（パウル・メンツァー編『カントの倫理学講義』小西・永野訳、三修社、一七一頁）。
(27) この点を初めて指摘したのはショーペンハウアー『道徳の基礎について』前田・今野訳、「ショーペンハウアー全集9」白水社、二七五頁。
(28) 金子晴勇『アウグスティヌスの人間学』一七七頁参照。
(29) ST, II-1, q. 91, art. 2
(30) ST, II-1, q. 94, art. 2
(31) 天野和夫『法思想史入門』有斐閣、一〇一頁。この部分はこの書の示唆に負っている。
(32) 詳しくは金子晴勇『人間の内なる社会』創文社、一〇一―一〇六頁参照。
(33) 高木八尺他編『人権宣言集』岩波文庫、一一四頁。
(34) 前掲訳書、一三三頁。
(35) 前掲訳書、一三一頁。
(36) 初宿正典編訳、『人権宣言論争』みすず書房、一九九五年、九九頁。
(37) 杉原泰雄『人権の歴史』岩波書店、一九九二年、三二頁。久保田泰夫『ロジャー・ウィリアムズ―ニューイングランドの政教分離と異文化共存―』彩流社、一九九八年と、阿久戸光晴『近代デモクラシー思想の根源』聖学院ゼネラル・サービス、一九九八年、第一部一四―一〇九頁参照。

第九章　現代キリスト教思想における「神の像」

（1）金子晴勇『近代人の宿命とキリスト教』聖学院大学出版会、一九二―九五頁参照。
（2）『小論理学』上巻、村松一人訳、岩波文庫、六八頁。
（3）前掲訳書、六七頁。
（4）『将来の哲学の根本命題』村松・和田訳、岩波文庫、九七頁。この有名な命題は「哲学改革のための暫定的命題」（一八四二年）の冒頭に出ている。
（5）『単独者―私の著作活動についての二つの覚書―』（一八四六―四七年）参照。
（6）「日記」一八三五年八月一日、世界の名著「キルケゴール」中央公論社、二〇頁。
（7）『わが著作活動の視点』田淵善三郎訳、創元社、一四四頁。
（8）前掲訳書、一三三頁。
（9）前掲訳書、一四三頁。
（10）『おそれとおののき』桝田啓三郎訳、「世界の大思想」河出書房、一五頁。
（11）『愛のわざ』芳賀檀訳、新潮文庫、四〇頁。
（12）Kierkegaard, Einübung im Christentum, übersetzt von E. Hirsch, 1951, S. 189-90.『イエスの招き』井上良雄訳、角川文庫、二六九―七一頁。
（13）『ローマ書講義上』小川圭治・岩波哲男訳、平凡社ライブラリー、二〇〇一年、三〇頁。
（14）「人間について」（『教会教義学』第三巻二）山本和訳、佐古純一郎編『現代の信仰』（「現代人の思想3」）平凡社、一六四頁。
（15）『キリスト教と文明』熊沢義宣訳、「現代キリスト教思想叢書」第一〇巻、白水社、一四六頁。
（16）前掲訳書、一四八頁。
（17）前掲訳書、一六〇頁。
（18）Der Mensch im Widerspruch, 1941, S. 88
（19）op. cit., S. 93
（20）op. cit., S. 96.「なぜならこの概念は言い過ぎであり、またいわな過ぎである。言い過ぎというのは、この概念が、あたかも人間の本質の中にいわば罪に染まらない区域があるかのような感じを起こさせるからであり、いわな過ぎというのは、この概念が、人間はまさにその罪によってその本源的な神との関係を証していることを、考慮していないからである。人間は、罪人である時にも、徹底して〈神の前に立ち〉、神と関係している、〈神学的な〉存在であることを考慮していないからである」。

(21) op. cit., S. 96

(22) Karl Barth, 》Nein《, S. 25; 27

(23) The Nature and Destiny of Man, One Volume Edition, 1949, vol. I. Human Nature, p. 166. なお、この書の研究文献として大塚節治『基督教人間学』全国書房、二一七—一八頁、および阿部行蔵「キリスト教的人間観」宮城音弥他編『新しい人間像』所収、一二五—三二頁を参照した。

第一〇章　現代の人間学における「人間の地位」

(1) B. Groethuysen, Philosophische Anthropologie, 2Auf. 1969, S. 3.「汝自身を知れというのがすべての哲学的人間学のテーマである。哲学的人間学は自己省察であり、自己自身を捉えようとする人間の絶えず新たになされる試みである」。

(2) M. Scheler, Mensch und Geschichte, 1926, S. 120

(3) そこには、存在論が個別科学的な解明によっては汲み尽くされ得ないという問題や、認識論が科学的には基礎づけられ得ないという問題性もあって、存在論と認識論の基底をこれまでよりもいっそう深く掘り下げることが要請されていたといえよう。この要請に応えて実存哲学が登場してきたのと同じく、哲学的人間学もこの要請に応えて個別科学の成果を受容しながら、人間の全体という視点からいっそう深い基礎づけをなすべく成立したといえよう。ボルノー「哲学的人間学とその方法的諸原理」(ボルノー／プレスナー『現代の哲学的人間学』藤田他訳、白水社)一二頁参照。

(4) 『宇宙における人間の地位』(前出)四七頁。

(5) 詳細な説明は金子晴勇『マックス・シェーラーの人間学』第二章「哲学的人間学の構成」四八—九八頁を参照。

(6) Die Stufen des Organischen und der Mensch, 3Auf., 1975, S. 290

(7) op. cit., S. 345

(8) op. cit., S. 288

(9) op. cit., S. 290

(10) op. cit., S. 345

(11) 『人間』平野具男訳、法政大学出版局、三〇頁。

(12) 『人間学の探究』亀井裕他訳、紀伊国屋書店、一七頁。

(13) 前掲訳書、二三頁。

(14) 前掲訳書、四九頁。

(15) 『ドイツロマン主義とナチズム』松本道介訳、講談社学術文庫、三六〇頁。

(16) この時期の両者の関係について金子晴勇、前掲書、八七－八八頁参照。

(17) レーデラー『大衆の国家－階級なき社会の脅威－』青山・岩城訳、東京創元社、一二六頁参照。

(18) 『対話的原理I』田口義夫訳、「ブーバー著作集1」みすず書房、六一頁。

(19) 前掲訳書、九八頁。

(20) 前掲訳書、一三三頁。

(21) 前章のブルンナーの学説を参照。

(22) マルセルの「忠実」については『存在と所有』渡辺・広瀬訳、理想社、一二九頁参照。「希望」については『希望の現象学と形而上学に関する草案』山崎訳、「現代の信仰」平凡社、二七七頁参照。

(23) 『人間の尊厳』三雲夏生訳、「マルセル著作集8」春秋社、四二－四三頁。

(24) 前掲訳書、一七七頁。

(25) 前掲訳書、一七七頁。

(26) 前掲訳書、一九〇頁。

(27) 前掲訳書、一九一頁。

(28) 前掲訳書、一九四頁。

(29) 前掲訳書、一九二頁。

(30) アベル・ボナール『聖性の詩人フランチェスコ』大塚幸男訳、白水社、二三七－三八頁。

(31) M. Scheler, Vom Ewigen im Menschen. S. 338. 詳しくは金子晴勇『マックス・シェーラーの人間学』三九〇－九五頁参照。

参考文献　（一次資料に関してはそれぞれ注を参照）

総論

Imago Dei. Beiträge zur theologischen Anthropologie, hrsg. von H. Bornkamm, 1932.

Der Mensch als Bild Gottes. hrsg. von L. Scheffczk, 1969.

第一章　古代における人間学の二大類型

J. M. Childs, Christian Anthropology and Ethics,1978.

Von Rad, Genesis, in: Altes Testamennt Deutsch,19.

水垣渉「〈神の像〉と〈人間〉」『哲学研究』五七〇号、二〇〇〇年。

柊暁生「神の似姿―ツェレム／ドゥムートと εἰκών／ὁμοίωσισ―」中世哲学会編『中世思想研究』四〇号、一九九八年。

第二章　新約聖書の時代における「神の像」

P. Schwanz, Imago Dei als christlogisch-anthropologisches Problem in der Geschichte der Alten Kirche von Paulus bis Clemens von Alexandrien, 1970.

グッドイナフ『アレキサンドリアのフィロン入門』野町啓他訳、教文館、一九九四年。

平石善司『フィロン研究』創文社、一九九一年。

ケーゼマン『ローマ人への手紙』岩本修一訳、日本キリスト教団出版局、一九八〇年。

第三章　ギリシア・ラテン教父における「神の像」

P. Schwanz, Imago Dei als christlogisch-anthropologisches Problem in der Geschichte der Alten Kirche von Paulus bis Clemens von Alexandrien, 1970.

Lars Thunberg, The Person as Image of God, I, Eastern Christianity,in: Christian Spirituality I, ed. B. Mcginn, 2000.

J・A・マローニイ『人間　神のイコン』木鎌安雄訳、あかし書房、一九九四年。

第四章　アウグスティヌスにおける「神の像」

M. Schumaus, Die psychologische Trinitätslehre des heiligen Augustinus, 1967.
J. E. Sullivan, The Image of God. The Doctrine of St. Augusthine and its Influence, 1963.
茂泉昭男『アウグスティヌス研究―徳・人間・教育―』教文館、一九八七年。

谷隆一郎『アウグスティヌスの哲学―「神の似像」の探求―』創文社、一九九四年。

金子晴勇『アウグスティヌスの人間学』創文社、一九八二年。

第五章　中世思想における「神の像」

ルクレール他『キリスト教神秘思想史』2「中世の霊性」平凡社、一九九七年。
K. Krämer, Imago Trinitatis. Die Gottebenbildlichkeit des Menschen in der Theologie des Thomas von Aquin, 2000.
B. McGinn, Imago Dei, Western Christianity, Christian Spirituality I, ed. B. Mcginn, 2000.
稲垣良典『神学的言語の研究』創文社、二〇〇〇年。

第六章　ルネサンスにおける「人間の尊厳」

Groethuysen,B., Philosophische Anthropologie, 1969, 2Auf.
カッシーラ『シンボルとスキエンティア』佐藤三夫他訳、ありな書房、一九九五年。
ガレン『イタリアのヒューマニズム』清水純一訳、創文社、一九八一年。
C. Trinkaus, "In Our Image and Likeness": Humanity and Divinity in Italian Humanist Thought, 1970.
C.Trinkaus, Renaissance Transformations of Late Medieval Thought, 1999.
トリンカウス「ルネサンスにおける人間の尊厳」『ルネサンスと人文主義』〈叢書〉ヒストリー・オブ・アイディアス、平凡社、一九八七年。

佐藤三夫『イタリア・ルネサンスにおける人間の尊厳』有信堂、一九八一年。

伊藤博明他『イタリア・ルネサンスの霊魂論』三元社、一九九五年。

金子晴勇『近代自由思想の源流』創文社、一九八七年。

第七章　宗教改革における「神の像」

A. Peters, Der Mensch, Handbuch systematischer Theologie, Bd. 8, 1979.

菱刈晃夫『ルターとメランヒトンの教育思想研究序説』渓水社、二〇〇一年。
W. Matz, Der befreite Mensch. Die Willenslehre in der Theologie Philipp Melanchthons, 2001.
トーランス『カルヴァンの人間論』泉田栄訳、教文館、一九五七年。

金子晴勇『ルターの人間学』創文社、一九七五年。

金子晴勇『ルターとドイツ神秘主義』創文社、二〇〇〇年。

第八章　啓蒙思想における「人間の尊厳」

W. Schultz, Kant als Philosoph des Protestantismus, 1961.
ウイリッヒ・ホーフ『啓蒙のヨーロッパ』成瀬治訳、平凡社、一九九八年。

小倉貞秀『カント倫理学研究―人格性概念を中心にして―』理想社、一九七五年。

ゲオルク・イェリネック『人権宣言論争』初宿正典編訳、一九九五年。

金子晴勇『人間の内なる社会』創文社、一九九二年。

第九章　現代キリスト教思想における「神の像」

W. Birnbaum, Theologische Wandlungen von Schleiermacher bis Karl Barth, 1963.
山﨑純『神と国家―ヘーゲル宗教哲学―』創文社、一九九五年。

青木茂『ヘーゲルのキリスト論―十字架の哲学―』南窓社、一九九五年。

橋本淳『キルケゴール憂愁と愛』人文書院、一九八五年。

金子晴勇『近代人の宿命とキリスト教』聖学院大学出版局、二〇〇一年。

第一〇章　現代の人間学における「人間の地位」

シュルツ『変貌した世界の哲学』2内面化の動向、精神化と肉体化の動向、藤田健治他訳、二玄社、一九七九年。

ボルノー／プレスナー編『現代の哲学的人間学』藤田健治他訳、白水社、一九七六年。

稲村秀一『ブーバーの人間学』教文館、一九八七年。

金子晴勇『マックス・シェーラーの人間学』創文社、一九九五年。

ら・わ 行

な　行

は　行

ま・や　行

た 行

さ　行

事 項 索 引

あ 行

か 行

人 名 索 引

金子 晴勇（かねこ・はるお）
昭和7年静岡県に生まれる．昭和37年京都大学大学院文学研究科博士課程修了．立教大学，国立音楽大学，岡山大学，静岡大学を経て，現在聖学院大学教授，岡山大学名誉教授，文学博士（京都大学）
〔著訳書〕『ルターの人間学』『アウグスティヌスの人間学』『マックス・シェーラーの人間学』『人間学－歴史と射程』（編著）『近代自由思想の源流』『ルターとドイツ神秘主義』『倫理学講義』（以上，創文社），アウグスティヌス『ペラギウス派駁論集 I，II，III』（教文館），『宗教改革の精神』（講談社学術文庫），『近代人の宿命とキリスト教』（聖学院大学出版会），外

〔ヨーロッパの人間像〕　ISBN4-901654-00-4

2002年3月20日　第1刷印刷
2002年3月26日　第1刷発行

著　者　金　子　晴　勇
発行者　小　山　光　夫
印刷者　藤　原　良　成

発行所　〒113-0033 東京都文京区本郷1-13-2
電話(3814)6161　振替 00120-6-117170
http://www.chisen.co.jp
株式会社 知泉書館

Printed in Japan　印刷・製本／藤原印刷